新編諸子集成

管子輕重篇新詮

下

馬非百撰

中華書局

管子輕重十——地數

元材案：本文「地」字包括天財地利在內。文中詳論天財所出，地利所在，及以天財地利立功成名於天下之典型人物與內守國財而外因天下之法，故以地數名篇。

提要：全文共分五大段。第一段，從「桓公曰：地數可得聞乎？」至「坐起之費時也」，總論天下銅鐵之山，乃兵器（戈矛）和錢幣（刀布）之所自出，爲自古以來歷代國家得失存亡之所關。桀不足而湯有餘，乃能、拙之結果，非天之所爲。第二段，從「黄帝問於伯高曰」至「此見戈之本也」，論鐵礦獨占，不以利器與人（逃其蚤牙），是團結統一、鞏固中央集權（陶天下而以爲一家）的最可靠的手段。否則鐵礦爲地方分裂勢力所操縱，必將發生「頓戟一怒，伏尸滿野」的慘劇（見戈之本）。第三段，從「桓公問於管子曰：請問天財所出」至「則文武是也」，論金銀銅鐵等礦産爲天財地利之所在，特别是金與銅，必須由封建國家實行壟斷，並製定爲上、中、下三等幣制，然後以號令高下其中幣而制上、下之用。第四段，從「桓公問於管子曰：吾欲守國財而外因天下」至「然則天下不吾洩矣」，論以人工抬高穀價，收購財物和實行鹽鐵專賣的具體措施。第五段，從「吾欲富本而豐五穀」至「使非人」，論善爲國者不在於富本，而在於能隨時注意國内外經濟情況的變化，採取適當的貿易政策，以免國内財利「税於天下」，而使「天下之寶壹爲我用」。

桓公曰：「地數可得聞乎？」

管子對曰：「地之東西二萬八千里，南北二萬六千里。其出水者八千里，受水者八千里。出銅之山四百六十七山，出鐵之山三千六百九山。此之所以分壤樹穀也。戈矛之所發，刀幣之所起也。能者有餘，拙者不足。封於泰山，禪於梁父，封禪之王七十二家，得失之數皆在此內。是謂國用〔一〕。」

桓公曰：「何謂得失之數皆在此〔二〕？」

管子對曰：「昔者桀霸有天下而用不足，湯有七十里之薄〔三〕而用有餘。天非獨爲湯雨菽粟，而地非獨爲湯出財物也。伊尹〔四〕善通移輕重、開闔、決塞，通於高下徐疾之筴，坐起之費時也〔五〕。黄帝問於伯高曰〔六〕：『吾欲陶〔七〕天下而以爲一家，爲之有道乎？』伯高對曰：『請刈其莞而樹之〔八〕，吾謹逃其蚤牙〔九〕，則天下可陶而爲一家。』黄帝曰：『此若言可得聞乎？』伯高對曰：『上有丹沙者下有黄金〔一〇〕，上有慈石者下有銅金〔一一〕，上有陵石者下有鉛錫赤銅〔一二〕，上有赭者下有鐵〔一三〕，此山之見榮〔一四〕者也。苟山之見其榮者，君謹封而祭之，距封十里而爲一壇〔一五〕。是則使乘者下行，行者趨〔一六〕。若犯令者罪死不赦。然則與折取之遠矣〔一七〕。』修教〔一八〕十年，而葛盧之山發而出水，金從之，蚩尤受而制之，以爲劍鎧矛戟〔一九〕，是歲相兼者諸侯九。雍狐之山發而出水，金從之，蚩尤受而制之，以爲雍狐之戟、芮戈〔二〇〕，是歲相兼者諸侯十二。故天下之君頓戟一怒，伏尸滿野〔二一〕，此見戈之本也〔二二〕。」

〔一〕元材案：此段文字，又全見《山海經・中山經》，惟字句間略有不同。「地之東西二萬八千里，南北二萬六千里」二語，又見《輕重乙篇》。《御覽》引《尸子》，同書三十六及《藝文類聚》引《河圖括地象》、《呂氏春秋・有始覽》、《淮南・地形訓》、《廣雅・釋地》，所言里數，均與此同。可見此乃秦漢時代公認之中國地理常識。「其出水者八千里」二句、《呂氏春秋・有始覽》、《淮南・地形訓》、《廣雅・釋地》並同。「出銅之山」二句，《史記・貨殖列傳・正義》、劉昭《郡國志・注》，《御覽・地部》一引並同。惟「出銅之山」句上，並有「凡天下名山五千三百七十」一句，《中山經》亦有之。又「出鐵之山」句，《中山經》作「出鐵之山三千六百九十」，多一「十」字。「此之所以分壤樹穀也」句，《中山經》「之所以」上有「天地」二字，當據補。「刀幣」，《中山經》作「刀鎩」。「能者有餘，拙者不足」二句，又見《管子・形勢篇》及《史記・貨殖列傳》。惟劉昭《郡國志・注》則作「儉則有餘，奢則不足」。「封於泰山，禪於梁父」二句，又見《管子・封禪篇》及《史記・封禪書》。《淮南・齊俗訓》亦有「尚古之王，封於泰山禪於梁父七十餘聖，法度不同」語。謂之封禪者，《史記・封禪書・正義》云：「泰山上築土爲壇，以祭天，報天之功，故曰封。泰山下小山上除地，報地之功，故曰禪。言禪者，神之也。」此蓋謂南北東西之地，共分爲水陸山三者，乃天地分壤樹穀之所在，與戈矛刀幣之所由產生。均是地也，能者當之則用有餘，拙者當之則用不足。自古至今封禪之君不下七十二代之多，得之則興，失之則亡。得失之由，無不在此三者之內。蓋極言地數與國用關係之密切也。又案：《鹽鐵論·貧富篇》大夫云：「道懸於天，物布於地。智者以衍，愚者以困。」意與此同。「國用」二字解已見《乘馬數篇》。

〔二〕丁士涵云：「『此』下脱『内』字。當據上文補。」

〔三〕元材案：湯以七十里云云，又見《孟子》及《淮南子》。《孟子·梁惠王篇》云：「臣聞七十里爲政於天下者湯是也。」又《公孫丑篇》云：「王不待大。湯以七十里，文王以百里。」《淮南·兵略訓》亦云：「湯之地方七十里而王者，修德也。」所言里數皆同。薄，安井衡云：「亳假借字。」據王國維考證，謂「即漢山陽郡薄縣地，在今山東曹州府曹縣南二十餘里」（見《觀堂集林》卷十二《説亳》）。

〔四〕元材案：本書凡兩用伊尹事，一見本篇，一見《輕重甲篇》。蓋以伊尹通於輕重之術，與管子有薪盡火傳之淵源。漢人本有此傳説，故本書遂據之爲言也。《太平御覽》四百七十二富下引《太史公素王妙論》云：「管子設輕重九府，行伊尹之術，則桓公以霸，九合諸侯，一匡天下。」《鹽鐵論·力耕篇》文學亦曰：「桀女樂充宫室，文繡衣裳。故伊尹高逝遊亳，而女樂終廢其國。」即其證矣。

〔五〕元材案：「通移」二字又見《輕重甲篇》，但兩處意義不同。《甲篇》之「通移」，是名詞，即《國蓄篇》之「通施」，當作通貨講。此處之「通移」，則是動詞，當作「轉化」講。蓋謂伊尹善於促使輕重、開闔、決塞幾對矛盾互相向與自己相反之方向轉化。換言之，即善於運用輕重之筴之意。「費」字不可解，疑是「昔」字之誤，當在下文「黃帝」上，謂「昔者黃帝」云云也。「通於……坐起之時」，即《山至數篇》「乘時進退」之意。《史記·仲尼弟子列傳》云：「子貢好廢舉，與時轉貨貲。」廢舉即坐起也。郭沫若謂「『坐起之費時也』，當爲『坐起之弗背時也』之誤，『弗背』二字誤合而爲『費』」者失之。

〔六〕張佩綸云：「管書不應雜入黃帝之問。且與上文語不相承。當在『請問天財所出，地利所在，管子對曰』之下。」郭沫若云：「自『黃帝問於伯高曰』至『此見戈之本也』一節，乃前人抄録他書文字爲下文『山上有赭者其下有鐵』云云作注，而誤入正文者。下文有『一曰』云云，亦抄注濫入，可爲互證。」元材案：此蓋著者設爲管子引黃帝與伯高問答之詞，與《輕重乙篇》「武王問於癸度曰」云云，皆是隨意假託之人名及事實，以問答體說明其經濟政策上之主張，初非黃帝伯高武王癸度桓公管仲當日真有此等談話也。「一曰」云云亦非誤抄，說見下文。兩氏說皆非。「黃帝」上應有「昔」字，即誤衍在上而誤爲費字者。伯高乃《黃帝内經·靈樞》中假託之人物。《路史·黃帝紀》作栢高，羅苹注云：「栢高舊云岐伯之名，非。據《靈樞》帝曰：『予欲聞陰陽之義。』岐伯曰：『岐先師之所秘，栢高猶不能明。』是栢高非即岐伯。」又《山海經·海内經》：「華山青水之東有山名曰肇山，有人名曰栢高。」郝懿行云：「郭注《穆天子傳》云：『古伯字多從木。』」然則伯高即古之栢高矣。

〔七〕元材案：陶即陶冶之陶。《管子·君臣上篇》云：「如冶之於金，陶之於埴，制在上也。」《任法篇》云：「昔者堯之治天下也，猶埴之在埏也，唯陶之所以爲。猶金之在鑪，恣冶之所以鑄。」陶天下爲一家，即將國家團結爲一，亦即鞏固統一，防止分裂，加强中央集權，如埏埴爲器也。

〔八〕元材案：莞，草名，解已見《山國軌篇》。樹即《山權數篇》「樹表置高」之樹，謂樹立標記作爲界限。《路史》引作「時」，時即蒔，亦樹之義也。

〔九〕孫詒讓云：「『吾』當爲『五』，下又脱『穀』字。請刈其莞而樹之五穀，言芟草而藝穀也。傳本脱『穀』字，校者於五下著一『□』，寫者不審，遂並爲『吾』字矣。」張佩綸云：「『逃』當爲『兆』。《揆度篇·注》以『逃其爪牙』爲『藏秘鋒芒』，非是。《莊子·天下篇》『兆於變化』，《釋文》：『兆本作逃。』是其證。《説文》：『兆，分也。』兆其蚤牙，謂分別其蚤牙，即下所謂見榮也。」元材案：二説謬甚。「吾」字應下屬。「蚤牙」即爪牙。《揆度篇》及《國准篇》皆有「黄帝逃其爪牙」之語，《路史》引亦作「逃其爪牙」。逃者去也（見趙岐《孟子·盡心篇·注》）。此蓋謂山中礦産可製兵器與錢幣，而兵器錢幣之於人，猶禽獸之有爪牙。苟欲防其爲亂，必先禁其擅管山海之利，去其爪牙，以免爲虎附翼。故《揆度篇》曰：「謹逃其爪牙，不利其器。」不利其器，則無所憑以爲亂，而天下一家，自可陶埴而成矣。

〔一〇〕尹桐陽云：「凡黄金苗綫多與疵人金相雜。疵人金黄色，在空氣中與養氣相合則變丹色。經雨水沖刷成爲碎粒，故曰『上有丹沙者下有黄金』。丹沙形如粟，故一名丹粟。郭璞《江賦》又謂之『丹礫』。《荀子》謂之『丹干』。《逸周書・王會》：『卜人以丹沙。』《西山經》：『皇人之山其上多金玉，其中多丹粟。魄山多采石黃金，多丹粟。槐江之山其上多藏黃金，其陽多丹粟。』均丹沙之稱也。」

〔一一〕尹桐陽云：「『慈』之言孳也。慈石即長石。長石受水及空氣之變化，漸成爲土。復受植物酸化，消化其中雜質，即成爲浄磁土，多含銅鉛錫銀等礦，故曰『上有慈石者下有銅金』，非指性能吸鐵之慈石言也。性能吸鐵之慈石專產於鐵山。《寰宇記》：『淄川縣，商山在縣北七十里，有鐵礦』，古今鑄焉。亦出磁石。』《淮南・說山》：『慈石能引鐵。及其於銅則不行。』均是。銅金即銅也。金有五色，其赤者別之曰銅，實則銅仍金類耳。《中山經》『密山西百里曰長石之山，多金玉』，長即慈也。」

〔一二〕安井衡云：「陵讀爲稜。稜石，石之有稜角者，蓋謂方解石之屬。」尹桐陽云：「陵石謂有稜之石。凡火成石均有角度，如花崗石、長石等是也。此種石多產錫鉛銅等礦。《北山經》『維龍之山陽有金，陰有鐵，多壘石』，壘即陵耳。《十三州志》『當利縣東有陵石城』，蓋以所產石而名縣。《寰宇記》謂即陽石，誤矣。鉛，青金也。錫，鈏也。銅有赤銅白銅青銅之別。赤銅，《神異經》謂之丹陽銅，今稱紅銅。其用最廣。《中山經》『崑吾之山，其上多赤銅。』《西山經》：『京山陽多赤銅。』」

〔一三〕尹桐陽云：「赭，赤土也。今稱土珠。鐵礦未與空氣相會，爲深藍色。其表面鐵礦與空中之養氣相配者則爲赭色，故曰『上有赭者下有鐵』。《中山經》：『求山，求水中有美赭，陽多金，陰多鐵。』《北山經》：『少陽之山下多赤銀，水中多美赭。』注引此作『山上有赭者其下有鐵』。」

〔一四〕元材案：榮猶今言礦苗。

〔一五〕元材案：封，積土爲牆以爲疆界也。謹，嚴也，謂鄭重其事。《北堂書鈔》一百四十四引作「遥」，非是。壇，又見《輕重乙篇》，用土所築之臺。古有大事，多設壇，如朝會、盟誓、封拜大將皆用之。此所以爲壇而祭之者，蓋欲神奇其事，使人民過此者不敢任意侵犯之也。《輕重丁篇》云：「故智者役使鬼神而愚者信之」，義與此同。

〔一六〕元材案：「乘者下行，行者趨」，即《吕氏春秋·慎大篇》「表商容之閭，士過者趨，車過者下」之意，猶清人之所謂「文武官員至此下馬」矣。

〔一七〕安井衡云：「折讀爲晢。晢音徹，挑摘也。《説文》：『晢，上擿山巖空青珊瑚墮之。』」尹桐陽説同。元材案：「折」即《墨子·耕柱篇》「昔者夏后開使蜚廉折金於山而陶鑄之於昆吾」之折，開也。取者採也。「與折取之遠」者，錢文霈云：「言山不封禁，則聽民折取。今封禁其山，則内守國財，與聽民折取相去遠矣。」得其義矣。

〔一八〕元材案：教，令也。解已見《山至數篇》。

〔一九〕元材案：葛盧，地名。《後漢書·郡國志》：「東萊郡葛盧有尤涉亭。」《史記·五帝本紀·索隱》引此作「蚩尤受盧山之金而作五兵」。發，開發。制，管制，猶言壟斷。鎧即《漢書·尹賞傳》「被鎧扞持刀兵者」及《王莽傳》「禁民不得挾弩鎧」之鎧，顔師古注云：「鎧，甲也。」《周禮·夏官·

司甲・注》：「古用皮謂之甲，今用金謂之鎧。」《初學記》：「首鎧謂之兜鍪，亦曰冑。臂鎧謂之釬，頸鎧謂之錏鍜。」此與劍及矛戟皆當時最堅利之武器，故尹賞及王莽皆以鎧及其它兵器列爲禁品。

〔二〇〕元材案：雍狐、芮亦地名。《荀子・榮辱篇》「所謂以狐父之戈钃牛矢也」，楊倞注：「時人舊有此語，喻以貴而用於賤也。狐父，地名。《史記》伍被曰：『吴王兵敗於狐父。』徐廣曰：『梁碭之間也。蓋其地出名戈。』其説未聞。《管子》曰：『蚩尤爲雍狐之戟。』狐父之戈豈近此耶？」據此則楊氏以爲「雍狐之戟」，即「狐父之戈」。然《典論》云：「周魯寶雍狐之戟，狐父之戈。」則雍狐與狐父又顯爲二地。總之，本書所有地名人名，皆著者任意假託之詞，不必指真人真地而言，姑以某甲某乙視之可矣。芮戈，即芮地之戈。疑芮地亦出名戈，如雍狐之戈矣。安井衡訓「芮」爲「短」，謂「戈短於戟，故曰芮戈」者非。

〔二一〕元材案：頓讀如《左襄四年傳》「甲兵不頓」之頓，注：「頓，壞也。」《正義》：「頓謂挫傷折壞。」《漢書・嚴助傳》：「不勞一卒，不頓一戟。」顔師古注云：「頓，壞也。一曰頓讀如鈍。」又《史記・主父偃傳》：「古之人君一怒，必伏尸流血。」此言「頓戟一怒，伏尸滿野」，語意相同。

〔二二〕丁士涵云：「『見戈』疑『得失』之壞字。上文云：『得失之數皆在此内。』是其證。」姚永概云：「上文『是歲相兼者諸侯九』，又曰『是歲相兼者諸侯十二』，則『見戈』當作『見兼』。作『戈』者涉上文『芮戈』而誤。」元材案：戈者兵也。見戈之本謂兵争之根源也。此言黄帝行封山之令十年之後，而葛盧雍狐兩山之金屬礦産先後爲蚩尤所壟斷，故得開發之以爲製造各種兵器之用，遂以發生兼併諸侯，伏尸滿野之慘劇。此無它，實由於礦産之未能由黄帝徹底統制有以致之。换言之，即不能「逃其爪牙」之過也。《鹽鐵論·復古篇》大夫云：「鐵器兵刃，天下之大用也，非衆庶所宜事也。」故主「名山大澤不以封」，以免「下之專利」，義與此同。丁、姚二氏説皆失之。又案：蚩尤本古史傳説中人名。《書·吕刑》：「蚩尤惟始作亂，延及於平民。」《史記·五帝本紀》：「蚩尤作亂，黄帝徵師諸侯，與蚩尤戰於涿鹿之野，遂禽殺蚩尤。」至漢高祖定天下，立蚩尤之祠於長安。（見《史記·封禪書》）。《鹽鐵論·結和篇》及《論功篇》亦數數稱之，作爲好弄兵者之代名詞。一九七三年長沙馬王堆漢墓出土帛書，有「十大經」一種，全書共分十五篇，敍述黄帝平定蚩尤，鞏固統一的故事更爲詳盡。此處所謂蚩尤，似是漢初吴王濞之反映。上引伍被言「吴王兵敗于狐父」，又《史記·五帝本紀·索隱》引此文作「蚩尤受盧山之兵而作五兵」，盧上無葛字，盧山在今江西，正吴王屬地，《漢書·吴王濞傳》所謂「吴有豫章郡銅山」者也。又《鹽鐵論·禁耕篇》云：「夫權利之處，必在深山窮澤之中，非豪民不能通其利。異時鹽鐵未籠，布衣有朐邴，君有吴王。專山澤之利，薄賦其民，賑贍窮小，以成私威。私威積而逆節之心作。夫不早絶其原而憂其末，若決吕梁，沛然其所傷必多矣。太公曰：『一家害百家，百家害諸侯，諸侯害天下，王法禁之。』今放民於權利，罷鹽鐵以資暴强，遂其貪心，衆邪羣聚，私門成黨，則强禦日以不制，而并兼之徒，姦形成也。」與此亦可互參。

桓公問於管子曰：「請問天財所出，地利所在〔一〕。」

管子對曰：「『山上有赭者其下有鐵，上有鉛者其下有銀〔二〕。』一曰〔三〕：『上有鉛者其下有鉒銀〔四〕，上有丹沙者其下有鉒金，上有慈石者其下有銅金。』此山之見榮者也。苟山之見榮者，謹封而爲禁。有動封山者罪死而不赦。有犯令者，左足入，左足斷，右足入，右足斷〔五〕。然則其與犯之遠矣〔六〕。此天財地利之所在也。」

桓公問於管子曰〔七〕：「以天財地利立功成名於天下者誰子也〔八〕？」

管子對曰：「文武是也〔九〕。」

桓公曰：「此若言何謂也？」

管子對曰：「夫玉起於牛氏邊山，金起於汝漢之右洿，珠起於赤野之末光。此皆距周七千八百里，其涂遠而至難，故先王各用於其重，珠玉爲上幣，黃金爲中幣，刀布爲下幣。令疾則黃金重，令徐則黃金輕。先王權度其號令之徐疾，高下其中幣而制下上之用〔一〇〕。則文武是也。」

〔一〕元材案：天財解在《國蓄篇》。地利即地中之利。《管子・乘馬篇》云：「因天財，就地利。」又《度地篇》云：「以其天材地利之所生養其人以育六畜。」材即財。三文皆以天財地利並稱，均指自然資源而言。與《孟子・公孫丑篇》「天時不如地利，地利不如人和」之地利專以山川之險爲言者不同。

〔二〕尹桐陽云：「鉛礦均含有銀質，故鉛礦可名爲銀礦。今常寧縣北鄉水口山鉛礦其一例也。」

〔三〕宋翔鳳云：「『一曰』以下十一字皆校者語，而誤作正文。則校語入正文者多矣。故《管子》難讀也。」元材案：「一曰」云者，乃又一種説法之意，故並述之以作參考。《管子·法法篇》兩用「一曰」。尹注云：「管子稱古言，故曰『一曰』。」劉績云：「按此乃集書者再述異聞。」其説是也。此法《韓非子》及《吕氏春秋》多用之。《史記·秦始皇本紀》及《酈食其傳》亦有此例。當是古人行文之通用體裁。猶《大匡篇》「或曰」下尹注之言「集書者更聞異説，故言『或曰』」矣。

〔四〕俞樾云：「按《玉篇·金部》『鉒，送死人具也。』然則『鉒銀』『鉒金』，殊不可通。疑『鈓』字之誤。《五音集韻》曰：『鈓，堅金也。』」元材案：鉒銀鉒金，當是當時礦學專門術語。似不必以意改動。

〔五〕元材案：「有犯令者，左足入，左足斷」云云與《史記·平準書》孔僅東郭咸陽所謂「敢私鑄鐵器煮鹽者，釱（音第，鐵鉗）左趾，没入其器物」，意義相同。

〔六〕元材案：犯即上文「有犯令者」之犯。「與犯之遠矣」，上文作「與折取之遠矣」，折取即犯之之具體表現也。許維遹釋「犯」爲「發掘」者非。

〔七〕元材案：「問於管子」四字衍。何如璋云：「文非更端，作『公又曰』便合。」其説是也。

〔八〕張佩綸云：「『立功成名』，當作『立刀成布』。『誰子』，『子』字涉下而衍。」元材案：此說非是。立功成名亦漢人常用語。《鹽鐵論・貧富篇》文學云：「故賢士之立功成名，因資而假物者也。」《褒賢篇》大夫云：「非立功成名之士，而亦未免於世俗也。」《遵道篇》文學云：「是以功成而不墮，名立而不頓。」是其證。又《揆度篇》云：「臣之能以車兵進退成功立名者，割壤而封。」作「成功立名」，義與此同。「誰子」即何人。

〔九〕元材案：謂周文王、武王也。此亦假託之詞。

〔一〇〕王念孫云：「『牛氏』當作『禺氏』。見《國蓄》、《揆度》、《輕重甲》、《輕重乙》四篇。」孫星衍云：「《揆度篇》《輕重乙篇》『洿』皆作『衢』。」俞樾云：「『各』當爲『託』，聲之誤也。《國蓄篇》作『先王爲其途之遠，其至之難，故託用於其重』，可證。《揆度篇》作『先王度用其重』，『度』亦當爲『託』。」錢文霈云：「《揆度篇》作『度用於其重』，則此篇之『各』，《國蓄篇》之『託』，皆『度』字之聲誤。言先王揆度而用其重也。」錢氏又云：「『高下其中幣而制下上之用』，《揆度篇》作『先王高下其中幣利下上之用』。『制』字當即『利』字，形近之譌。」元材案：本書文同而字句各異之處甚多。且「牛」「禺」一聲之轉。牛氏、禺氏實皆月支之音譯，猶美利堅之或爲米利堅，意大利之或爲義大利，俄羅斯之或爲露西亞也。「各」與「託」「度」字義雖異，而句義則略同。「各用於其重」者，謂分別其輕重而用之。託則謂憑依其輕重而用之，度則謂量計其輕重而用之也。制與利亦不衝突。從消極方面言之謂之制，從積極方面言之則謂之利。凡事皆有正反兩方面，蓋猶《國蓄篇》言「王霸之君去其所以強求，廢其所慮而請，故天下樂從也」，而《輕重乙篇》則曰「亡君廢其所宜得而斂其所强求，故下怨上而令不行」矣。此等處正可證明各篇不是一時一人所作，不必一一據彼改此。權度者，《孟子·梁惠王篇》：「權然後知輕重，度然後知長短，物皆然，心爲甚。王請度之。」朱注：「權，稱錘也。度，丈尺也。」度之謂稱量之也。言物之輕重長短，人所難齊，必以權度度之而後可見。「高下其中幣」云云，與《管子·乘馬篇》「黄金者用之量也」有同一之意義。量者量度。用即「以制下上之用」之用，乃指價值而言。蓋三幣並行，若無一定之尺度，無一定之權衡，則一切交换與貸借，均感不便。故以黄金爲主幣，則不僅對於物品可爲價值之尺度，對於貸借可爲價格之標準。而且上下兩幣之交换比例，亦皆得以主幣爲其公量焉。故《揆度篇》云：「桓公曰：馬之平賈萬也，金之平賈萬也。吾有伏金千斤，爲此奈何？管子對曰：君請使與正籍者皆以幣還於金，吾至四萬，此一爲四矣。吾非埏埴搖橐而立黄金也。今黄金之重一爲四者，數也。」又《輕重甲篇》云：「得成金一萬餘斤。桓公曰：安用金而可。管子對曰：請以令使賀獻出正籍者必以金，金坐長而百倍。運金之重以衡萬物，盡歸於君。」即此所云「高下其中幣而制下上之用」之實例也。

桓公問於管子曰：「吾欲守國財〔一〕而毋税於天下〔二〕而外因天下，可乎？」

管子對曰：「可。夫水激而流渠〔三〕，令疾而物重。先王理其號令之徐疾，内守國財而外因天下矣。」

桓公問於管子曰〔四〕：「其行事奈何？」

管子對曰：「夫昔者武王有巨橋之粟，貴糴之數〔五〕。」

桓公曰：「爲之奈何？」

管子對曰：「武王立重泉之戍〔六〕，令曰：『民自有百鼓之粟者不行〔七〕。』民舉所最粟〔八〕以避重泉之戍，而國穀二什倍，巨橋之粟亦二什倍。武王以巨橋之粟二什倍而市繒帛，軍五歲毋籍衣於民。以巨橋之粟二什倍而衡黃金百萬，終身無籍於民。准衡之數也〔九〕。」

桓公問於管子〔一〇〕曰：「今亦可以行此乎？」

管子對曰：「可。夫楚有汝漢之金，齊有渠展之鹽，燕有遼東之煮〔一一〕。此三者亦可以當武王之數。十口之家，十人咶鹽〔一二〕。百口之家，百人咶鹽。凡食鹽之數，一月〔一三〕丈夫五升少半，婦人三升少半，嬰兒二升少半。鹽之重，升加分耗而釜五十，升加一耗而釜百，升加什耗而釜千〔一四〕。君伐菹薪〔一五〕，煮泲水爲鹽〔一六〕，正而積之〔一七〕三萬鍾。至陽春，請籍於時。」

桓公曰：「何謂籍於時？」

管子曰：「陽春農事方作，令民毋得築垣牆，毋得繕冢墓。丈夫〔一八〕毋得治宮室，毋得立臺榭。北海之衆毋得聚庸而煮鹽〔一九〕。然鹽之賈必四什倍〔二〇〕。君以四什之賈〔二一〕，脩河濟之流〔二二〕，南輸梁趙宋衛濮陽。惡食無鹽則腫〔二三〕。守圉之本，其用鹽獨重〔二四〕。君伐菹薪，煮沸水以籍於天下。然則天下不減矣〔二五〕。

〔一〕許維遹云：「『欲』下脱『内』字。下文云『内守國財』，是其證。」

〔二〕王壽同云：「『稅』當爲『挩』。挩者奪之假字也。《輕重甲篇》『知萬物之可因而不因者，奪於天下。奪於天下者，國之大賊也』，此與『欲守國財而毋稅於天下而外因天下』，義正相同，故知『挩』即『奪』之假字也。下文云：『夫本富而財衆，不能守，則稅於天下。五穀興豐，巨錢而天下貴，則稅於天下。』『稅』亦當作『挩』。」錢文霈說同。元材案：稅即租稅之稅。「稅於天下」者，謂國財爲天下諸侯所得，如以租稅奉之也。本義自明，何必多費曲折耶？安井衡釋「稅」爲「遺」，郭沫若以「稅爲稅駕之稅，舍也」，亦皆不可從。國財承上文天財地利而言。

〔三〕豬飼彥博云：「『渠』當作『遽』，疾也。」安井衡云：「渠、巨通，大也。」張佩綸云：「『流渠』當作『渠流』。《說文》：『渠，水所居。』言水激則止水皆流。」元材案：當以豬飼說爲是。渠即《荀子·修身篇》「其義渠渠然」之渠。楊注：「渠讀如遽。古字渠遽通。渠渠，不寬泰之貌。」流渠猶言水流甚急也。

〔四〕何如璋云：「『問於管子』四字衍。」聞一多說同。

〔五〕尹注云：「武王既勝殷，得巨橋粟，欲使糴貴。巨橋倉在今廣平郡曲周縣也。」張佩綸云：

「此戰國謬説也。武王發鉅橋之粟，經典屢見，無作貴糴解者。使出自管子，胡爲舍《周禮》倉廩之成法而爲此不根之言乎？」元材案：此亦借武王爲説明之例，非真有其事也。貴糴之數，猶言提高粟價之術。

〔六〕尹注云：「重泉，戍名也。假設此戍名，欲人憚役而競收粟也。」元材案：《史記·秦本紀》：「簡公六年，塹洛城重泉。」《集解》：「《地理志》重泉縣屬馮翊。」《正義》引《括地志》：「重泉故城在同州蒲城縣東四十五里。」重泉之名至秦簡公時始有之，此亦本書非秦以前人所作之一證也。

〔七〕元材案：鼓，解已見《山國軌篇》。「民自有」者，指人民自藏之粟而言，非責其輸粟於政府也。

〔八〕尹注云：「舉，盡也。最，聚也，子外反。」陳奐云：「『最』當爲『冣』。尹注音『子外反』，則譌『最』矣。」陶鴻慶云：「武王之令，使民自聚百鼓之粟，非責其輸粟於公。今云盡所聚粟，則文不通矣。所下當有脱字。蓋謂民如盡其所有以聚粟，故國穀之價二十倍（國穀謂穀之散在民間者），巨橋之粟價亦二十倍。所謂『萬物輕而穀重』也。」元材案：最即《公羊隱元年傳》「會猶最也」之最，注：「最，聚也。」不改字亦通。此處「所」字指財物言，解已見《山至數篇》。「民舉所最粟」者，謂人民盡出其所有財物以聚粟也。《揆度篇》云：「君朝令而夕求具，民肆其財物與其五穀爲讎。」《輕重甲篇》云：「且君朝令而求夕具，有者出其財……。」「舉所」即「肆其財物」「出其財」之義矣。

〔九〕張佩綸云：「兩『巨橋之粟二什倍』，後當作『以國穀二什倍』。其意以發粟便軍輿，以國穀實金府也。」陶鴻慶云：「巨橋之粟二什倍，武王以二什倍市繒帛，又以二什倍衡黃金，合之則爲四什倍，其數不相當矣。『以巨橋之粟』下兩『二』字皆衍文。蓋武王以粟價什倍之贏市繒帛，又以什倍之贏衡黃金，合之正二什倍也。所謂『穀重而萬物輕』也。」尹桐陽云：「『市繒帛軍』，帛，百也。軍同緷，大束也。」郭沫若云：「上『巨橋之粟』當爲『國粟』。兩『二』字不當去。上文云『民舉所最粟，以避重泉之戍，而國粟二什倍，巨橋之粟亦二什倍』，二什倍之國粟乃民所獻以避戍者，二什倍之巨橋之粟乃因粟價漲，而原有之粟亦漲也。以國粟市繒，以巨橋之粟衡黃金，乃分別使用之。『巨橋之粟』不應重出。『市繒帛軍』當爲『市繒萬軍』之誤。尹桐陽讀『軍』爲『緷』，是也。『衡黃金百萬』則當爲『衡黃金萬斤』。蓋萬之簡筆『万』誤爲『百』，而斤復誤爲『万』也。《通典·食貨》十二引無『百萬』字，蓋以意删。」元材案：此當以「帛」字絶句，「軍」字下屬。又全文無一衍字或誤字。此即所謂「武王貴糴之數」。其法：先以緊急命令立爲重泉之戍，而規定人民自有百鼓之粟者得享免戍之權利。於是人民爲避免戍役，争相盡其家之所有財物以爲購粟之用，因而國内穀價驟漲二什倍，巨橋之粟亦必因之同漲二什倍。然後運用此二什倍之巨橋之粟，或收購繒帛，即可以供給全國軍隊五年服裝之用。或收購黃金百萬，則可以終身不加賦於民。此處「自有」二字應注意。謂人民只須自己家中藏有百鼓之粟，便可免戍，非謂獻諸政府也。蓋政府之意，僅希望提高國内穀價，使巨橋之粟價隨之提高，即已達其目的。所謂「國穀」，是指國内之穀而言，解已見《巨（筴）

乘馬篇》，非謂國家所有之粟也。國家所有之粟，只是「巨橋之粟」。故下文「市繒帛」，「衡黄金」，皆用此粟。兩言「以巨橋之粟」者，乃謂此粟可以分别作兩種不同之用途，並非謂繒帛黄金同時收購也。謂之「百萬」者，蓋亦著者誇大之詞，猶《海王篇》之言「百倍」矣。以上各説皆非。准衡，解已見《山至數篇》。

〔一〇〕何如璋云：「承上文。『問於管子』四字亦衍。」

〔一一〕元材案：此三句又見《輕重甲篇》。尹注彼處云：「渠展，齊地。泲水所流入海之處，可煮鹽之所也。」何如璋云：「汝、漢二水在楚界，渠展齊地，遼東燕界。煮即煮鹽。與上句互文。」今案：汝漢在秦漢時嘗産黄金，説已詳《國蓄篇》。《漢書·地理志》，齊地置有鹽官者有勃海郡之章武，千乘郡，及琅邪郡之海曲、計斤、長廣。不知此渠展係指何地。又燕地置有鹽官者，有遼西郡之海陽及遼東郡之平郭。此謂准衡之數，不僅限於粟之一端而已。即楚國之黄金與燕齊之鹽亦可同樣爲之，故曰「亦可以當武王之數」也。

〔一二〕孫星衍云：「咶，《御覽·飲食部》三十二引俱作舐。」張佩綸云：「『咶』，『舐』俗字，當作『舓』。然鹽非以舌食者，當作『甛』。《説文》：『甛，美也。』《周禮·鹽人》飴鹽注：『飴鹽，鹽之甛者。』是其證。言無人不以鹽爲美。」錢文霈云：「咶、餂通，以舌探物也。」元材案：《荀子·彊國篇》云：「是猶伏而咶天。」楊倞注云：「咶與舐同。」舐，俗舓字。《説文》「舓，以舌取物也。」又作狧。《漢書·吴王濞傳》：「狧糠及米。」《説文》：「狧，犬食也。」可見狧即食也。《海王篇》及下文「凡食鹽之數」皆作「食」，即其證。

〔一三〕龐樹典云：「『一月』二字蓋『一歲』之譌。後人因《海王篇》有『終月』之語，而不曉其義，遂妄改『歲』爲『月』，遂與下文『陽春』之語不相應。」元材案：原文不誤。龐說之謬，辨已見《海王篇》。

〔一四〕錢文霈云：「此當作『升』字爲句。『加』字下脱『五』字。下文『千』字下脱『升』字。言以鹽重一升爲率，加五分耗，則一釜可餘五十升；加一耗，則一釜可餘百升；加十耗，則一釜可餘千升也。鹽以輕重計，而耗以升斗計者，度量衡咸起於黄鍾，衡量之數可互凖也。」元材案：此説謬甚。耗，《海王篇》作「彊」，皆指錢而言，解已見《海王篇》。

〔一五〕元材案：菹薪又見《輕重甲篇》，尹注彼處云：「草枯曰菹。」《輕重甲篇》又云：「山林菹澤草萊者，薪蒸之所出。」然則菹薪即山林菹澤草萊之縮詞矣。

〔一六〕元材案：煮泲水爲鹽，歷來注者不一其説。洪頤煊謂「『泲』當作『沸』」，戴望説同。何如璋謂「『泲』當作『海』」，聞一多謂「『泲』當爲『沛』」，均不可通。惟于鬯謂「泲爲鹽之質」，最爲近之。于氏云：「泲蓋謂鹽之質。鹽者已煮之泲，泲者未煮之鹽。海水之可以煮爲鹽者，正以其水中有此泲耳，故曰『煮泲水爲鹽』。『泲』非水名之『濟』。水名之『濟』，《管子》書中自通作『濟』字，不作『泲』字。洪頤煊《管子義證》謂泲水清，不能爲鹽，因援《輕重甲篇》作『煮沸水爲鹽』，以『泲』爲『沸』字之誤。戴望《校正》據宋本此『泲』字正作『沸』。然竊謂泲、沸二字既各本岐出，未可偏執。

且在古音，𣎵聲、弗聲同部，又安見不可相假？要作『泲』非水名之『濟』。洪謂『泲水清，不能爲鹽』，則誤矣。若作沸，亦非煮海水使沸涫之謂（沸涫之沸，《説文・鬲部》作⿱弗鬲），實通指海水中鹽質而已。何以見之？《輕重乙篇》云：『夫海出泲無止。』是明明泲出於海水。出於海水而可爲鹽，非鹽之質乎？若爲水名之濟，濟水何嘗出於海？彼文『泲』字，宋本亦作『沸』。若謂煮海水使沸涫，則曰海出沸，可通乎？抑泲之言⿰米萑也。至今俗語鹽⿰米萑連稱，⿰米萑、泲並諧𣎵聲，然則作『泲』殆較作『沸』爲近云。」據此，則泲水云者，當卽今之所謂鹵水。胡寄窗謂「煮沸水，卽等於煮白開水」（見所著《中國經濟思想史》第十章三五八頁），則失之更遠矣！

〔一七〕元材案：「正積」之義，解已詳《海王篇》。

〔一八〕洪頤煊云：「『丈夫』當爲『大夫』。《輕重甲篇》『孟春既至，農事且起，大夫毋得繕冢墓，治宮室，立臺榭，築牆垣。』其證也。《御覽・飲食部》二十四引此亦作『大夫』。」豬飼彦博、安井衡説同。

〔一九〕元材案：尹注《輕重甲篇》云：「北海之衆，謂北海煮鹽之人。本意禁人煮鹽，託以農事，慮有妨奪。先自大夫起，欲人不知其機，斯爲權術。」又云：「庸，功也。」今案：此卽所謂杜絶競争，限制生産之意，所以造成鹽之獨占價格也。庸與傭通，解已見《巨（筴）乘馬篇》。《漢書・景紀》後三年詔云：「吏發民若取庸採黄金珠玉者坐臧爲盗。」所謂取庸，卽此處之聚庸矣。又《鹽鐵論・復古篇》云：「往者豪强大家得管山海之利，採鐵石鼓鑄，煮鹽，一家聚衆或至千餘人。大抵盡收放流人民也。」亦作「聚」，不作「取」。（韋昭注《漢書》以取庸爲「用其資以顧庸」者非。）

〔三〇〕元材案：「然鹽之賈必四什倍」，然即《國蓄篇》「然者何也」之然，指上文云云而言，猶言「如此」也。《輕重甲篇》即作「若此則鹽必坐長而十倍」。聞一多以「然」爲「然則」者失之。

〔三一〕丁士涵云：「『四什』下脱『倍』字。」

〔三二〕王念孫云：「『案』『脩』當爲『循』。言循河濟而南也。」元材案：此説是也。《太平御覽》八百六十五引此，正作「循」。

〔三三〕元材案：惡食謂所食不美也。《史記·貨殖傳》：「鴻溝以東，芒碭以北屬巨野，此梁宋也。雖無山川之饒，能惡衣食，致其畜藏。」然則惡食者乃漢時梁宋一帶之通俗矣。又案：「梁趙宋衛濮陽」，又見《輕重甲篇》。梁趙又見《輕重戊篇》。梁指漢時梁孝王之梁國而言，説詳《輕重戊篇》。趙亦三家分晉後之國名。管子時安得有梁趙？至「濮陽」二字，既非國名，又非特別重要之地。惟《戰國策》稱呂不韋爲濮陽人。至《史記·貨殖傳》始有「濮上之邑徙野王」之語。蓋漢代天下一統，採用郡國並行制。有不少諸侯國名，多沿用周末舊諸侯國名。統計本書所提國名，共有虞（《巨乘馬》、《乘馬數》、《國准》、《輕重戊》）、夏（《國准》、《輕重戊》）、殷（《國准》、《輕重戊》）、周（《國蓄》、《山國軌》、《山至數》、《地數》、《揆度》、《國准》、《輕重甲、乙、丁、戊》）、齊（凡五十七見，不具引所見篇名）城陽、濟陰（《山至數》、《輕重丁》）、晉（《山權數》）、孤竹、離枝（《山權數》、《輕重甲》）、秦（《山至數》、《揆度》、《輕重戊》）、楚（《地數》、《輕重甲》、《輕重戊》）、燕（《地數》、《揆度》、《輕重甲、戊》）、梁、趙、宋、衛、濮陽（《地數》、《輕重甲、戊》）、越、吳（《輕重甲》）、發、朝鮮（《揆度》、《輕重甲》）、禺氏

（牛氏）（《國蓄》、《地數》、《揆度》、《輕重甲、乙》）、紀氏（《輕重乙》）、萊、莒（《輕重乙、丁、戊》）、滕、魯（《輕重乙》）、衡山（《輕重戊》）、代（《輕重戊》）等三十國。其中，吳、楚、魯、衡山、齊、城陽、燕、趙、梁、濟陰、代等十一國，見於《史記·景紀》及《漢興以來諸侯年表》，滕國見於《史記·惠景間侯者年表》，發（北發）、禺氏（月氏）見於《漢書·王恢傳》及《西域傳》，朝鮮、越國見於《史記·平準書》、《朝鮮傳》及《南越傳》。以上皆屬於漢代所建國名或兄弟民族國名。又除萊、莒、滕、紀、離枝、孤竹、禺氏、城陽、濟陰等九國外，其餘二十一國皆見於《史記·貨殖傳》中。僅《輕重戊》一篇所舉虞、夏、殷、周、齊、魯、梁、萊、莒、楚、代、衡山、燕、秦、趙共十五國中，即有魯、梁、楚、代、衡山、燕、齊、趙八國與《史記·景紀》相同，及虞、夏、殷、周、齊、秦、代、魯、趙、燕、梁、楚、衡山等十三國與《貨殖傳》相同。而且《貨殖傳》以「魯梁」及「燕代」連稱，《輕重戊篇》亦以「魯梁」「燕代」連稱。又本書所舉國名，如齊、趙、周、魯、燕、楚、宋、衛、梁、吳、越、秦、衡山、孤竹、令支、晉、虞、夏、殷、朝鮮等二十國，皆見於《鹽鐵論》中，《貨殖傳》爲司馬遷對中國經濟主要是漢代經濟活動之具體記載，《鹽鐵論》則爲參加會議各方代表之發言記録。決不能謂爲兩書所有國名，皆是從《輕重篇》抄襲而來，而必係《輕重篇》抄襲兩書。關於此點，予將在有關各篇中分別論之。此又本書爲漢人所作之一證也。

〔二四〕許維遹云：「本猶國也。《輕重甲篇》作『守圉之國』，足證『本』與『國』同義。」郭沫若云：「『本』乃『邦』之替字。漢人諱邦，或易以義同之『國』，或代以音近之『本』。」元材案：兩説是也。尹注《輕重甲篇》云：「本國自無鹽，遠饋而食。圉與禦同。」

〔三五〕張佩綸云：「『天下不減矣』，當依《山至數篇》作『天下不吾洩矣』，語意始明。」元材案：此說是也。洩即泄，解已見《乘馬數篇》。錢文霈謂「減，損也，言不損於文武之數」者非。此正承上文桓公問「毋税於天下而外因天下」及管子答「内守國財而外因天下」之意而言。「然鹽之賈必四十倍」以上，即「内守國財」之事也。自此以下，即「外因天下」之事也。若作不減，則不可通矣。

桓公問於管子曰：「吾欲富本〔一〕而豐五穀，可乎？」

管子對曰：「不可。夫本富而財物衆，不能守，則税於天下。五穀興豐〔二〕，巨錢〔三〕而天下貴，則税於天下。然則吾民常爲天下虜矣。夫善用本者，若以身濟於大海〔四〕，觀風之所起。天下高則高，天下下則下。天高我下〔五〕，則財利税於天下矣。」

桓公問於管子曰〔六〕：「事盡於此乎？」

管子對曰：「未也。夫齊衢處之本〔七〕，通達〔八〕所出也，游子勝商之所道〔九〕。人求本〔一〇〕者，食吾本粟，因吾本幣〔一一〕，騏驥黄金然後出。令有徐疾，物有輕重，然後天下之寶壹爲我用。善者用非有，使非人〔一二〕。」

〔一〕元材案：本節「本」字凡七見，皆當作「國」字講，與上文「守圉之本」之「本」字相同。

〔二〕戴望云：「『興』乃『與』字之誤。與讀爲舉，皆也。言五穀皆豐也。」張佩綸云：「『興』當爲『舉』之壞。」元材案：「興豐」一詞在本書凡四見，即豐盛之意，乃本書習用術語，解已見《巨（筴）乘馬篇》。二氏說非。

〔三〕俞樾云：「此本作『吾賤而天下貴』。言五穀興豐，則吾國之穀價賤而天下貴矣。故曰『五穀興豐，吾賤而天下貴，則稅於天下，然則吾民常爲天下虜矣』。今作『巨錢』者，『吾』字缺壞，止存上半之『五』，遂誤爲『巨』。至『賤』之與『錢』，字形相似，音又相同，致誤尤易矣。」張佩綸說同。

〔四〕戴望云：「『身』疑『舟』字之誤。」

〔五〕王念孫云：「『天高』當作『天下高』。《輕重丁篇》作『天下高我獨下』。」安井衡說同。元材案：「天下高」二句，解已見《乘馬數篇》。

〔六〕何如璋云：「文承上。『問於管子』四字衍。」聞一多說同。

〔七〕元材案：「夫齊衢處之本」云云，又見《輕重乙篇》。惟彼處作癸度答武王語，又改「齊」爲「吾國」。衢處之義，已詳《國蓄篇》。惟此處及《輕重乙篇》所謂之「衢處」，與《國蓄篇》及《輕重甲篇》所謂之「衢處」，內容略有不同。《國蓄篇》及《輕重甲篇》，從國防上立言，故有「託食」「壤削」之虞。此及《輕重乙篇》則從經濟上立言，故交通愈便利則商業愈發達，國家所得之利益亦因之而愈大。《史記・貨殖傳》云：「洛陽街居在齊、楚、秦、趙之中。」「街居」即「衢處」也。又《鹽鐵論・通有篇》大夫云：「燕之涿薊，趙之邯鄲，魏之溫軹，韓之滎陽，齊之臨淄，楚之宛邱，鄭之陽翟，二周之三川，富冠海内，皆爲天下名都。非有助之耕其野而田其地者也。居五諸侯之衢，跨街衝之路也。故物豐者民衍，宅近市者家富。富在術數不在勞身，利在勢居不在力耕也。」兩處所論，亦是從經濟上立言者也。

〔八〕戴望云：「『達』字當是『道』字之誤。」錢文霈説同。元材案：《荀子·王霸篇》：「通達之屬莫不服從。」《儒效篇》同。楊倞注：「通達之屬，謂舟車所至之處也。」《莊子》：「通達之中有數。」又《史記·酈食其傳》：「夫陳留天下之衝，四通五達之郊也。」此處「通達」，承上文「衢處」而言，即「四通五達」之意。戴氏説非。

〔九〕豬飼彦博云：「『游子勝商』，《輕重乙》作『游客蓄商』。」丁士涵云：「『勝』當作『賸』。《方言》《廣雅》並曰：『賸，寄也。』『寄商』猶『客商』也。」尹桐陽云：「『勝商』，任商也。謂行商而自任物也。」元材案：「勝」當作「幐」。幐卽縢。《國策·秦策》：「贏縢履蹻。」縢，囊也。《左成三年傳》：「鄭賈人有將寘於褚中以出。」郭慶藩注《莊子》，釋褚爲囊，云：「褚可以囊物，亦可以囊人也。」然則幐與褚皆商賈隨身必帶之物，幐商猶云負擔貨囊之商人也。

〔一〇〕俞樾云：「『求』乃『來』字之誤。言人來吾國也。」

〔一一〕元材案：因者用也。「因吾本幣」，謂使用吾國之貨幣。

〔一二〕元材案：「騏驥黄金然後出」，《輕重乙篇》作「然後載黄金而出」。蓋皆指外人之來吾國者將其國之騏驥黄金輸入吾國而言。蓋齊爲天下名都，街衢五通，乃商賈之所臻，萬物之所殖者，故天下之商人來齊貿易者必多。司馬遷所謂「人物歸之，繈至而輻湊」者是也。此等商人既至齊國，不能無食無用。而欲有食有用，非以彼國之騏驥黃金及其他寶物換成齊之國幣以與齊之商人交易不可。故所食者必齊之粟，所用者必齊之幣。然後政府運用命令之徐疾，輕重其食用與騏驥黃金萬物之比價。若是則天下之寶物本非齊之所有者，皆可源源而來，盡爲我所利用矣。所謂「善者用非有，使非人」，卽此道也。何如璋以「騏驥黃金然後出」爲「外人載吾之騏驥黃金以出」，錢文霈以「騏驥黃金」四字當在「然後」之下，「天下之寶」之上者皆非。又案此段文字及《輕重乙篇》癸度所言，皆與前在《乘馬數篇》所引《鹽鐵論·力耕篇》大夫論「異物內流，利不外泄」一段語意略同。所謂「騏驥黃金然後出」及癸度所謂「然後載黃金而出」，卽彼處「夫中國一端之縵，得匈奴累金之物」與「贏驢馲駞銜尾入塞，驒騱騵馬盡爲我畜」之說也。所謂「天下之寶壹爲我用」，卽彼處「鈎羌胡之寶」，「鼲鼦狐貉采旃文罽充於內府，而璧玉珊瑚琉璃咸爲國之寶」之說也。「善者用非有，使非人」二語又見《事語篇》及《輕重甲篇》。惟《事語篇》此二語乃桓公轉述佚田之言而管子非之，此處及《輕重甲篇》則又極口稱贊之，此又本書各篇不出自一時一人之手之一證也。

管子輕重十一——揆度

張佩綸云：「此篇皆泛言輕重之筴，與輕重諸篇雜糅重複，未測篇名『揆度』之義。……或曰：『輕重以甲乙分篇，不應至庚篇而止，此必癸篇也。癸訓揆度，故篇名揆度而大名曰輕重癸。淺人以辛、壬并亡，而《漢志》八十六篇之數已足，故削足就屨，致十干之數不全，而《管子》之次第益亂。』此説頗有見，姑附之以備參核。」郭沫若云：「《輕重乙篇》有『武王問於癸度曰』一段，當屬於此篇，卽此篇命名之所由。『揆度』卽『癸度』。彼所謂『武王』者，『武』殆『威』之誤，乃卽齊威王因齊也。」元材案：揆卽《孟子·離婁篇》「上無道揆」之揆，朱注：「揆，度也。」度卽《孟子·梁惠王篇》「權，然後知輕重，度然後知長短，物皆然，心爲甚，王請度之」之度。朱注：「度之，謂稱量之也。」揆度猶言權衡、酌量、考慮、核計，蓋漢人常用術語。《書·泰誓·傳》：「揆度優劣，勝負可見。」《史記·律書》：「癸之爲言揆也，言萬物可揆度，故曰癸。」《説文》：「癸，冬時水土平，可揆度也。」《白虎通》曰：「癸者，揆度也。」《釋名·釋天》：「癸，揆也。揆度而生乃出也。」《漢書·武五子傳·昌邑王傳》：「王内自揆度。」又《東方朔傳》：「揆而度之，使自索之。」又曰：「圖畫安危，揆度得失。」卽其證。《輕重乙篇》及《丁篇》之兩「癸度」亦卽「揆度」。著者或以此名篇，或以此名人，皆指善於考慮核計輕重問題而言。《史記·平準書》云：「桑弘羊以計算用事。」又云：「弘羊洛陽賈人子，以心計，年十三侍中，故三人指東郭咸陽、孔僅及弘羊。言利事析秋毫矣。」《漢書・食貨志》云：「大司農中丞耿壽昌以善爲算，能商功利得幸於上。」又《溝洫志》云：「博士許商治《尚書》，善爲算，能度功用。」即「揆度」之義矣。又本書各篇同文之處甚多，不必移彼補此。兩氏説皆非。

〔提要〕：全文共分十六段，每段討論一個問題。段與段間毫無聯系，體例亦不整齊。時而用桓管問答，時而用「管子曰」，時而直引他書，時而用問答而又不著問答者之人名，時而用直敍法。似係由許多不同資料雜湊而成。

齊桓公問於管子曰：「自燧人以來，其大會可得而聞乎〔一〕？」

管子對曰：「燧人以來，未有不以輕重爲天下也。共工之王〔二〕，水處什之七，陸處什之三，乘天勢以隘制〔三〕天下。至於黃帝之王，謹逃其爪牙〔四〕，不利其器，燒山林，破增藪〔五〕，焚沛澤〔六〕，逐禽獸，實以益人〔七〕，然後天下可得而牧也。至於堯舜之王，所以化海内者，北用禺氏之玉，南貴江漢之珠。其勝禽獸之仇，以大夫隨之〔八〕。」

桓公曰：「何謂也？」

管子對曰：「令：『諸侯之子〔九〕將委質者〔一〇〕皆以雙武之〔一一〕皮，卿大夫豹飾〔一二〕，列大夫豹幨〔一三〕。』大夫散其邑粟與其財物以市武豹之皮，故山林之人刺其猛獸若從親戚之仇〔一四〕。此君冕服於朝，而猛獸勝於外〔一五〕。大夫已散其財物，萬人得受其流。——此堯舜之數也〔一六〕。」

〔一〕戴望云：「《路史·前紀》五引此文云：『齊桓公問於管仲曰：輕重安施？對曰：自理國伏羲以來未有不以輕重而成其至者。曰：燧人以來，其大會可得聞乎？對曰：燧人以來未有不以輕重而爲天下者也。』較今本多二十五字，宜據以補入正文。」元材案：此二十五字見《輕重戊篇》。《路史》引文，蓋雜抄兩篇之文揉合而成，非《揆度》原文也，不宜據彼補此。會，會計，解已見《山至數篇》。大會，猶言大計。

〔二〕尹注云：「帝共工氏，繼女媧而有天下。」元材案：此所謂燧人、共工云云，亦是著者假託之詞。惟於此有應注意者，本書中言古史傳説者共有三處，而其内容則完全不同。其一：本篇以燧人、共工、黄帝、堯、舜爲五代，《國准篇》以黄帝、有虞、夏后、殷人、周人爲五代，而《輕重戊篇》則以虙戲、神農、燧人原誤爲黄帝，據陳立《白虎通疏證·二號篇》校改。爲三皇，黄帝、有虞、夏、殷、周爲五代。其二：本篇以「謹逃其爪牙，不利其器，燒山林，破增藪，焚沛澤，逐禽獸，實以益人」屬於黄帝一人，在《國准篇》，則以「謹逃其爪牙」屬於黄帝，「燒增藪，焚沛澤」屬於夏后，而在《輕重戊篇》，則又以《國准》屬之夏后者改屬之於有虞。本篇以「燒山林……」爲「實以益（隘）人」，《國准篇》亦曰「不益民之利」，而《輕重戊篇》則以爲是「以爲民利」。《國准篇》以「枯澤童山」屬於有虞，而在《輕重戊篇》，又改屬之於黄帝。《國准篇》曰「殷人之王，諸侯無牛馬之牢，不利其器」，而在《輕重戊篇》則曰「殷人之王，立皂牢，服牛馬以爲民利」。在同一書中，敍述同一古史傳說，而内容之岐異如此，誰謂本書乃一時一人之所作耶？

〔三〕元材案：「隘制」猶言限制，解已見《國蓄篇》。

〔四〕元材案：「謹逃其爪牙」，解已見《地數篇》。

〔五〕豬飼彥博云：「增疑當作橧，巢也，言破禽獸所寢。」李哲明云：「增讀爲橧，古通用。《禮記・禮運》：『夏則居橧巢。』《釋文》：『橧，本又作增。』是其證。《家語・問禮・注》：『聚柴爲橧。』《廣雅・釋獸》：『橧，圈也。』卽其義。」元材案：此謂破壞禽獸所棲息之處，猶言「覆巢」矣。

〔六〕尹注云：「沛，大澤也。一説水草兼處曰沛。」何如璋云：「沛澤，謂澤中草棘叢生者。《風俗通》：『沛澤者草木之蔽茂，禽獸之所匿也。』」

〔七〕元材案：此「益」字當讀如「隘」，「人」指富商蓄賈。「實以隘人」，卽上文「逃其爪牙，不利其器」之意，皆《國蓄篇》所謂「隘其利途」者也。

〔八〕尹注云：「勝猶益也。禽獸之仇者，使其逐禽獸如從仇讎也。以大夫隨之者，使其大夫散其邑粟財物，隨山澤之人求其禽獸之皮。」王引之云：「『禽獸之仇』，義不可通。禽獸安得有仇乎？下文曰『禽獸勝於外』，則所勝者禽獸，非禽獸之仇也。『之仇』二字蓋因下文『若從親戚之仇』而衍。尹不能釐正而曲爲之説，非。」郭沫若云：「『其勝禽獸，以大夫隨之』者，言禽獸既勝，『大夫散其邑粟與其財物以市虎豹之皮』，則大夫亦隨禽獸而被克制也。」元材案：「其勝禽獸之仇」，卽下文

「制其猛獸若從親戚之仇」之縮詞。猶言「戰勝禽獸這個仇敵」也。王説太迂，郭釋「以大夫隨之」爲「大夫亦被克制」亦不合，仍當以尹注爲是。

〔九〕尹注云：「諸國君之子，若衛公子開方、魯公子季友之類。」

〔一〇〕元材案：質讀如贄。古人相見，必執贄以爲禮，如「卿羔，大夫雁」之類。《左傳僖二十三年》：「策名委質，貳乃辟也。」即其義。

〔一一〕尹注云：「雙虎之皮以爲裘。」元材案：唐高祖李淵之祖名虎，故唐人諱「虎」爲「武」。《通典》十二、《路史》十一，引此俱作「虎」。

〔一二〕尹注云：「卿大夫，上大夫也。」袖謂之飾。」張佩綸云：「《詩》：『羔裘豹飾，孔武有力。』《傳》：『豹飾，緣以豹皮也。』《禮記・玉藻》：『羔裘豹飾，緇衣以裼之。』鄭注：『飾猶褎也。』《唐風・羔裘・箋》：『在位卿大夫之服也。』此鄭取《管》義箋《詩》者。」

〔一三〕尹注云：「列大夫，中大夫也。襟謂之襜，音昌詹反。」何如璋云：「《廣韻》：『襜，披衣也。』豹襜謂以豹皮爲之。」張佩綸云：「襜當作襝。《爾雅・釋器》：『衣蔽前謂之襝。』本或作襜。《説文》訓同。」元材案：列，衆多，與「諸」字同義。列大夫即諸大夫。大夫有上、中、下之分，不僅指中大夫而言，尹説失之。

〔一四〕許維遹云：「《詩・還篇》：『並驅從兩肩兮。』《毛傳》：『從，逐也。』親戚猶父母也。言若追逐父母之仇讐也。」

〔一五〕聞一多云：「『此』當作『故』。」元材案：此者，是也。冕，冠也。此言人君但垂衣拱手於朝，卽能戰勝猛獸於外。猶賈誼《過秦論》之言「秦人拱手而取西河之外」也。不必改字。

〔一六〕元材案：萬人得受其流者，謂大夫既以市買虎豹之皮而散其邑粟財物，則凡人之從事於獵取猛獸者皆得以勞力受取其散出之邑粟財物也。堯舜之數猶言堯舜之計。堯舜亦假託之詞，非謂堯舜真有其事。尹注以爲「堯舜嘗用此數」者失之。

桓公曰〔一〕：「『事名二、正名五而天下治。』何謂『事名二』？」

對曰：「『天筴陽也，壤筴陰也〔二〕，此謂『事名二』。」

「何謂『正名五』〔三〕？」

對曰：「權也，衡也，規也，矩也，准也，此謂『正名五』〔四〕。其在色者，青黄白黑赤也。其在聲者，宮商羽徵角也。其在味者，酸辛鹹苦甘也。二五者童山竭澤〔五〕，人君以數制之。人〔六〕味者所以守民口也，聲者所以守民耳也，色者所以守民目也。人君失二五者亡其國，大夫失二五者亡其勢，民失二五者亡其家。此國之至機也。謂之國機〔七〕。」

〔一〕王念孫云：「『桓公曰』當作『管子曰』。下文『何謂事名二』、『何謂正名五』，方是桓公語。」

張文虎云：「『桓公曰』三字疑當在『天下治』下。」元材案：「事名二、正名五而天下治」，是古時成語，説已詳《山權數篇》。本篇著者對此語另有解釋，故特分別提出以相討論。王、張二氏説皆非。

〔二〕元材案：天筴壤筴，猶言天數地數。

〔三〕元材案：此又桓公問也。

〔四〕元材案：《漢書·律曆志》云：「衡，平也。權，重也。衡所以任權而均物、平輕重也。其道如砥，以見准之正，繩之直。左旋見規，右旋見矩。……權與物鈞而生衡。衡運生規。規圜生矩。矩方生繩。繩直生准。准正則平衡而鈞權矣。是爲五則。規者所以規圜器械，令得其類也。矩者所以矩方器械，令不失其形也。規矩相須，陰陽位序，圜方乃成。准者所以揆平取正也。繩者上下端直，經緯四通也。准繩連體，權衡合德，百工繇焉，以定法式。」所謂五則，與此處所謂「正名五」，内容全同。

〔五〕陳奂云：「『二五者』下不應有『童山竭澤』四字。此四字疑在上文『堯舜之王』節中。《國准篇》『有虞之王，枯澤童山』，可證。」俞樾云：「案『童山竭澤』四字當在上文『至於黄帝之王』句下。《輕重戊》云：『黄帝之王，童山竭澤。』是其明證。」何如璋云：「『童山竭澤』四字乃上節『黄帝之王』下訓釋之文誤攙入者，宜删。」元材案：「童山竭澤」四字與此處上下文皆不相接，其爲衍文無疑。但《國准》《輕重戊》兩篇此四字亦所屬不同，可見各篇不是一時一人之作，上已言之。似不可隨意移動。

〔六〕陳奂云：「下『人』字衍。」俞樾云：「『人君以數制之人』句，不可通，疑下『人』字衍文也。此文本云：『二五者人君以數制之。人君失二五者亡其國，大夫失二五者亡其勢，民失二五者亡其家。』至『味者所以守民口也』三句，當在『二五者人君以數制之』之上。如此則文義俱順矣。『二五者人君以數制之』又遠承『事名二、正名五』而言，下接『人君失二五者亡其國』。今於中間又錯入『味者所以守民口也』三句，則文不貫矣。幸其衍一『人』字，知『以數制之』下本與『人君』相連。其迹未泯，尚可訂正。」元材案：俞氏此一大段議論，全從「人君以數制之人」之下一「人」字出發。實則下「人」字應屬下讀，乃「夫」字之誤。如此，則文從字順，毫不滯礙矣。「人君以數制之」，即《山權數篇》所謂「以數行」之意，謂當以輕重之筴管制之也。

〔七〕張佩綸云：「案此節當與《山權數》『國戒』節參訂。彼篇『國機』『君道』『人心』爲三端。其後僅有『君道度法人心禁繆』，而『國機』乃見於此。此篇『事名二、正名五』兩端。正名有聲味色三語疏解，而事名無之。彼篇乃有『穀智』二句承之，而『此之謂事名二』又見於彼，其爲一節無疑。」元材案：「天筴陽也，壤筴陰也」二語，卽是對「事名二」之疏解，何得云無？本書各篇同文異字之處不一而足，既非互相攙雜，又非完全抄襲，而是借以各自發揮其所有關於輕重之筴之主張。此種現象，正足以說明各篇不是一時一人之作。若必一一爲之「以意釐定」，則原文之可讀者殆無幾何矣。機，機要。國機，治理國家之機要。

輕重之法〔一〕曰：「自言能爲司馬不能爲司馬者，殺其身以舋其鼓〔二〕。自言能治田土不能治田土者〔三〕，殺其身以舋其鼓。自言能爲官不能爲官者，劓以爲門父〔四〕。」故無敢姦能誣祿〔五〕至於君者矣。故相任寅爲官都重門擊柝不能去亦隨之以法〔六〕。

〔一〕元材案：「輕重之法」謂輕重之家所立之法典也。《史記·齊太公世家·索隱》云：「管子有《理人輕重之法》七篇。」此處明標「輕重之法曰」云云，當與所謂《理人輕重之法》有關。惟不知所謂七篇者，究在輕重十九篇之內，抑在其外耳。

〔二〕元材案：司馬，《漢書·百官公卿表》應劭注云：「主武也。諸武官亦以爲號。」舋卽釁字。釁鼓釁社，謂殺人以祭，以血涂鼓與社也。《左成三年傳》：知罃曰：「臣不才，不勝其任，以爲俘馘。執事不以釁鼓，使歸卽戮，君之惠也。」《僖三十三年傳》：秦孟明曰：「不以纍臣釁鼓。」杜注：「殺人以血涂鼓，謂之釁鼓。」此釁鼓之義也。《管子·小問篇》云：「桓公踐位，令釁社塞禱。」尹注云：「殺生以血澆落於社曰釁社。」《公羊僖十九年傳》：「邾婁人執鄫子用之。惡乎用之？用之社也。其用之奈何？蓋叩其鼻以血社也。」《穀梁傳》「血社」作「衈社」。范注：「衈，釁也。」此釁社之義也。

〔三〕許維遹云：「據上文例，兩『能治田土』均當作『能爲治土』。治土卽司徒。古彝器銘司徒多作𤔲土。治、𤔲古爲一字。土、社古亦爲一字。司徒之職兼土地人民社稷。殺司徒以釁社，正其職責所在耳。」郭沫若云：「『能治田土』兩『田』字當爲『申』字之誤，申土卽司徒也。齊有『申田』之官，《立政篇》誤『申』爲『由』，此則誤『申』爲『田』，蓋校者不解『申土』之義，而以意改之。《山至數篇》『泰夏賦穀以市櫎，民皆受上穀以治田土。』殆即校改者之所本。」元材案：《荀子・王制篇》論序官，計有宰爵、司徒、司馬、大師、司空、治田、虞師、鄉師、工師、傴巫跛擊、治市、司寇、冢宰、辟公等名義。又言「司徒知百宗、城郭、立器之數」，而「治田之事」，則爲「相高下，視肥墝，序五種，省農功，謹畜藏，以時順修，使農夫樸力而寡能」。可見「司徒」與「治田」不僅各爲一官，而且職權亦不一致。又《管子・小匡篇》亦有「寗戚爲田」及「墾草入邑，辟土聚粟多衆，盡地之利，臣不如寗戚，請立爲大司田」之文。本書「治田土」凡二見，皆指農事而言，與《荀子》「治田」及《管子・小匡》「爲田」、「大司田」意義全同。惟《山至數篇》之「治田土」，乃指農民而言，此則指主管治田土之農官而言，微有差異耳。二氏説皆非。

〔四〕張佩綸云：「『剕』當爲『刖』，字之誤也。《周禮・秋官・司刑》：『刖者使守門。』」元材案：張説是也。門父，守門之隸也。古代對犯法者或俘虜，多刖其足以爲守門之隸。《左傳》「鬻拳自刖，楚人以爲大閽」，又「吾君以韓起爲閽」，注：「刖足使守門也」，又「吴王獲楚人，刖之使爲閽」，皆其例也。又案「門父」以上爲輕重之法之原文，以下乃著者所推廣之意見。

〔五〕元材案：「姦能誣禄」，疑當作「誣能姦禄」。《荀子・君道篇》云：「臣不能而誣能。」王先謙注云：「誣能，自以爲能。《大略篇》曰：『不能而居之，誣也。』」又《韓非子・二柄篇》云：「君見好則羣臣誣能。」《八姦篇》云：「是以賢者不誣能以事其主。」《管子・乘馬篇》云：「君舉事，臣不敢誣其所不能。」又《法法篇》「誣能」一詞凡五見。《鹽鐵論・刺復篇》亦云：「將多飾文誣能以亂實耶？」

何賢士之難睹也。」皆作「誣能」，卽其證。「姦祿」卽「干祿」。《管子・法法篇》云：「明主不以爵祿私所愛，忠臣不誣能以干爵祿。」是也。

〔六〕俞樾云：「按寅字無義，疑更字之誤。相任更爲官都者，言使之相保任而更迭爲官都也。官都見《問篇》。《問篇》曰：『問五官有度制，官都其有常斷，今事之稽也何待？』然則官都者，五官之總司也。《淮南子・天文篇》曰：『何謂五官？東方爲田，南方爲司馬，西方爲理，北方爲司空，中央爲都。』都卽此所謂官都也。上文云：『自言能爲司馬不能爲司馬者，殺其身以釁其鼓。自言能治田土不能治田土者，殺其身以釁其社。』司馬也，田也，五官中之二也。然則『相任更爲官都』，殆謂使四官相保而更迭爲官都乎？『去』字乃『者』字之誤。此言重門擊柝不能者亦隨之以法，不以其職賤而免之也。『重門擊柝』猶言『抱關擊柝』。」戴望云：「《路史・後紀》十一引此正作『者』。」張佩綸云：「『任寅』當作『任舉』，本書屢見。」陶鴻慶云：「『寅』疑『與』之誤，與讀爲舉。官謂官府，都謂都邑。爲官以事言，爲都以地言也。『相任舉爲官都』，對上文『自言能爲』者而言。『重門擊柝』，對上文司馬以下諸大官而言。此而不能者亦隨之以法。一不以過舉而免之，一不以微職而寬之也。」聞一多云：「『寅』當爲『庚』，字之誤也。『庚』與『更』通。」郭沫若云：「『寅』乃『矣』字之誤。『故相任矣』，謂相臣勝其任也。司馬、司徒、官都，均相任也。『爲官都重門擊柝』，卽爲官都之重門擊柝。」元材案：此當以「故相任寅爲官都重門擊柝不能者亦隨之以法」爲一句。「寅」，進也，見《爾雅・釋詁》。「官都」當作「都官」。《漢書・宣紀》本始四年詔曰：「丞相以下至都官令丞上書入穀輸長安助貸貧民……得毋用傳。」師古注云：「都官令丞，京師諸署之令丞。」「重門擊柝以待暴客」，本《易・繫辭》中語。《鹽鐵論・險固篇》引作「重門擊柝」。《漢書・王莽傳》引作「重門擊㯓」。柝、柘、㯓三字古通用，即行夜者所擊之木梆也。上言「自言能爲」，乃出於自薦，此言「相任寅爲」，則出於保進。自薦而不能者固應重罰，保進而不能者亦應以法隨之，皆所以防制誣能姦禄之患也。

桓公問於管子曰：「請問大准〔一〕。」

管子對曰：「大准者，天下皆制我而無我焉，此謂大准〔二〕。」

桓公曰：「何謂也？」

管子對曰：「今天下起兵加我，臣之能謀厲國〔三〕定名者〔四〕，割壤而封〔五〕。臣之能以車兵進退，成功立名者，割壤而封。然則是天下盡封君之臣也，非君封之也。天下已封君之臣十里矣〔六〕，天下每動，重封君之民〔七〕二十里。君之民非富也，鄰國富之。鄰國每動，重富君之民。貧者重貧，富者重富。大准之數也。」

桓公曰：「何謂也？」

管子對曰：「今天下起兵加我，民棄其耒耜，出持戈於外，然則國不得耕。此非天凶也。

此人凶也。君朝令而夕求具，民肆其財物與其五穀爲讎〔八〕，厭而去，賈人受而廩之，然則國財之一分在賈人〔九〕。師罷，民反其事，萬物反其重〔一〇〕，賈人出其財物，國幣之少分廩于賈人〔一一〕。若此則幣重三分，財物之輕重三分〔一二〕。賈人市於三分之間，國之財物盡在賈人，而君無筴焉〔一三〕。民更相制〔一四〕，君無有事焉。此輕重之大准也。」

〔一〕張佩綸云：「『大准』均當作『失准』。」石一參説同。元材案：「大准」一詞又見《國蓄篇》。本篇下文，卽專爲此一詞下定義者。可見「大准」乃本書著者特用之專門術語。若作「失准」，則《國蓄篇》所謂「御其大准」及本篇所謂「大准之數」及「此輕重之大准」云云皆不可通矣。

〔二〕郭沫若云：「當作『天下皆制我，我而無義焉，此謂失准。』上『我』字奪一重文符，下『我』字乃『義』之誤。」元材案：此卽本書著者對「大准」一詞所自下之定義。「天下皆制我而無我」，卽一切皆爲人所制而不能自主之意，下文乃舉例説明之。郭氏説非。

〔三〕俞樾云：「厲讀爲利。厲國卽利國也。《史記·陳杞世家》『是爲厲公』，《索隱》曰：『厲、利聲相近。』《國策·秦策》曰：『綴甲厲兵。』高注曰：『厲，利也。』」張佩綸云：「『厲』當作『勵』。《説文》『勵，勉力也。』《書·立政》：『用勵相我國家。』」元材案：俞説是。

〔四〕何如璋云：「定名，言定主尊顯之名。」元材案：何説是也。聞一多謂「『名』當爲『民』」者失之。

〔五〕元材案：割，裂也。割壤而封，卽裂地而封。解已見《山至數篇》。

〔六〕元材案：此處所論，似是以王莽居攝時鎮壓翟義、劉信及趙明、霍鴻與益州蠻夷及金城塞外羌等起兵反莽之後，大封功臣事爲背景。第一，所謂「今天下起兵加我，臣之能謀厲國定名者割壤而封，臣之能以車兵進退成功立名者割壤而封」云云，蓋卽王莽於鎮壓翟義、劉信時，下詔「先封車騎都尉孫賢等五十五人爲列侯」，及鎮壓趙明、西羌等時，「置酒白虎殿，大封拜……以小大爲差，封侯伯子男凡三百九十五人」（均見《漢書·翟先進傳》）之反映。第二，所謂封地十里，古無此制。《王制》雖言方千里者、爲方百里者若干、方七十里者若干、方十里者若干，但此乃計算開方之數，而非實際封國之數。此外，《孟子·萬章篇》、《禮記·王制》、董仲舒《春秋繁露·爵國篇》論封建，皆無「封地十里」之說。《史記·漢興以來諸侯年表》言「武王成康所封數百，而同姓五十五。地上不過百里，下不過三十里」。又云：「高祖末年，子弟同姓王者九國，唯獨長沙異姓。而功臣侯者百餘人。……地大者或五六郡，連城數十。」又云：「天子觀於上古，然後加惠，使諸侯得推恩分封子弟國邑……大國不過十餘城，小侯不過數十里。」是歷代事實上亦無有「封地十里」者。至王莽時，立爲「附城五差」之制，而後有所謂「自九以下降殺以兩，至於一成」之規定。所謂「降殺以兩」者，王先謙《漢書補注》引王文彬云：「《左襄二十六年傳》『自上以下，隆殺以兩』，謂以兩數相減，此自九以下而七而五而三以至於一也。」「至於一成」者，如淳云：「十里爲成。」此文云「天下已封君之臣十里」，正是王莽制度之反映。至下文又言「天下每動，重封君之民二十里」者，蓋謂賈人利用戰爭所得之贏利，相當於方二十里之封君。猶《史記·貨殖傳》之言「今有無秩祿之奉、爵邑之入，而樂與之比者命曰素封」矣。

〔七〕豬飼彥博云：「『民』當作『臣』。『二』字衍。」張佩綸云：「『重封君之民二十里』，『民』當作『臣』。」陶鴻慶云：「重，益也。『重封君之民二十里』，本作『重封君之臣二十里』，與上文語意相承。今本涉下句『君之民』而誤也。」郭沫若云：「此『民』字不當改爲『臣』，『民』指下文『賈人』而言。言有職之臣，既因戰事而得裂土分封，而無職之富商蓄賈，亦因戰事而囤積居奇，所獲利潤更多一倍。民有貧富，故下文云：『隣國每動，重富君之民，貧者重貧，富者重富。』」元材案：三氏說非，郭說是也。此文「臣」「民」並提，界別顯然。臣指「能謀厲國定名」及「能以車兵進退成功立名」之將士，民則指下文「賈人」而言。蓋謂設使戰爭一起，必動員抵抗，臣之有功者皆須裂地而封之。不僅此也，而以戰爭之故，令有緩急，故物有貴賤，賈人得乘其時，操縱物價，而滯財役貧，所獲之利，較之有功之臣又多一倍，是不啻又一封君也。隣國每動，而吾國臣民之貧富因之，是貧富予奪之權皆操之於隣國而非君之自主，與《國蓄篇》所謂「予之在君，奪之在君，貧之在君，富之在君」者適得其反，故曰「大准之數」也。又此處「重」字與下文「重富君之民」「貧者重貧」「富者重富」及《輕重甲篇》「貧者失其財，是重貧也，農夫失其五穀，是重竭也」等「重」字，皆當作「增益」講。《漢書·文紀》：「是重吾不德也。」顔師古注云：「重，謂增益也。」是也。《鹽鐵論·輕重篇》文學云：「今欲損有餘，補不足，富者愈富，貧者愈貧矣。」盧文弨云：「張本『愈』作『益』。」義與此同。

〔八〕元材案：肆，陳貨鬻物之所。此處當作動詞用，謂陳列其財物與五穀於市場而售之也。

饑，售也。「肆其財物與其五穀爲讎」，兩「其」字皆指農民。

〔九〕郭沫若云：「『厭而去』，古本、劉本、朱東光本均作『厭分而去』，是也。分猶半，『厭分而去』者謂滿半價而去。」元材案：「厭而去」，當作「厭分而去」，郭説是也。惟此處「分」字當作若干分講，説已詳《巨(筴)乘馬篇》。厭即左文二年傳「及晉處父盟以厭之」之厭，注：「厭，猶損也。」謂損其價之若干分而賣去之也。此言國家一旦發生戰争，農夫皆被征發，持戈出戰，不得耕種，以致糧食缺乏，造成饑饉。而政府賦斂之令又十分緊迫，農民以上令難違，不得不以其所有之財物與五穀售之於商人。「厭分而去」者，謂財物五穀價賤，農民迫於上令，不能待價而沽，只有忍痛自認損失，減價出手而已。《輕重甲篇》云：「且君朝令而求夕具，有者出其財，無有者賣其衣屨，農夫糶其五穀，三分賈而去。」《鹽鐵論・本議篇》文學云：「今釋其所有，責其所無，百姓賤賣貨物，以便上求。」所述情況，與此正同。

〔一〇〕元材案：師罷謂戰事結束。反，還也。上文云：「民棄其耒耜。」「民反其事」，謂人民回鄉務農。「萬物反其重」，謂萬物之價又回漲至原有之水平。

〔一一〕元材案：此處「少分」與上文「一分」之分，均當作「半」字講。説已詳《巨(筴)乘馬篇》。

〔一二〕張佩綸云：「『幣重三分』，當作『穀之輕重一分』。『財物之輕重三分』承上來。」郭沫若云：「『財物之輕重三分』，當衍『重』字，蓋賈人投出其囤積則物價跌。國幣三分之一入賈人手，因而購買力增大。賈人於戰前戰後均能操縱物價，控制金融，故言『賈人市於三分之間，國之財物盡在賈人，而君無筴焉。』」元材案：郭衍「重」字是也。惟此處兩「三分」二字，均當作「十分之三」講，不作「三分之一」講。「財物之輕三分」，與「幣重三分」互爲對文。謂貨幣之少半爲賈人所獨占，而財物則仍散在民間，聚則重，散則輕，故貨幣之價必上漲十分之三，而財物之價必下跌十分之三也。張氏說非。

〔一三〕元材案：「賈人市於三分之間」云云者，謂賈人利用幣重物輕之機會，以上漲十分之三之貨幣，收購下跌十分之三之財物，於是全國財物又盡爲賈人所獨占。一出一入，其權全操諸賈人手中，政府於此，則完全處於束手無策之地位，故曰「而君無筴」也。《乘馬數篇》云：「霸國守分上分下，游於分之間而用足。」《鹽鐵論·貧富篇》大夫云：「夫白圭之廢著，子貢之三至千金，豈必賴之民哉？運之六寸，轉之息耗，取之貴賤之間耳。」「游於分之間」，「取之貴賤之間」，即此處「市於三分之間」之義也。

〔一四〕戴望云：「元本、宋本『更』作『吏』。」郭沫若云：「作『吏』者是也。『制』（古作剌）乃『利』之誤。『民吏相利』，謂大夫與商人狼狽爲奸。《山至數篇》『大夫謂賈人，子爲吾運穀而斂財』，即其例。」元材案：此說可商。更者遞也。制即控制。民更相制，即《國蓄篇》所謂「民下相役」，《山權數篇》所謂「下陰相隸」之意。《史記·貨殖傳》云：「凡編户之民，富相什，則卑下之；伯則畏憚之；千則役；萬則僕。物之理也。」《漢書·貨殖傳》亦云：「其爲編户齊民，同列而以財力相君，雖爲僕虜，猶亡慍色。」即「民更相制」之義矣。

管子曰：「人君操本，民不得操末。人君操始，民不得操卒〔一〕。其在涂者籍之於衢塞，其在穀者守之春秋。其在萬物，立貲而行〔二〕。故物動則應之〔三〕。故預奪其涂，則民無遵。君守其流，則民失其高〔四〕。故守四方之高下，國無游賈，貴賤相當。此謂國衡〔五〕。以利相守，則數歸於君矣〔六〕。」

〔一〕元材案：操即掌握，解已見《山國軌篇》。操本、操始，皆守始之意。守始解已見《乘馬數篇》。

〔二〕安井衡云：「『衢塞』謂關市。」張佩綸云：「『衢塞』即『通塞』變義。」郭沫若云：「張所謂『通塞』，乃法家言『開闔決塞』之謂，然而非也。原文『其在涂者籍之衢塞，其在穀者守之（於）春秋，其在萬物者立貲而行』，『在涂（塗）者』指商旅言，『在穀者』指農民言，『在萬物者』指工虞之類言。商旅則於市廛關塞而征籍之，農民則視其年之豐嗇而賦役之，工虞蓋採取傭工制。《地數篇》云：『陽春，農事方作。……北海之衆毋得聚庸以煮鹽』（亦見《輕重甲篇》），其證也。」元材案：安井、張、郭説皆非也。此籍字即《國蓄篇》「籍於號令」之籍，非指「所以强求」之租籍而言。衢塞謂通衢要塞。蓋通衢要塞乃商賈必經之地，貨物薈萃之區。《鹽鐵論·力耕篇》所謂「自京師東西南北，歷山川，經郡國，諸殷富大都，無非街衢五通，商賈之所臻，萬物之所殖者」是也。此謂凡百財物必先於通衢要塞尚未登途之前，預爲布置。若至途中再行征斂，則已無及矣。「其在穀者守之春秋」者，春時穀貴，以錢貸民，秋時穀賤，按照市價，以穀准幣，收回本利。《巨(筴)乘馬篇》云：「謂百畝之夫：『子之筴率二十七日爲子之春事，資子之幣。』泰秋，子穀大登，國穀之重去分，謂農夫曰：『幣之在子者以爲穀而廩之州里。』」《山至數篇》亦云：「泰春國穀倍重，數也。泰夏賦穀以市櫎，民皆受上穀以治田土。泰秋，曰：『穀之存子者若干，今上斂穀以幣。』民曰『無幣以穀』。則民之三有歸於上矣。」皆其例也。「其在萬物者立貲而行」，即《乘馬數篇》所謂「布織財物皆立其貲」，《山國軌篇》所謂「女貢織帛苟合於國奉者皆置而券之」，與《山至數篇》所謂「皮革筋角羽毛竹箭器械財物苟合於國器君用者皆有矩券於上」之意。解已見《乘馬數篇》。

〔三〕元材案：「物動則應之」，《輕重甲篇》作「物發而應之，聞聲而乘之」。此謂在處理各種經濟政策問題時，必須能在事態產生之適當時間加以應付，不能膠柱鼓瑟。《史記·貨殖傳》所謂「范蠡乃治產積居與時逐」，「白圭樂觀時變……趨時若猛獸鷙鳥之發」，即此意也。

〔四〕元材案：「豫奪其途」，即《國蓄篇》「塞民之羡，隘其利途」之意。遵，行也。高即《鹽鐵論·禁耕篇》「豪民擅其用而專其利，決市閭巷，高下在口吻。貴賤無常，端坐而民豪」之高，猶今人之言「囤積居奇」矣。張佩綸謂「『民失其高』當有誤字，『高』涉『高下』而衍」，李哲明謂「『高』當作『用』」，郭沫若謂「『高』疑是『章』字之誤」者皆非。守流，即「謹守重流」之意，解已見《山至數篇》。文中四「民」字皆指富商蓄賈而言。「則民無遵」，「則民失其高」，即《史記·平準書》所謂「富商大賈無所牟大利」之意，故下文曰「國無游賈」也。

〔五〕元材案：「國衡」與「國准」同，皆指國家之平准政策而言，即所謂「輕重之筴」也。此四句與《史記·平準書》「名曰平準」一段内容完全相同。所謂「故守四方之高下」，即《史記》「盡籠天下之貨物，貴即賣之，賤則買之」之意也。所謂「國無游賈」，即《史記》「如此則富商大賈無所牟大利，則反本」之意也。所謂「貴賤相當」，即《史記》「而萬物不得騰踊，故抑天下物」之意也。所謂「此謂國衡」即《史記》「名曰平準」之意也。抄襲之迹顯然，不過字句微有變化而已。

〔六〕郭沫若云：「此『利』字當爲『制』(利)。本書利制二字每互譌。」元材案：「利」字不誤。「以利相守，則數歸於君矣」，當作「以數相守，則利歸於君矣」。《山國軌篇》云：「今四壤之數，君皆善官而守之。」《山權數篇》云：「守三權之數奈何。」又云：「軌守其數，准平其流。」又本篇上文云：「二五者人君以數守之。」此「以數相守」之義也。《國蓄篇》云：「國無失利。」又云：「而國利歸於君矣。」又云：「而君得其利。」此「利歸於君」之義也。此蓋謂國衡之道，在於守其本始，而豫奪其利途。即政府應事先運用輕重之筴，一切争取主動，毋爲賈人所乘。如此則富商蓄賈無所牟大利，物價可平，而國利盡歸於君矣。

管子曰：「善正商任者〔一〕，省有肆。省有肆則市朝閒，市朝閒則田野充，田野充則民財足，民財足則君賦斂焉不窮〔二〕。今則不然，民重而君重，重而不能輕；民輕而君輕，輕而不能重。天下善者不然，民重則君輕，民輕則君重〔三〕。此乃財餘以滿不足之數也〔四〕。故凡不能調民利者，不可以爲大治。不察於終始者，不可以爲至矣〔五〕。動左右以重相因，二十國之筴也〔六〕。鹽鐵，二十國之筴也。錫金，二十國之筴也。五官之數，不籍於民〔七〕。

〔一〕元材案：任即《淮南子·道應篇》「於是爲商旅將任車」之任。高誘注：「任，載也。《詩》曰：『我任我輦。』」商任指商旅任車而言。正，征也。《漢書·武紀》「元光六年冬，初算商車。」李奇曰：「始稅商賈車船，令出算。」正商任，即算商車之意。

〔二〕豬飼彥博云：「『省』同『眚』，過也。『有』當作『宥』。『肆』，赦也。」張佩綸云：「『有』當作『賄』，周禮：『肆長各掌其肆之政令，陳其貨賄。』是其證。」黄鞏云：「『肆』，聚陳也。『省』者察其不中度量，殺伐及姦聲亂色而禁之。省有肆，則禮不得踰，材不得枉，盜竊亂賊不得作，而又無淫巧惑世，欺詐病民。以有易無，交易而退，無争質聽斷，上煩有司，朝市所以閒也。」郭沫若云：「以張、黄說爲是。省是動詞，謂省察也。『有』可讀爲賄。『省賄肆』謂稽察市廛耳。」元材案：三說非是。省指宮禁或官府而言。《漢書·昭紀》「共養省中。」伏儼曰：「蔡邕云：『本爲禁中，門閤有禁，非侍御之臣不得妄入。行道豹尾中，亦爲禁中。孝元皇后父名禁，避之，故曰省中。』」周壽昌云：「《文選·魏都賦》『禁台省中』，李善注引《魏武集》荀欣等曰：『漢制王所居曰禁中，諸公所居曰省中。』是漢制原有『禁』與『省』之別，不是避王禁諱始。且昭帝下距元后時甚遠，何以遽避禁諱。若爲班氏追書，則班氏時已在中興後，更何所忌於王氏而必爲之避也。」然余考《漢書》諸公所居可曰省中，帝王所居亦曰省中。《東方朔傳》「上乃起入省中」，《趙充國傳》「辛武賢上書告卬泄省中語」，《陳萬年傳》「石顯奏白咸漏泄省中語」，此皆帝王所居之省中也。《孔光傳》「黄門令爲太師，省中坐置几，太師入省中用杖」，此諸公所居之省中也。則改禁爲省，並不始於昭帝，在武帝時已然。當然非武昭所避改，而必爲武昭以後人所追改甚明。且蔡邕爲東漢時人，其對於漢代歷史及制度之了解，應比魏武時人荀欣爲更透更深。然則此所謂「省有肆」之省，無論其爲宫禁或官府，均係政府之代名詞，則可斷言。市朝即市場，解已見《山至數篇》，此處指自由市場。焉，乃也。此蓋謂善算商車者，應由政府設爲專官，自營商業，賤則買之，貴則賣之，則人民咸不肯復至自由市場交易，而自由市場必爲之空閒。自由市場空閒，則無利可圖，故一般逐什二以爲務者必返於農，而田野遂隨之而日趨繁榮。田野繁榮則社會富裕，社會富裕則稅源充足，自可賦斂無窮矣。惟此處「賦斂無窮」一語，亦是指「所慮而請」之「租稅」而言，與「所以强求」之「租籍」，實大異其趣。謂之「賦斂無窮」者，與《乘馬數篇》所謂「加一加二乃至加九加十」及《輕重甲》所謂「用若挹於河海」，同係著者故意誇大之詞。蓋極言「省有肆」之利益之大也。又案：此處所論，與漢武帝時大農桑弘羊所主持之均輸平準政策内容相同。《史記·平準書》云：「桑弘羊以諸官各自市，相與争，物故騰躍，而天下賦輸或不償其僦費，乃請置大農部丞數十人，分部主郡國。各往往縣置均輸、鹽鐵官，令遠方以其物貴時商賈所轉販者以爲賦而相灌輸。置平準於京師，都受天下委輸。召工官治車諸器，皆仰給大農。大農之諸官盡籠天下之貨物，貴即賣之，賤則買之。如此，富商大賈無所牟大利，則反本，而萬物不得騰踊。故抑天下物，名曰平準。」又云：「卜式言曰：『縣官當食租衣稅而已。今弘羊坐市列肆，販物求利。』」又《鹽鐵論·禁耕篇》亦云：「縣官設衡立準，人從所欲，雖使五尺童子適市，莫之能欺。」所謂「置平準於京師，都受天下委輸」，所謂「大農諸官盡籠天下之貨物，貴即賣之，賤則買之」，所謂「令吏坐市列肆，販物求利」，所謂「縣官設衡立準」，即皆此處所謂「省有肆」之義矣。

〔三〕元材案：「民重而君重」云云，謂不善正商者不能實行商業國營，對於物價之或貴或賤，一聽商人之自由壟斷，政府毫無控制之能力。「民重則君輕」云云，即《國蓄篇》「民有餘則輕之，人君斂之以輕。民不足則重之，人君散之以重。斂積之以輕，散行之以重」及上引《平準書》「貴即賣之，賤則買之」之意。《史記·貨殖傳》：「白圭樂觀時變，故人棄我取，人取我與。」義與此同。

〔四〕豬飼彥博云：「『財』當作『裁』。」張文虎說同。張佩綸云：「『財餘』當作『餘財』。以餘財滿不足之數。『餘』『不足』對文。見《國蓄篇》。」元材案：豬飼說是也。「財」即《漢書·翼奉傳》「惟陛下財察」之財。顔師古注云：「財與裁同。」謂減省之。財餘以滿不足，猶言「截長補短」也。《漢書·食貨志》晁錯云：「取於有餘以供上用，則貧民之賦可損。所謂損有餘補不足，令出而民利也。」《鹽鐵論·輕重篇》大夫曰：「損有餘補不足以齊黎民。」「財餘」即「損有餘」之義矣。張佩綸說非。

〔五〕元材案：「故凡不能調通民利者，不可以爲大治」二語，解已見《國蓄篇》。「不可以爲至矣」，張佩綸云：「『至矣』當作『至數矣』，《山至數》篇名。」今案：至即善，解已見《事語篇》。

〔六〕張佩綸云：「『動左右以重相因』，疑『動』字衍。左右，相須也。『二十國之筴也』上捝二字。」郭沫若云：「『動左右以重相因』，謂衡（天秤）也。此以衡喻輕重之數（術）。」元材案：「動左右以重相因」，義不可通。《輕重甲篇》云：「動言揺辭，萬民可得而親。」《輕重丁篇》云：「君動言揺辭，左右之流，君獨因之。」又云：「動之以言，潰之以辭，可以爲國基。」疑此文本作「動言揺辭，左右之流，以重相因」。此即《國蓄篇》及《輕重乙篇》所謂「籍於號令」之意。蓋本書作者認爲國家號令有變動物價之作用，所謂「令有緩急，則物有輕重」。如武王立重泉之戍而國穀及巨橋之粟皆二十倍；齊令北海之衆不得煮鹽，而所積三萬鍾之鹽價坐長而四什倍。故「動言揺辭」亦得與鹽、鐵、錫、金同抵於一國歲入之二十倍也。張、郭二氏説失之。

〔七〕何如璋云：「五官承上言。市也，鐵也，錫也，金也，以權輕重，奚必籍民以爲用乎？」張佩綸云：「五官既非《山權數》之六家，亦非《幼官篇》之五官。當是《漢志》之工官、服官、鹽官、鐵官、銅官之類。」元材案：「五官」之「官」亦當讀爲「管」。五管者，鹽爲一管，鐵爲一管，錫、金各爲一管，共四管。此外，則「動言揺辭，左右之流，以重相因」，即所謂「籍於號令」者亦應爲一管。國家有此五管之數（筴），則可以「民不益賦而天下用饒」，故曰「不籍於民」也。何、張二氏説皆非。又案：《漢書 食貨志》「羲和魯匡言：『名山大澤鹽鐵布帛五均賖貸斡在縣官，惟酒酤獨未斡。請法古，令官作酒。』羲和置命士，督五均六斡。郡有數人，皆用富賈。莽復下詔曰：『夫鹽，食肴之將。酒，百藥之長，嘉會之好。鐵，田農之本。名山大澤，饒衍之藏。五均賖貸，百姓所取平，卬以給贍。鐵布銅冶，通行有無，備民用也。此六者非編户齊民所能家作，必卬於市。雖貴數倍，不得不買。豪民富賈即要貧弱。先聖知其然也，故斡之。每一斡爲設科條防禁，犯者罪至死。』」以鹽、酒、鐵、名山大澤、五均賒貸、鐵布銅冶爲六斡。與此處以「動言摇辭，左右之流，以重相因」及鹽、鐵、錫、金爲五管者，内容及管數雖不盡一致，然其以數目字冠於諸管之上，而特謂之曰「五管」、「六管」，其造詞則完全相同。考「管」字之應用，實始於孔僅與桑弘羊。《漢書·食貨志》載大農上孔僅、咸陽言：「浮食奇民欲擅管山海之貨以致富羡，役利細民。」又稱：「桑弘羊爲大司農中丞，管諸會計事。」「大農斡鹽鐵，官布多，置水衡欲以主鹽鐵。」又稱：「元封元年，卜式貶爲太子太傅，而桑弘羊爲治粟都尉，領大農，盡代僅管天下鹽鐵。」然此時尚無幾管幾管之名詞。昭帝始元六年，鹽鐵會議時，賢良文學稱鹽鐵均輸酒榷爲「三業」（見《鹽鐵論·利權篇》），然三業非三管也。可見五管六管云云，乃王莽時代之特定術語。在此以前，雖有「筦山海之貨」、「管鹽鐵」、「管諸會計事」等名詞，實尚無以數目字冠於諸管之上之習慣。且本書諸管之數，實不僅五。《海王篇》有「管山海」，一也。《國蓄篇》有「管賦軌符」，二也。《山國軌篇》有「管國軌」，三也，又有「管天財」，四也。《山權數篇》有「管五技」，五也。《山至數篇》有「管百能」，六也。此明言必須由政府管制之者也。此外言「籠」言「守」言「障」言「塞」言「隘」言「撫」言「操」言「據」言「御」言「横」言「欄牢」，隨處而是。幾乎萬事萬物無不在封建國家管制之中。此處不過概括舉其重要者數事而已。範圍之大，實遠非孔僅、桑弘羊等所及。尤其所謂「管賦軌符」之一管，乃王莽「五均賒貸」之另一變詞，在王莽以前實無聞焉。惟桑弘羊有酒榷法，王莽亦有沽酒之官，而本書獨不言酒者，蓋酒在桑弘羊時，其重要性本不及鹽鐵均輸，故至征和四年始設此制。然行未數年，因賢良文學之反對，旋即廢止。王莽初設五管，酒沽亦不在内。至羲和魯匡言之，乃始令官作酒，合爲六管。以意推之，本書著者對於酒榷不甚重視，故不言及酒榷之事，或雖曾言之而另在各亡篇中，今已無從考知之矣。

桓公問於管子曰："輕重之數惡終〔一〕？"

管子對曰："若四時之更舉，無所終。國有患憂，輕重五穀以調用，積餘臧羨以備賞。天下賓服，有海内，以富誠信仁義之士。故民高辭讓，無爲奇怪者。彼輕重者，諸侯不服以出戰，諸侯賓服以行仁義〔二〕。"

〔一〕元材案：惡，《韻會》："汪烏切，音污，何也。"謂運用輕重之筴何時始能終止也。

〔二〕元材案：更，迭也。舉，起也。四時春夏秋冬更迭往來，無有已時，輕重之筴亦如是也。患憂指戰争言。"天下賓服有海内"，即《山至數篇》"有海内，縣諸侯"之意。陶鴻慶謂"『有』字當在『海内以富』句下，屬下句讀之，蓋傳寫誤脱而錯補在上者"非。此蓋言輕重之數，不論戰時平時，列國分立或天下一統，無不咸宜。如在列國分立，國有戰争，則可運用輕重之數高下五穀之價以調劑國用，勵行積餘藏羨以資戰士之勸賞。若至統一之時，天下太平，諸侯賓服，則可籍其利入以爲獎勵誠信仁義之士之用。如此則倉廩實而知禮節，衣食足而知榮辱。故人民皆能自愛自重，競相以辭讓爲高，一切離奇怪異之行，自可絶迹於社會矣。《管子・任法篇》所謂「無偉服，無奇行，皆囊於法以事其主」，《史記・平準書》所謂「故人人自愛而重犯法，先行仁義而後絀恥辱焉」，即此意也。故夫輕重之數，其作用概有二端，即（一）「諸侯不服以出戰」，（二）「諸侯賓服以行仁義」，是也。《鹽鐵論・力耕篇》大夫云：「往者財用不足，戰士頗不得禄。而山東被災，齊趙大饑。賴均輸之富，倉廩之積，戰士以奉，飢民以振。」所謂「戰士以奉」，即「諸侯不服以出戰」之例也。「飢民以振」，即「諸侯賓服以行仁義」之例也。然則輕重之數無所終，不已彰明較著耶？

管子曰：「一歲耕五歲食，粟賈五倍。一歲耕六歲食，粟賈六倍。二年耕而十一年食〔一〕。夫富能奪，貧能予〔二〕，乃可以爲天下。且天下者處茲行茲，若此而天下可壹也〔三〕。夫天下者，使之不使，用之不用。故善爲天下者，毋曰使之，使不得不使，毋曰用之，使不得不用也〔四〕。」

〔一〕丁士涵云：「『十一年』疑當作『十二年』。下文亦當有『粟賈十二倍』五字。即上文『一歲耕六歲食，粟賈六倍』之倍數也。」張文虎云：「據上文有『五歲』『六歲』，正得十一年。丁君言『當作十二年』非。」張佩綸云：「『一歲耕』至『十一年食』，與下文不相承，乃他篇錯簡。當作『一歲耕三歲食，粟賈三倍。二歲耕六歲食。三年耕而十一年食，粟賈十一倍。』此與《山權數》『歲守十分之參』一節合。」尹桐陽云：「『十一年食』，合上五歲、六歲計也。」郭沫若云：「原文無訛，不當增改。」元材案：張（文虎）、尹、郭三氏説是也。五六一十一。「二年耕而十一年食」，正是上文兩數之和。《漢書·律曆志》云：「《傳》曰：天六地五，數之常也。天有六氣降生五味。夫五六者天地之中合，而民所受以生也。故日有六甲，辰有五子。十一而天地之道畢。言終而復始。」所言數字，與此文「五歲食、六歲食、十一年食」正同。然此文終恐有脱誤，不可强解。

〔二〕元材案：《通典·食貨》十二引此並注云：「富者能奪抑其利，貧者能贍恤其乏，乃可爲君。」蓋即「予之在君，奪之在君，貧之在君，富之在君」之意。解已見《國蓄篇》。

〔三〕元材案：「處茲行茲」猶云「念茲在茲」。壹，摶而一之也。即《地數篇》所謂「陶天下而爲一家」之意。此謂爲天下者，一舉一動，皆當以奪富予貧，損有餘補不足以齊黎民爲念。如此則上下摶壹，而無分崩離析之患矣。《商君書·説民篇》云：「治國之舉，貴令貧者富，富者貧。貧者富，富者貧，國强。」義與此同。

〔四〕元材案：「毋曰使之」云云，又見《山至數篇》。此必古時有此成語，故兩處皆引用之。

管子曰：「善爲國者如金石之相舉，重鈞則金傾〔一〕。故治權則勢重，治道則勢羸〔二〕。今〔三〕穀重於吾國，輕於天下，則諸侯之自泄，如原水〔四〕之就下。故物重則至，輕則去。有以重至而輕處者〔五〕。我動而錯之，天下即已於我矣〔六〕。物臧則重，發則輕，散則多〔七〕。幣重則民死利，幣輕則決而不用。故輕重調於數而止〔八〕。」

〔一〕何如璋云：「金謂五金之物。石者四鈞也。」郭沫若云：「金指貨幣言。百二十斤爲石，故何以『四鈞』解之。石則當指五穀。二者重量不能相等也。」元材案：金指黃金。鈞、石皆衡名。《漢書·律曆志》云：「二十四銖爲兩，十六兩爲斤，三十斤爲鈞，四鈞爲石。」此處皆指稱錘言。舉，稱也。《墨經·經説》：「衡，加重於其一旁，必捶。同垂。權重相若也，相衡則本短標長。兩加焉，重相若，則標必下，標得權也。」又《太平御覽》八三〇引《慎子》云：「君臣之間猶權衡也。權，左輕則右重，右輕則左重。輕重迭相概，天地之經也。」此言「重鈞則金傾」，即「權加重於其一旁必垂」及「左輕則右重，右輕則左重」之意。郭説非，何説近之。

〔二〕張佩綸云：「『贏』當作『贏』。傾、贏爲韻。」郭沫若云：「張説非也。『道』與『權』爲對，『贏』與『重』爲對。《揆度篇》作者採取慎到重勢之説，寧採用權勢而捨正道。權與道猶金與石之相比。如金與石等重則金受損失矣。如權與道並重，則權受損失矣。權與勢，二而一者也。故曰『如金石之相舉，重鈞則金傾，故治權則勢重，治道則勢贏』。張氏未得其解。」元材案：此即《鹽鐵論·非鞅篇》「今商鞅棄道而用權」之意。蓋謂以黃金與稱錘相衡，稱錘之一端重，則黃金之一端必輕。治國亦然，從權變之術以治之，則其勢重，從經常之道以治之，則其勢贏。贏者弱也，亦有輕義，故可與「重」爲對文。下文即對於此一原理——治權則勢重，治道則勢贏——之具體運用。張説非，郭對金石及其相比之意義亦有未照。

〔三〕元材案：「今」當作「令」。

〔四〕元材案：「原水」即源水。

〔五〕丁士涵云：「處亦去也。《左僖二十六年傳》：『能左右之曰以。』《穀梁桓十四年傳》：『以者不以者也。』注：『不以者，謂本非所制，今得以之也。』『有以重至而輕處』，言物非無端而重至，無端而輕去，必有以之者，則權數是也。」張佩綸云：「處，詩傳：『居也。』去彼則居此。」元材案：「處」與「去」對文，謂留而不去也。蓋天下之物，雖因價貴紛紛而來。然及其既至，或因到貨過多，或因政府忽於此時將舊有廩藏之貨物大量拋出，供給超過需要，價格低落，而貨主爲免除往返運輸之損失起見，不得不減價出售。物本爲重至而輕去者，今則雖以重至而輕亦留而不去，故曰「有以重至而輕處」也。此法古人應用之以賑救災荒而獲其效者頗多。唐盧坦爲宣歙觀察使，歲饑，穀價日增，或請損之，坦曰：「所部土狹，穀少，仰四方之來者。若價賤，穀不復來，民益困矣。」既而米商輻湊，市估遂平，民賴以生。宋神宗熙寧中，趙抃知越州。兩浙旱蝗，米價踊貴，諸州皆榜道路，禁人增米價，人多餓死。抃獨榜通衢，令有米者任昂價糶之。於是米商輻湊，米價更賤，而民無餓者。又范仲淹知杭州，二浙阻饑，米價方踊，每斗一百二十文。仲淹增至一百八十文，衆不知所爲，仍多出榜文，具述杭饑及米價所增之數。於是商賈争先，惟恐其後。米既輻湊，價亦隨減。又包拯知廬州，不限米價，商賈聞之，日集其境，不數日而米價大平。皆重至輕處之實例也。丁、張二氏説皆失之。

〔六〕丁士涵云：「當作『我動而錯之天下』句。趙本『天下』屬下讀者非。」張文虎云：「當作『天下即於我矣』，『已』字衍。」何如璋云：「『即已』當作『已即』。即，就也。」張佩綸云：「案已，止也。」元材案：諸氏説皆非也。「已」當是「泄」之壞字。此當作「我錯而動之」句，「天下即泄於我矣」句。動而錯之者，謂錯綜其行動，使其不爲尋常物價定律——即物重則至輕則去——所限制，則天下之貨物皆泄於我矣。天下即泄於我者，猶上文言「諸侯之自泄」也。泄字之義，解已見《乘馬數篇》。

〔七〕張佩綸云：「『散則多』當作『散則寡，斂則多』。《國蓄篇》：『夫物多則賤，寡則貴，散則輕，聚則重。』是其證。」聞一多云：「當作『聚則多，散則少』。」孫毓棠云：「疑當作『聚則寡，散則多』。」郭沫若説同。元材案：張、聞説與本書《國蓄篇》所標之物價規律——「夫物多則賤，寡則貴，散則輕，聚則重」——恰恰相反。孫説亦非。臧同藏。「物藏則重」，即「聚則寡」之意。「發」即《孟子·盡心篇》「國人皆以夫子將復爲發棠」之發。「散則多」者，承「發則輕」句而言，謂散於市場而不囤積，則取之左右逢其源，無貨物缺乏之感，故見其多也。

〔八〕元材案：幣重謂購買力大，幣輕謂購買力小。死利謂爲利而死。此亦漢人通用語。《鹽鐵論·錯幣篇》云：「上好貨則下死利也。」《毀學篇》云：「貪夫死利。」此謂購買力大，故民争取之，雖死不避。購買力小，雖多有之亦無利益，故決去之而不肯實用也。數謂數量。輕重調於數而止者，謂政府對於貨幣流通之數量，必隨時視其輕重而調劑之，使其適合於社會之需要，不可過於緊縮，亦不可過於膨脹。賈誼所謂「錢輕則以術斂之，重則以術散之，貨物必平」，即「輕重調於數」之義矣。

「五穀者〔一〕，民之司命也。刀幣者，溝瀆也。號令者，徐疾也。令重於寶，社稷重於親戚。胡謂也〔二〕？」

對曰：夫城郭拔，社稷不血食，無生臣。親殁之後，無死子。此社稷之所重於親戚者也〔三〕。故有城無人，謂之守平虛。有人而無甲兵而無食，謂之與禍居〔四〕。」

〔一〕元材案：此文上當有「桓公問於管子曰」一句，觀「胡謂也？」及下文「對曰」便知。

〔二〕元材案：「五穀者民之司命也，刀幣者溝瀆也」二句，解已見《國蓄篇》。「徐疾」解已見《事語篇》。「令重於寶」二句，又分見於《管子》別篇中。如《七法篇》云：「故不爲重寶虧其命，故曰令重於寶。不爲愛親危其社稷，故曰社稷戚於親。」又《法法篇》云：「令重於寶，社稷先於親戚。……故不爲重寶輕號令，不爲親戚後社稷。」可見此等文句，乃當時最通行之成語，故特舉而討論之。

〔三〕元材案：「對曰」上當有「管子」二字。無生臣，臣盡爲社稷而死也。所重，當作「所以重」。謂城破國亡，臣必盡死之，而親殁之後，則不聞有子爲父母而死者，故曰「社稷重於親戚」也。上文提出「五穀」、「刀幣」，與「號令」，共是三事。而下文却又以當時成語作爲問答之中心。而且在答語中，又僅就「社稷重於親戚」一語，加以解釋。結論中提到「食」不可少，可算是對「五穀」句有所照應，然終嫌不够銜接，必有錯脱無疑。

〔四〕元材案：虛與墟同。廢城謂之墟。如夏墟，殷墟、姚墟之類。「有人而無甲兵而無食」，安井衡云：「『甲兵』下疑脱『有甲兵』三字。」今案不加此三字亦可通。此蓋言城無人守，雖有城與平墟同。有人而兵食不足，雖守不固，故謂之「與禍居」。《管子・權修篇》所謂：「地之守在城，城之守在兵，兵之守在人，人之守在粟，故地不辟則城不固。」義與此同。

桓公問於管子曰：「吾聞海内玉幣〔一〕有七筴，可得而聞乎？」

管子對曰：「陰山之礝碈〔二〕，一筴也；燕之紫山白金〔三〕，一筴也；發、朝鮮之文皮，一筴也；汝漢水之右衢黄金，一筴也；江陽之珠，一筴也；秦明山之曾青，一筴也；禺氏邊山之玉〔四〕，一筴也。此謂以寡爲多，以狹爲廣。天下之數盡於輕重矣。」

〔一〕于鬯云：「玉字疑衍。幣者通名也。所謂『珠玉爲上幣，黄金爲中幣，刀布爲下幣』。若玉幣則必以玉爲幣矣。而下文所舉不定是玉。」元材案：玉者珍也，《書・洪範》：「惟辟玉食。」《釋文》：「《漢書》云：『玉食，珍食也。』」玉幣，謂以各種珍貴物産爲貨幣也。于説失之。

〔二〕元材案：陰山又見下文。《漢書・匈奴傳》侯應曰：「臣聞北邊塞至遼東外有陰山，東西千餘里。草木茂盛，多禽獸。本冒頓單于依阻其中，治作弓矢，來出爲寇，是其苑囿也。至孝武世，出師征伐，斥奪此地，攘之於幕北。建徼塞，起亭隧，築外城，設屯戍以守之，然後邊境得用少安。幕北地平，少草木，多大沙。匈奴來寇，少所隱蔽，從塞以南，徑深山谷，往來差難。邊長老言，匈奴失陰山之後，過之未嘗不哭也。」山在今内蒙古自治區境内，横障漠北。起寧夏賀蘭山，當河套北，亙烏拉特歸化城，蜿蜒而東。隨地易名，蓋數千里。即地學家所謂陰山山脈者也。礝當作碝。碈當作碈。司馬相如《子虛賦》「碝石碔砆」，《禮·聘義》「君子貴玉而賤碈」，皆石之次玉者也。《漢書·音義》、「碝石出雁門。」雁門屬陰山山脈，故曰「陰山之碝碈」。

〔三〕元材案：燕之紫山地望未詳。白金，銀也。《爾雅》：「白金謂之銀。」又《史記·平準書·集解》引《漢書音義》曰：「白金，銀也。」是也。謂銀之出於紫山者。

〔四〕元材案：「發、朝鮮」又見《輕重甲篇》。發，國名。《逸周書·王會解》「燕人發」。一名北發。《史記·五帝本紀》：「北發山戎息慎」。《漢書·武紀》：「海外肅昚北發渠搜氐羌徠服。」晉灼曰：「《王恢傳》『北發月氏可得而臣』。似國名也。」此以發與朝鮮連言，則北發當在朝鮮附近。何如璋釋《輕重甲篇》所謂「發即北發，國近朝鮮」，是也。文皮，虎豹之皮。《輕重甲篇》云：「發、朝鮮不朝，請文皮毤服而以爲幣乎？」又曰：「一豹之皮容金而金也。然後八千里之發、朝鮮可得而朝也。」又《爾雅》：「東北之美者，有斥山之文皮焉。」斥山在今山東榮城縣南。蓋登州爲發、朝鮮之通商口耳。江陽又見《山至數篇》。禺氏又見本篇下文，及《國蓄》、《地數》、《輕重乙》等篇，解均已見《國蓄篇》。又案此段文字又見《山至數篇》。惟彼處只三筴，此有七筴，是其不同耳。

桓公問於管子曰：「陰山之馬具駕者千乘。馬之平賈萬也，金之平賈萬也〔一〕。吾有伏金千斤，爲此奈何〔二〕？」

管子對曰：「君請使與正籍〔三〕者，皆以幣還於金，吾至四萬。此一爲四矣〔四〕。吾非埏埴搖鑪橐而立黄金也，今黄金之重一爲四者，數也〔五〕。珠起於赤野之末光，黄金起於汝漢水之右衢，玉起於禺氏之邊山。此度去周七千八百里〔六〕。其涂遠，其至阨。故先王度用其重而因之，珠玉爲上幣，黄金爲中幣，刀布爲下幣。先王高下其中幣，利下上之用〔七〕。」

〔一〕元材案：「平賈」一詞，又分見《輕重甲》、《輕重乙》及《輕重丁篇》。此乃漢人通用術語。《漢書・吴王濞傳》：「百姓無賦，卒踐更輒予平賈。」《溝洫志》：「治河卒，非受平賈者，爲著外繇六月。」又《鹽鐵論・水旱篇》大夫云：「故有司請總鹽鐵，一其用，平其賈，以便百姓公私。」又甘肅居延出土《建武三年候粟君所責寇恩事册》（「平賈」一詞凡六見。（一九七八年《文物》一期《建武三年候粟君所責寇恩事・釋文》）蓋指封建國家規定之官價而言。「馬之平賈萬，金之平賈萬」，謂馬每匹之官價值錢一萬，金每斤之官價亦值錢一萬也。古無平馬價之説，漢武帝時始有之。《漢書・武紀》：「元狩五年，天下馬少，平牡馬匹二十萬。」又《景武昭宣元成功臣表》：「梁期侯當千太始四年，坐賣馬一匹賈錢十五萬，過平，臧五百以上免。」過平，謂超過規定之價。元狩五年平價爲二十萬，此言十五萬過平，可見元狩五年以後太始四年以前又有一次平馬價之舉，而其價則在十五萬以下。又金之平賈萬，則始於王莽時。《漢書・食貨志》云：「莽即真，……黄金重一斤直錢萬。」又《王莽傳》：「有司奏：故事，聘皇后，黄金二萬斤，爲錢二萬萬。」事在始建國二年。又陰山本匈奴故地，至武帝時，始收入中國版圖。本篇上文既言「陰山之礝碈」、「江陽之珠」，此又言「陰山之馬」，又言馬有平賈，又言「金之平賈萬」，誰謂本書之寫成乃在王莽即真以前耶？

〔二〕元材案：伏，藏也。伏金即藏金。此謂陰山之馬千乘，每乘馬四匹，合價四千萬，而藏金一千斤，僅得一千萬，今欲以此金買此馬，當用何法也。

〔三〕元材案：「與正籍」又見《輕重甲篇》。與讀爲預。正讀如征。與征籍者，謂預於納税人之列，即負有納税義務之人也。《輕重甲篇》又云：「請以令使賀獻出正籍者必以金。」《輕重乙篇》云：「民之入正籍者……。」「出正籍」、「入正籍」與「與正籍」意義全同。

〔四〕元材案：還讀如「環穀而應假幣」之環，繞也。以幣還於金者，謂政府下令於民，凡納税者均須以黄金交納。但人民手中無黄金，必須用重價向市場收買，如此則市場之金價必坐漲四倍，政府藏金亦因之坐漲四倍，向之平賈萬金者，今則高至四倍矣，故曰「此一爲四」也。《輕重甲篇》「以令使賀獻出正籍者必以金，金坐長而百倍」，亦是採用此法。此種將封建强制租税通過價格政策之運用而將負擔全部轉嫁於納税人肩上之方法，即本書各篇著者所津津樂道之「籍於號令」的真實内容也。

〔五〕洪頤煊云：「『櫜』當作『橐』。《埤蒼》橐作韛，鍛家用以吹火令熾者也。」王念孫云：「『鑪櫜』當爲『鑪橐』，字之誤也。《老子》：『天地之間其猶橐籥乎？』王注曰：『橐，排橐也。』《淮南·本經篇》：『鼓橐吹埵以銷銅鐵。』高注曰：『橐，冶鑪排橐也。』《齊俗篇》曰：『工師鑿掘鑪橐鑄鑠乃成器。』故曰『摇鑪櫜而立黄金』。」元材案：王説是也。埏音羶，水和土也。埴音寔，黏土也。此處當作鑄造黄金之坩堝講。鑪櫜即鼓風鑪。立即《國蓄篇》「鑄錢立幣」之立，即鑄造之意。此言金價之漲，非真有鍊金之術。其所以能以一爲四者，乃施行輕重之策之必然結果也。金價漲而馬價如故，於是伏金千斤之價由一千萬變爲四千萬，恰與具駕千乘（每乘四匹）之馬價相當，而無不足之患矣。

〔六〕許維遹云：「『度』當爲『皆』，涉下文而誤。《地數篇》、《輕重乙篇》並作『此皆距周七千八百里』，是其證。」元材案：度即量計，解已見《山國軌篇》，乃「大約」之詞，不必改字。

〔七〕郭沫若云：「此節所答非所問，疑與《輕重甲篇》『陰王之國』一節答語互易。」元材案：「使與正籍者皆以幣還於金」，乃抬高金價之具體辦法。「珠起於赤野之末光」數句，則説明上文「以幣還於金」及「以一爲四」之理由，即所謂「高下其中幣利下上之用」者也。一問一答，絲絲相扣，不得謂爲「所答非所問」也。

百乘之國，中而立〔一〕，東西南北度五十里〔二〕。一日定慮，二日定載，三日出竟，五日而反。百乘之制，輕重毋過五日〔三〕。百乘爲耕田萬頃，爲户萬户〔四〕，爲開口〔五〕十萬人，爲分者萬人〔六〕，爲輕車百乘〔七〕，爲馬四百匹。千乘之國，中而立市，東西南北度百五十餘里。二日定慮，三日定載，五日出竟，十日而反。千乘之制，輕重毋過一旬。千乘爲耕田十萬頃，爲户十萬户，爲開口百萬人，爲當分者十萬人，爲輕車千乘，爲馬四千匹。萬乘之國，中而立市，東西南北度五百里。三日定慮，五日定載，十日出竟，二十日而反。萬乘之制，輕重毋過二旬。萬乘爲耕田百萬頃，爲户百萬户，爲開口千萬人，爲當分者百萬人，爲輕車萬乘，爲馬四萬匹。

〔一〕元材案：「中而立」下脱「市」字。下文兩「中而立市」，皆有「市」字，可證。

〔二〕俞樾云：「『度』當爲『各』，聲之誤也。謂東西南北各五十里也。上文『故先王度用其重而因之』，《地數篇》作『故先王各用於其重』。『度』『各』聲近而誤，在本篇即可證矣。又案：此文當作『東西南北各百五十里』，故其下云『三日出竟』，明每日行五十里也。《荀子·大略篇》所謂『吉行五十』是也。下文『千乘之國中而立市，東西南北度百五十餘里』，當作『度二百五十里』，故其下云『五日出竟』，亦是每日行五十里也。何以明之？據下文曰『萬乘之國中而立市，東西南北度五百里』，其下即云：『十日出竟』。夫五百里而十日出竟，則日行五十里可知。前後必當一例，故知此文有奪誤也。詳《管子》之意，萬乘之國方千里，是古王畿之制。千乘之國方五百里，是《周禮》諸公之國之制。百乘之國方三百里，是《周禮》諸伯之國之制。蓋《管子》多與《周禮》合也。古者公侯爲一等，伯子男爲一等，故《左傳》曰：『在禮，卿不會公侯，會伯子男可也。』此文言公以該侯，言伯以該子男耳。若如今本，則百乘之國方百里，千乘之國方三百餘里，萬乘之國方千里，參差不齊矣。又五十、五百均無餘數，獨於百五十言餘，亦不可通。」元材案：俞氏之説，迂拘可笑。

古今中外豈有領土整齊劃一如此之國家耶？且行路之遲速原無一定。赤壁之戰，曹操一日夜行三百餘里，則俞氏又將以「軍行三十」之說純之乎？此處所謂「百乘之國」、「千乘之國」、「萬乘之國」，蓋相當於《漢書·刑法志》所述「百乘之家」、「千乘之國」、「萬乘之主」。《刑法志》云：「一同百里，提封萬井。除山川沉斥城池邑居園囿術路三千六百井，定出賦六千四百井，戎馬四百匹，兵車百乘。此卿大夫采地之大者也。是謂百乘之家。一封三百一十六里，提封十萬井。定出賦六萬四千井，戎馬四千匹，兵車千乘。此諸侯之大者也。是謂千乘之國。天子畿方千里，提封百萬井。定出賦六十四萬井，戎馬四萬匹，兵車萬乘。故稱萬乘之主。」與本篇所列里數及車馬數完全相同。而從「一封三百一十六里」一語觀之，更足證明本篇所謂「東西南北度百五十餘里」，正是「一封三百一十六里」之半數。《輕重乙篇》所謂「兼霸之壤三百有餘里」者，亦與此合。「度」即「此度去周七千八百里」之度，謂度計之，解已見《山國軌篇》。又案：關於封建制度，古代學者所言多不一致。《孟子·萬章篇》云：「天子地方千里，公侯皆方百里，伯七十里，子男五十里。凡四等。不能五十里不達於天子，附於諸侯，曰附庸。」《禮記·王制》與《孟子》同。賈誼《新書·屬遠篇》云：「古者天子地方千里，中之而爲都。輸將繇使，其遠者不在五百里而至。公侯地方百里，中之而爲都，輸將繇使，其遠者不在五十里而至。」董仲舒《春秋繁露·爵國篇》云：「其地列奈何？曰：天子邦圻千里，公侯百里，伯七十里，子男五十里。附庸字者方三十里，名者方二十里，人氏者方十五里。」《史記·漢興以來諸侯王年表》云：「周封五等，公、侯、伯、子、男。然封伯禽康叔於魯衛，地各四百里。……太公於齊兼五侯地。……武王成康所封數百……地上不過百里，下三十里。」《鹽鐵論·除狹篇》云：「古者封賢禄能，不過百里。百里之中而爲都，疆鄙不過五十。」又《備胡篇》云：「古者天子封畿千里，繇役五百里。」《漢書·地理志》云：「周爵五等而土三等。公侯百里，伯七十里，子男五十里，不滿爲附庸。」可見從《孟子》至《漢書·地理志》，皆無「三百有餘里」之説。頗疑《漢書·刑法志》所記，當是賈、董及司馬氏以後漢代學者所持之新説。本書《事語篇》及《漢書·地理志》係沿用舊説，而本篇及《輕重乙篇》與《漢書·刑法志》則採用新説。此又本書各篇非出自一時一人之手之一證矣。附本文與《漢書·刑法志》對照表：

	《揆度篇》		《刑法志》	附注
百乘之國	地方百里。輕車百乘。馬四百匹。	百乘之家	一同百里。戎馬四百匹。兵車百乘。	《漢書·張安世傳·注》：「輕車，古之戰車。」
千乘之國	地方三百有餘里，（邊長之半一百五十餘里）輕車千乘。馬四千匹。	千乘之國	一封三百一十六里。戎馬四千匹。兵車千乘。	
萬乘之國	地方千里。輕車萬乘，馬四萬匹。	萬乘之主	畿方千里。戎馬四萬匹。兵車萬乘。	

〔三〕元材案：定慮謂制定計劃。定載謂裝載貨物。竟即境。出竟謂出國境。輕重毋過五日，謂與國外通輕重，來回不超過五日也，愈樾謂「五日」當爲「六日」者非。

〔四〕元材案：百里萬户，亦漢代通行數字。《漢書·百官公卿表》云：「縣令長掌治其縣。萬户以上爲令，滅萬户爲長。」又云：「縣大率方百里。」又《王莽傳》：莽策命孺子曰：「封爾爲安定公，永爲新室賓。……其以平原安德漯陰鬲重丘凡萬户，地方百里爲定安公國。」又下書曰：「諸公一同，有衆萬户。」又莽以「扶崇公劉殷同心殄滅反虜，嘉其忠，其滿殷國户萬，地方百里。」皆其證。又下文「萬乘之國爲開口千萬人，爲當分者百萬人」與《海王篇》「萬乘之國，人數開口千萬也。……萬乘之正人（原誤爲九，依王校改）百萬也」，數字全同。

〔五〕元材案：開口謂人口總數，解已見《海王篇》。

〔六〕丁士涵云：「下文云『爲當分者十萬人』，『爲當分者百萬人』，皆有『當』字，宜據補。」元材案：丁説是也。分讀如「名分」「職分」之分。「當分者」指負有納税義務之人而言。張佩綸謂「『分』當爲『介』」者非。

〔七〕元材案：輕車即戰車，漢人用語。《鹽鐵論·西域篇》云：「雖輕車利馬不能得也。」又《漢書·張安世傳》：「安世薨，天子贈印綬，送以輕車介士。」顔師古注云：「輕車，古之戰車。」《刑法志》作「兵車」。

管子曰：「匹夫爲鰥，匹婦爲寡，老而無子者爲獨〔一〕。君問其若有子弟師役而死者，父母爲獨〔二〕，上必葬之，衣衾三領，木必三寸〔三〕，鄉吏視事，葬於公壤〔四〕。若產而無弟兄〔五〕，上必賜之匹馬之壤〔六〕。故親之殺其子以爲上用，不苦也〔七〕。君終歲行邑里〔八〕。其人力同而宫室美者，良萌也，力作者也〔九〕，脯二束〔一〇〕、酒一石以賜之。力足蕩游不作，老者譙之，當壯者遣之邊戍〔一一〕。民之無本者貸之圃彊〔一二〕。故百事皆舉，無留力〔一三〕失時之民。此皆國筴之數也〔一四〕。」

〔一〕元材案：「匹夫爲鰥，匹婦爲寡，老而無子曰獨」，卽《孟子·梁惠王篇》「老而無妻曰鰥，老而無夫曰寡，老而無子曰獨，幼而無父曰孤」之意。《輕重己篇》云：「民生而無父母謂之孤子，無妻無子謂之老鰥，無夫無子謂之老寡。」語意與此略同。

〔二〕元材案：「有子弟師役而死者」云云，謂陣亡將士之父母，亦得以「無子曰獨」論也。

〔三〕元材案：衣衾三領，謂衣衾三件。解已見《山至數篇》。木必者，必通㘠。《集韻》：「㘠，筆力切，音逼。閉也。」木㘠卽木棺。《荀子·禮論篇》：「棺椁三寸，衣衾三領。」是其證。

〔四〕元材案：公壤卽公地。葬於公壤，謂以公地爲墓而葬之，猶今人之言公墓矣。

〔五〕張佩綸云：「『若產而無弟兄』，言止生一子也。」元材案：猶今言獨生子。

〔六〕郭嵩燾云：「上文『百乘爲耕田萬頃，爲馬四百匹』，則『匹馬之壤』，當耕田二十五頃。」許維遹云：「《山權數篇》有『一馬之田』語，是齊人以馬名田壤之數。」元材案：「匹馬之壤」卽「一馬之田」，解已見《山權數篇》。郭、許説非。

〔七〕何如璋云：「殺者減也。謂優卹其親不若其子之厚也。」元材案：此言國家對於陣亡將士既賜之田以養其生，又葬之地以送其死，養生送死無恨，則其子弟雖爲國而殺其身，爲之父母者亦不以爲苦也。何説失之。又案：《漢書·高紀》「八年十一月，令士卒從軍死者，爲槥歸其縣。縣給衣衾棺葬具，祠以少牢，長吏視葬。」然則此所言者，亦漢制之反映矣。

〔八〕安井衡云：「『終歲』，歲終也。」元材案：此説是也。行，巡視，解已見《山國軌篇》。

〔九〕元材案：兩「力」字不同。上「力」字指勞動力，下「力」字指勤勞。此言政府進行調查研究，當以宫室之美惡，作爲决定人民品質良窳及其勤惰之標準。與《韓非子·顯學篇》所謂「今夫與人相若也，無豐年旁入之利而獨以完給者，非力則儉也。與人相若也，無饑饉疾疚禍罪之殃，獨以貧窮者，非侈則惰也。侈而惰者貧，而力而儉者富。今上徵斂於富人以布施於貧家，是奪力儉與侈惰也」及《鹽鐵論·授時篇》大夫所謂「共其地居是世也，非有災害疾疫，獨以貧窮，非惰則奢也；無奇業旁入而猶以富給，非儉則力也」，同是片面强調「勞動是一切財富的源泉」之謬論，爲剥削階級打掩護。殊不知在私有制社會中，一個除自己勞動力外别無其他任何財産之人，如不爲佔有生産資料之剥削者作奴隸，便無勞動之機會，更無創造財富之可能。而且在此條件之下，所創造之財富，亦只能由剥削者所完全掠奪以去，如何能獲得美宫室？馬克思所謂「勞動不是一切財富的源泉」（見《哥達綱領批判》），正可作爲對此一謬論之批判。

〔一〇〕元材案：脯，即《漢書・東方朔傳》「乾肉爲脯」之脯。《説文》：「肉乾也。」束即《論語》「束脩」之束。朱注：「十脡曰束。」《漢書・王吉傳》：「使謁者千秋賜中尉牛肉五百斤，酒五石，脯五束。」可見以酒脯賜人，亦漢人通行禮節。

〔一一〕于鬯云：「『當』蓋讀爲『黨』，並諧尚聲，例得通借。黨者，鄉黨也，與下文邊戍爲比。下文云：『壯者遣之邊戍。』蓋壯者可遣，而老者不便遣，故同一『游蕩不作』之罪，但譙之於鄉黨而已。譙，謂譙讓之。」元材案：此當作「老者譙之」句，「當」字下屬。「當壯者」一詞又見《輕重丁篇》。《商君書》亦有「當壯者務於戰，老弱者務於守」語，王注云：「當，丁也。」《輕重戊篇》云：「丁壯者胡丸操彈居其下。」又云：「丁壯者歸而薄業。」《鹽鐵論・和親篇》亦云：「丁壯弧弦而出門，老者超越而入葆。」即皆作「丁壯」，可以爲證。「譙」即《管子・立政篇》「里尉以譙於游宗，游宗以譙於什伍，什伍以譙於長家，譙敬而勿復」之「譙」。《揚子・方言》：「譙，讓也。齊楚宋衛荆陳之間曰譙。自關而西秦晉之間，凡言相責讓曰譙讓。」此言老而不作，則譙讓之；壯而不作，則遣戍之。于氏説非。

〔一二〕何如璋云：「『彊』當爲『疆』。蓋毆民歸農，則力皆出于南畝而五穀豐，固富國之數也。」郭沫若云：「『彊』假爲『繈』。《山至數篇》所謂『縣州里受公錢』也。」元材案：「彊」即《海王篇》「升加分彊」之彊，即「繈」字之假借，謂錢也。説已詳《海王篇》。

〔一三〕元材案：《禮記・禮運篇》云：「力惡其不出於身也，不必爲己。」「留力」即「力不出於身」之謂。猶《鹽鐵論·水旱篇》之言「力作不盡」矣。

〔一四〕元材案：「國筴」即國計，解已見《乘馬數篇》。

上農挾五〔一〕，中農挾四，下農挾三。上女衣五，中女衣四，下女衣三。農有常業，女有常事。一農不耕，民有爲之飢者。一女不織，民有爲之寒者〔二〕。飢寒凍餓，必起於糞土〔三〕，故先王謹於其始。事再其本〔四〕，民無饘者賣其子〔五〕。三其本，若爲食〔六〕。四其本，則鄉里給。五其本，則遠近通，然後死得葬矣〔七〕。事不能再其本，而上之求焉無止〔八〕，然則姦涂不可獨遵〔九〕，貨財不安於拘〔一〇〕。隨之以法，則中內摲民也〔一一〕。輕重不調，無饘之民不可責理，鬻子不可得使，君失其民，父失其子〔一二〕。亡國之數也。

〔一〕豬飼彦博云：「挾疑當作食。言農之善力者，一人生五人之食。下仿此。」安井衡云：「挾、浹通，周匝也。」俞樾云：「挾猶給也。挾讀爲浹。古無浹字，故以挾爲之。浹之言周也，徧也。故有給足之義。《荀子·解蔽篇》『雖億萬已不足浹萬物之變』，注：『浹，周也。』《文選·東京賦》『饔餼浹乎家陪』，注：『浹，徧也。』並與給足義相近。此言上農足以給五人，中農足以給四人，下農足以給三人。與下文『上女衣五，中女衣四，下女衣三』同義。」張佩綸云：「挾，《爾雅·釋言》：『藏也。』言藏五人所食之穀。四、三遞減。」許維遹云：「挾與接、捷通。《孟子·盡心上篇·趙注》：『挾，接也。』《爾雅·釋詁》：『接，捷也。』《淮南·精神篇》：『食足以接氣。』《禮記·内則篇》『接以太牢』，鄭注：『接，讀爲捷。』《呂氏春秋·論威篇·注》：『捷，養也。』俞説亦通。」元材案：「挾」卽《漢書·食貨志》李悝云：「今一夫挾五口，治田百畝」之挾。此處以農與女對，挾與衣對，則挾卽食也。挾五挾四挾三，卽食五口、食四口、食三口。猶《孟子·萬章篇》之言：「上農夫食九人，上次食八人，中食七人，中次食六人，下食五人」矣。諸説皆非。

〔二〕元材案：「一農不耕」四句，又見《輕重甲篇》。《呂氏春秋·愛類篇》：「神農之教曰：『士有當年而不耕者，則天下或受其飢矣。女有當年而不績者，則天下或受其寒矣。』」《淮南·齊俗篇》：「故神農之法曰：『丈夫丁壯而不耕，天下有受其飢者。婦人當年而不織，天下有受其寒者。』」《漢書·食貨志》賈誼説上曰：「古之人曰『一夫不耕，或受之飢；一女不織，或受其寒。』」或作「神農之教」，或作「神農之法」，或作「古之人」，觀下文「神農之數曰」云云，則此語必是出于農家者流，卽《孟子》所謂「神農之言」者。蓋當時有此古書，故各家均得引用之。

〔三〕丁士涵云：「『必起於糞土』，『起』疑『赴』之誤。《輕重甲篇》曰：『勿使赴於溝澮之中。』是其明證。」于鬯云：「『糞土』當是古語，蓋懶惰之謂也。飢寒凍餓必起於糞土者，謂飢寒凍餓必起於懶惰耳。以足上文『一夫不耕，一女不織』之意。《論語·公冶長篇》宰予晝寢，而孔子以『朽木』與糞土之牆』喻。則糞土猶朽義，可會也。」于省吾云：「丁説殊誤。溝壑可言赴，糞土不可言赴。且下云『故先王謹於其始』，『始』字正與『起』字相應。上文以耕織爲言。蓋農桑以糞土爲本。今不以耕織爲務，故云『飢寒凍餓必起於糞土』。」元材案：丁説固誤，于説亦未爲得也。既曰農桑以糞土爲本，而又言「飢寒凍餓必起於糞土」，是飢寒凍餓起於農桑之本矣。于鬯説得之。

〔四〕梁啟超云：「事再其本，謂人民生産事業所獲之贏利能倍於其資本也。下仿此。」

〔五〕王念孫云：「『賣』上當有『不』字。䊤即饘粥之饘。言事再其本，則民雖無饘而亦不賣其子也。《輕重甲篇》曰：『事再其本，則無賣其子者。』是其證。」安井衡云：「《輕重甲篇》似長。『䊤者』二字，蓋衍文耳。」郭沫若云：「王説有未諦。民既『無饘』，焉能『不賣其子』。『無』下當有重文。即是『民無無饘者賣其子』。《輕重甲篇》則奪去『無饘』二字。二者可互校。『無䊤賣子』之語，《乘馬數》《山權數篇》等屢見。」元材案：「無䊤賣子」一語，凡一見於《乘馬數篇》，三見於《山權數篇》。且從下文「無䊤之民不可責理，鬻子不可得使」二語觀之，以「無䊤之民」與「鬻子」雙承，此文實無訛誤。「民無䊤者賣其子」者，謂事再其本，則只有無䊤者乃有賣其子者耳。若有䊤者則不賣子明矣。與《輕重甲篇》之意正同。三氏説皆失之。

〔六〕丁士涵云：「《輕重甲篇》曰：『事三其本，則衣食足』，疑此文有誤。」許維遹云：「丁説是。『若』與下『則』互文，若亦則也。」元材案：「若爲食」之若，即《海王篇》「一女必有一鍼一刀，若其事立」之若。尹注彼處云：「若猶然後。」此謂三其本，然後衣食足也。《輕重甲篇》作「事三其本則衣食足」，義與此同。丁、許説非。

〔七〕元材案：鄉里給，謂家給人足。遠近通，則不僅可以自給自足，且有餘財以通移於四鄰遠近。如此則死者得以安葬，而無暴骨露骸之現象矣。又案以上「再其本」、「三其本」、「四其本」、「五其本」，皆指農事及女工而言。

〔八〕聞一多云：「『事不能再其本，而上之求焉無止』，『而』猶『則』也。」元材案：此謂人民生産事業既不能再其本，而政府又賦斂無度，故人民不得不起而反抗之也。《巨（筴）乘馬篇》云：『穀失於時，君之衡籍而無止。』句例與此正同。聞説失之。

〔九〕元材案：姦塗不可獨遵，指各地人民反抗蜂起，以致道路發生阻塞，獨身無法通行。謂之「姦」者，污蔑之詞。

〔一〇〕李哲明云：「『拘』字疑誤，或當爲『徇』，與『遵』『民』韻，字形似拘。言人君徇於貨財，貨財卽不得安。徇之云者，所謂『上之求焉無止』也。」許維遹云：「『拘』與『揭』同。《説文·手部》：『揭，戟持也。』『持，握也。』言貨財不得安於握持。《輕重甲篇》作『遺財不可拘止』，拘止與握持義相因。」郭沫若云：「此『拘』當爲『抱』之譌。『貨財不安於抱』者，卽不安於懷抱也。」元材案：「拘」當作「抱」，郭説是也。抱卽《輕重甲篇》「懷而不見於抱」之抱，懷也。途中多爲反抗者所據，懷財遠行，常不免遭「殺人越貨」之虞。左襄十五年傳云：「小人懷璧不可以越鄉。」杜注：「言必爲盜所害。」義與此同。

〔一一〕李哲明云：「『内』讀爲『納』。言納民財於中幣，則是芟割其民也。摲，芟也。」于省吾云：

「『中内』與『撕民』對文成義。《淮南子·原道》：『是故好事者未嘗不中』，注：『中，傷也。』《漢書·何武傳》『欲以吏事中商』，注：『中，傷之也。』中内撕民謂中傷其内，而撕夷其民也。」元材案：兩氏説皆非也。中者，當也，乃漢人口頭語，解已見《山國軌篇》。撕即《禮記·禮器篇》「有撕而播也」之撕，鄭注：「撕之言芟也。芟，芟草也。」「内撕民」《輕重甲篇》作「下艾民」，艾通刈。刈，殺也。又左昭二十年傳：「斬刈民力。」斬即撕，刈即艾，義與此同。中内撕民，謂相當於從内部自殺其人民也。

〔一三〕元材案：「鬻子」與「無轉之民」，互爲對文。鬻子謂被賣之子，指奴隸言。無轉之民則指自由民而言。《輕重乙篇》云：「今發徒隸而爲之，則逃亡而不守。發民則下疾怨上。邊境有患，則懷宿怨而不戰。」亦以「民」與「徒隸」互爲對文，與此正同。「君失其民，父失其子」，即《漢書·食貨志》晁錯所謂「慈母不能保其子，君安能以有其民」之意。

管子曰：「神農之數〔一〕曰：『一穀不登，減一穀，穀之法什倍〔二〕。二穀不登，減二穀，穀之法再什倍。』夷蔬滿之〔三〕，無食者予之陳，無種者貸之新〔四〕，故無什倍之賈，無倍稱之民〔五〕。」

〔一〕郭沫若云：「『神農之數』，當爲『神農之教』。《呂覽·愛類篇》作『神農之教』可證。」元材案：「神農之數」，《漢書·食貨志》晁錯請貴粟疏作「神農之教」。上引《呂氏春秋·愛類篇》亦作

「神農之教」。《淮南·齊俗篇》作「神農之法」。《孟子·滕文公篇》作「神農之言」。從本篇上文「此堯舜之數也」。《事語篇》「泰奢之數」，《地數篇》「武王之數」，《國准篇》「五家之數」等例觀之，則作「數」者乃本書之專用術語，似不必據彼改此。説已詳《事語篇》。

〔二〕何如璋云：「減者減其所積而散之。」郭沫若云：「『法』殆假爲『發』，謂散發也。金文恆以『法』爲『廢』，廢從發聲。法可爲廢，則亦可爲發矣。」元材案：登，熟也，解已見《巨（筴）乘馬篇》。減即減少。法猶言定律。「一穀不熟，即減少一穀之收穫。依照多則賤少則貴之物價定律，其穀之價必漲至十倍。下仿此。二氏説皆非。

〔三〕元材案：「夷蔬」，《事語篇》誤作「綈素」，《輕重甲篇》又誤作「夷競」，此文不誤，説已詳《事語篇》及《輕重甲篇》。

〔四〕元材案：此二語又見《輕重丁篇》。惟彼處「食」作「本」，「貸」作「予」。貸放種食，乃漢王朝歷代奉行之一種社會政策。《漢書·文紀》：「二年，詔民……貸種食未入，入未備者皆赦之。」《昭紀》：「始元二年三月，遣使者振貸貧民毋種食者。秋八月詔曰：『往年災害多，今年蠶麥傷。所貸種食，勿收責。』」《宣紀》：「地節三年，春三月，詔曰：『前下詔假公田，貸種食，……』冬十月，又詔……『流民歸還者假公田，貸種食。』」《元紀》：「初元元年，貲不滿千錢者賦貸種食。」「永光元年三月，無田者皆假之，貸種食如貧民。」《平紀》：「元始二年，募徙貧民……至徙所，賜田宅什器，假與犂牛種食。」顔師古注云：「種者，五穀之種也。食者，所以爲糧食也。」「陳」即《詩·大田》「我取其陳，食我農人」之陳，謂舊穀也。新，新穀也。

〔五〕元材案：「賈」即上文「國無游賈」之賈，謂賈人。「什倍」指贏利言。「倍稱」亦漢人通用術語。《漢書·食貨志》晁錯上疏云：「亡者取倍稱之息。」如淳曰：「取一償二爲倍稱。」顔師古曰：「稱，舉也。今俗謂舉錢者也。」即用高利息向人借錢也。此謂無食者以舊穀貸之，無種者以新穀貸之，如此則農民所必需之種饟糧食畢取贍於君，而富商蓄賈不得豪奪吾民矣。此亦著者腦海中存有幻想之表現。在封建社會中，僅憑「夷蔬滿之」與「予陳」「貸新」之「有名無實」的救濟政策，豈真能達到「無什倍之賈，無倍稱之民」之目的哉！

管子輕重十二——國准

元材案：國准一詞，除本篇三見外，《輕重甲篇》一見，《輕重丁篇》三見。與《揆度篇》所謂「國衡」，皆指國家之平準政策，亦卽輕重之筴而言。

提要：全文共分四段。第一段從「國准可得而聞乎」，至「五家之數殊而用一也」，論國准因時而不同，故五家之數殊而其用則一。第二段從「然則五家之數籍何者爲善」至「五家之數殊而用一也」，論五家之數，各有各的作用，無誰善誰不善之區別。第三段從「今當時之王者立何而可」至「皆用而勿盡」，論兼用五家之長但不能完全照搬。第四段從「五代之王」至「此五家之國准也」，論王數不能事先作具體規定。

齊桓公問於管子曰：「國准可得而聞乎？」

管子對曰：「國准者視時而立儀〔一〕。」

桓公曰：「何謂視時而立儀？」

對曰：「黄帝之王，謹逃其爪牙〔二〕。有虞之王，枯澤童山。夏后之王，燒增藪，焚沛澤，不益民之利〔三〕。殷人之王，諸侯無牛馬之牢〔四〕，不利其器。周人之王，官能以備物〔五〕。五家之數殊而用一也〔六〕。」

〔一〕元材案：儀，法也。《管子·任法篇》云：「置儀立法。」又曰：「置儀法。」《七法篇》云：「制儀法。」《禁藏篇》云：「法者天下之儀也。」是也。視時而立儀，謂平準之法應因時而制宜，不可一概而論。商鞅所謂「當時而立法，因事而制禮」（《商君書·更法》），韓非所謂「世異則事異，事異則備變」（《韓非子·顯學篇》），桑弘羊所謂「射者因勢，治者因法……異時各有所施」（《鹽鐵論·大論篇》），義與此同。

〔二〕丁士涵云：「『謹逃其爪牙』下脱『燒山林，破增藪，焚沛澤』九字。下文可證。」張佩綸云：「《揆度篇》『謹逃其爪牙，燒增藪，焚沛澤，不利其器』屬之黄帝，《輕重戊篇》『童山竭澤』亦屬之黄帝，此乃分屬虞夏殷三朝。疑《揆度》、《戊》爲實，而此爲子政所删者。」郭沫若云：「丁説近是。《揆度篇》云：『黄帝之王，謹逃其爪牙，不利其器，燒山林，破增藪，焚沛澤，逐禽獸，實以益人，然後天下可得而牧也。』即其證。唯在本篇『燒山林』等九字當在『謹逃其爪牙』上，始成條貫。此處奪去『燒山林』等九字，下文奪去『謹逃其爪牙者』六字，恰可互補。」元材案：「逃其爪牙」與「燒山林」云云，本是一事。逃其爪牙乃虚提，燒山林云云則其具體措施也。上虚提，下文乃以具體措施説明之，古文體例本如此，非有脱文也。至關於古史傳説，本篇與《揆度》及《輕重戊篇》所言各不相同，此正可説明三篇不是一時一人所作，予在《揆度篇》中已詳論之矣。「逃其爪牙」，解已見《地數篇》。

〔三〕元材案：此處「益」字與下文「不益民利」之益字，與《揆度篇》「實以益人」之益字不同。後者即「隘」字之假借，而此兩「益」字則仍當作「增益」講。蓋此處兩「民」字與《揆度篇》之「人」字，皆指富商蓄賈而言。不益民利，即不增益富商蓄賈之利。與「實以隘人」，皆《國蓄篇》所謂「塞民之羨，隘其利塗」之意。不過「實以隘人」從正面言之，而「不益民之利」則從反面言之耳。此種一字兩用之例，本書他處亦有之。《國蓄篇》云：「王霸之君去其所以彊求，廢其所慮而請，故天下樂從也。」而《輕重乙篇》則曰：「亡君廢其所宜得而斂其所彊求，故下怨上而令不行。」同一「廢」字，而前者作「置立」講，後者則作「廢止」講，即其明證。何如璋謂「不」字乃「以」字之誤，張佩綸謂「『益』當作『隘』，言大闢其利途也，即益烈山澤而焚之」，李哲明則謂「不」字當衍，並引《揆度篇》「實以益人」爲證，而曰「此所以益民之政」，皆失之。

〔四〕元材案：「諸侯無牛馬之牢」，謂畜牧事業應由封建國家最高統治者實行獨占，諸侯不得自由經營，以免利權旁落，而天子失其權。《禮記·大學篇》所謂「伐冰之家不畜牛羊」是也。

〔五〕元材案：官能即管能，説已詳《山權數篇》。備物即《易》「備物致用，立成器以爲天下用」之意。

〔六〕元材案：「五家」一詞，又見《史記·天官書》太史公曰「及至五家三代」，《正義》：「五家，黄帝、高陽、高辛、唐虞、堯舜也。」此處指黄帝、有虞、夏、殷、周而言。數者策也。五家之策隨世而異，而其功用在於由國家實行壟斷，則一而已矣。

桓公曰：「然則五家之數，籍〔一〕何者爲善也？」

管子對曰：「燒山林，破增藪，焚沛澤，禽獸衆也〔二〕。童山竭澤者，君智不足也。燒增藪，焚沛澤，不益民利，逃械器，閉智能者，輔己者也〔三〕。諸侯無牛馬之牢，不利其器者，曰淫器而一民心者也〔四〕。以人御人，逃戈刃，高仁義，乘天國以安己者也〔五〕。五家之數殊而用一也。

〔一〕元材案：籍通藉，借也。此謂當採用何家之法爲善也。

〔二〕丁士涵云：「『燒山林，破增藪，焚沛澤』上脱『謹逃其爪牙』五字。」陶鴻慶云：「『燒增藪，焚沛澤』云云，見下文論『夏后之王』，此文不當複出。據上文云：『黄帝之王謹逃其爪牙，有虞之王枯澤童山，夏后之王燒增藪，焚沛澤，不益民之利，殷人之王諸侯無牛馬之牢，不利其器，周人之王官能以備物』。此文自『童山竭澤』以下，皆與上文相值，則首論『黄帝之王』，當云『謹逃其爪牙者，猛獸衆也』。今本涉下文而誤複耳。」郭沫若云：「丁説近是。然『謹逃其爪牙』當在『燒山林，破增藪，焚沛澤』下。此九字不當删。本篇所述黄帝、有虞、夏、殷、周，其進化之跡可尋。黄帝之『燒山林』等等與有虞氏之『枯澤童山』相差無幾。至夏后氏則僅『破增藪，焚沛澤』，而不『燒山林』，此爲一顯著進化。然而於民之利無所增益者，則不用器械，民智未開故也。此即所謂『逃械器，閉智能者輔己』。至有殷氏則服牛乘馬，引重致遠，是又一顯著進化。然畜養無牢，器械不利，猶未盡脱原始狀態。至周則『官能以備物』，可謂文教大備。層次顯明如此，解者僅在枝節字句上追求，未能得其會通。」元材案：丁、陶二氏說非也。郭以進化觀點說明五家政策之變化，甚有見地。但對所行政策之內容不無誤解。本文作者對於古史傳說中各家所採行之政策，一律以「輕重」二字貫穿之，《揆度篇》所謂「自燧人以來，未有不以輕重爲天下也」，《輕重戊篇》所謂「自理國虙戲以來，未有不以輕重而能成其王者也」，卽其明證。三篇皆言古史，在人物及其具體措施上雖各有不同，而其所立之「儀」，皆屬於國家壟斷性質，則毫無例外。此文上文列舉五家所立之「儀」，下文則就其具體內容，分別加以解釋。所謂「禽獸衆」，「君智不足」者，謂古時禽獸衆，故人民之利孔多，而統治者尚無自行充分利用之知識與技能，故燒之破之焚之，童而竭之，卽所以「逃其爪牙」，「隘其利途」也。所謂「不益民利，逃械器，閉智能者，輔己者也」，前三句是對人民而言，後一句則對封建統治者而言。謂其所以燒之焚之，正是對人民採取愚民政策，而增强封建統治者自身之壟斷能力也。所謂「諸侯無牛馬之牢，不利其器，曰淫器而一民心」，「不利其器」卽「逃其爪牙」及「逃械器」之意。謂畜牧事業，應由封建國家最高統治者實行壟斷，諸侯不得自由經營。《禮記·大學》所謂「伐冰之家不畜牛羊」，卽此意也。所謂「以人御人，逃戈刃，高仁義，乘天國（固）以安己」，「以人御人」，承「官能」言，「逃戈刃」承「備物」言。五家之具體政策不同，而其功用全在於由國家實行壟斷，則一而已矣，故曰「五家之數殊而用一」也。

〔三〕何如璋云：「『逃械器』二句，與上文不接，疑有脱誤。」張佩綸云：「『逃械器』『逃戈刃』兩『逃』字，明是『謹逃其爪牙』之壞文。『閉智能』，『能』字卽『官能備物』之壞文。明是簡策剥蝕，寫者以意附會。」郭沫若云：「文無脱誤，張説亦非是。『逃械器』者，如《莊子・天地篇》之漢陰丈人，羞用桔槔而抱甕灌園，謂『有機械者必有機事，有機事者必有機心』。『逃戈刃』者，即指武王勝殷，『馬散之華山之陽而弗復乘，牛散之桃林之野而弗復服』（《禮記・樂記》）。」元材案：逃者去也，解已見《地數篇》。械器戈刃，出於增藪沛澤，《地數篇》言「銅鐵之山……戈矛之所發」，即其證。燒之焚之，即所以去其械器戈刃之根源也。「閉智能輔己」者，《山權數篇》云：「智者民之輔也，民智而君愚。」此言「閉智能」，指堵塞人民之智能而言。「輔己」，則指增加統治者之智能而言。凡皆以使「民智而君愚」轉化而爲「民愚而君智」，以期達到「民可使由之，不可使知之」之目的而已。三氏説皆非。

〔四〕豬飼彦博云：「『曰』當作『禁』。」張佩綸云：「『曰淫器』當作『毋淫器』。《月令》『毋作淫巧以蕩上心』是也。」姚永概云：「『曰』乃『遏』之壞字。脱去下半，只存一『曰』字耳。」金廷桂云：「按文義『曰』字當爲『止』字之誤。其民不事畜牧而好爲淫器不利於用者，禁淫器，所以一民心也。下文『立駢牢以爲民饒』可證。」元材案：「曰」當作「固」。固即下文「立祈祥以固山澤」之固，乃「錮」之假字，禁錮也。謂禁止奇器淫巧以一民心也。

〔五〕元材案：「以人御人」，指「官能」言。「逃戈刃」，指「備物」言。「乘天國」，當依明十行無注本作「乘天固」。《管子・度地篇》云：「此謂因天之固。……命之曰金城。」尹注彼處云：「所處之地自然不傾，故曰因之。」此「乘」字亦「因」之義也。謂以上二者——以人御人，逃戈刃——乃所以崇重仁義之行，置身天固之上，使統治者之地位得以安如金城者也。

桓公曰：「今當時之王者立何而可〔一〕？」

管子對曰：「請兼用五家而勿盡〔二〕。」

桓公曰：「何謂？」

管子對曰：「立祈祥以固山澤〔三〕，立械器以使萬物，天下皆利而謹操重筴〔四〕，童山竭澤，益利搏流〔五〕。出金山立幣，成菹丘〔六〕，立駢牢，以爲民饒〔七〕。彼菹菜之壤〔八〕，非五穀之所生也，麋鹿牛馬之地，春秋賦生殺老〔九〕，立施以守五穀〔一〇〕。此以無用之壤臧民之羸〔一一〕。五家之數皆用而勿盡〔一二〕。」

〔一〕元材案：立何而可，謂何立而可。

〔二〕元材案：謂五家之數皆可採用其意，而不必全泥其法。猶今人之言靈活運用矣。觀下文便知。

〔三〕元材案：祈祥即禨祥。《周禮·犬人職》「凡幾珥沈辜」，《肆師職》「及其祈珥」，是祈可通幾。《史記·五宗世家》「彭祖不好治宮室禨祥」，《索隱》：「按《埤蒼》云：『禨，祅祥也。』《列子》云：『荆人鬼，越人禨。』謂楚信鬼神，越信禨祥者也。」又《漢書·景十三王傳》顏師古注云：「禨，鬼俗也。字或作鐖。《淮南子》曰：『荆人鬼，越人鐖。』鐖祥，總謂鬼神之事也。」固讀爲錮，禁也。《淮南・氾論篇》云：「是故因鬼神鐖祥而爲之立禁。」《鹽鐵論・散不足篇》云：「秦始皇覽怪迂，信鐖祥。」此所謂「立祈祥以固山澤」，卽「因鬼神鐖祥而爲之立禁」之意。《地數篇》云：「苟山之見其榮者，君謹封而祭之，距封十里而爲一壇。」卽「立祈祥以固山澤」之實例也。又《輕重甲篇》論「立五厲之祭」，上言「君請籍于鬼神」，下言「此之謂設之以祈祥」，則所謂「祈祥」者乃「總謂鬼神之事」，實甚顯明。聞一多謂「祥」當作「羊」，「祈」讀爲「刉」，乃沿用俞樾釋《管子・形勢篇》「祈羊」之説，而不知彼處「祈羊」亦當讀爲「鐖祥」，真所謂以訛傳訛者矣。

〔四〕元材案：「天下皆利而謹操重筴」，言政府不應採取「不益民利」之消極政策，而應採取「天下皆利」之積極政策。但在採取積極政策時，必須以「謹操重筴」爲前提。操者守也。操重筴卽「重之相因，時之化舉，無不爲國筴」及「善爲天下者謹守重流」之意，解已詳《山至數篇》。

〔五〕安井衡云：「『摶』當爲『博』。『博流』，廣移其利也。」何如璋云：「『摶流』當作『持流』。《乘馬數》云：『至於王國則持流而止矣。』足證。持流者卽謹操重筴之謂。」李哲明云：「宋本作『摶』是也。摶讀爲專。」聞一多云：「『益』讀爲隘。《國蓄篇》云：『隘其利塗。』摶猶擅也。各本作『摶』，疑誤。本書謂利羨爲流，《輕重甲篇》：『故伊尹得其粟而奪之流。』」郭沫若云：「聞説非是。『益』不當破字。『摶』當爲『摶』，讀爲溥。言官山煮海雖亦近於『童山竭澤』，而其利則溢，其流則普。此卽用有虞氏之策而有充足之智慧者也。」元材案：「益不當破字」，郭說是也。「摶流」，何得其義，但不必改字。「摶流」亦本書特用術語，與「持流」、「守流」、「奪流」同義，說已詳《乘馬數篇》。「益利摶流」，即上文「天下皆利而謹操重筴」之意。蓋謂政府採用有虞氏「童山竭澤」之筴，使天下皆得其利，然後謹守其財物之流通，而無爲富商大賈所乘。《揆度篇》所謂「以數相守，則利歸於君矣」，此之謂也。安井、李、聞說皆失之。

〔六〕張佩綸云：「『出金山』當依明十行無注本、趙本、梅本作『出山金』。『成』亦當依趙本作『存』。言取金之外，菹丘之利存之，不盡用也。」元材案：「出金山立幣」，言出金於山以鑄造貨幣。即《山至數篇》所謂「君有山，山有金以立幣」者也。成菹丘，即成立牧場之意。作「存」者非。

〔七〕丁士涵云：「『駢』字乃牛馬二字相并而誤。上文云：『諸侯無牛馬之牢。』《輕重戊篇》曰：『立皂牢，服牛馬而天下化之。』」元材案：丁說非也。兩物相并曰駢。駢牢即並列成排之牛馬欄也。《路史・夏禹本紀》亦有「立駢牢以爲民饒」之語，即本此文，不必改字。

〔八〕王念孫云：「『菹菜』當作『菹萊』，字之誤也。菹或作沮。《孟子・滕文公篇・注》曰：『菹，澤生草者也。』《王制・注》曰：『沮謂萊沛。』《周官・縣師・注》曰：『萊，休不耕者。』是菹萊皆生草之地也。《輕重乙篇》『菹菜鹹鹵斥澤山間畏壘不爲用之壤』，『萊』字亦誤作『菜』。《輕重甲篇》『山林菹澤草萊』，『萊』字不誤。」

〔九〕豬飼彦博云：「『賦生殺老』，謂麋鹿牛馬。」何如璋云：「春則賦生以稽駒犢，秋則殺老以斂筋骨。」郭沫若云：「『賦生』者謂遊牝牡也。獸畜以春秋二季交尾，故曰『春秋賦生』。『殺老』者，殺牲畜之老者以供祭祀，以資食用。」元材案：「賦」即《國蓄篇》「春賦以斂繒帛」之賦，謂貸予之也。「春秋賦生殺老」，謂春則以新生駒犢貸予於人民，秋則殺其老者以供祭祀而資食用。郭氏以「賦生」爲「遊牝牡」者失之。

〔一〇〕豬飼彦博云：「『施』謂金幣。」何如璋云：「『施』，量地之度。《地員》：『其施七尺』是也。言立爲法度，以畜牧之息爲守穀之資。」張佩綸云：「施，用也。『立施以守五穀』，謂以金幣守五穀。《國蓄篇》『五穀食米民之司命也，黄金刀幣民之通施也，故善者執其通施以御其司命』，即此『立施以守五穀』。」郭沫若云：「『立施』之『施』當爲『杝』，《説文》『杝，落也。』《通俗文》：『柴垣曰杝。』『五穀』之『穀』當作『轂』，子畜也。『立杝以守五轂』者，爲圈以養幼畜也。」元材案：豬飼及張説是也。「立」即上文「出金山立幣」之立，「施」即「通施」之施。「立施」即鑄造貨幣。《國蓄篇》云：「黄金刀幣，民之通施也。」又曰：「人君鑄錢立幣，民庶之通施也。」《鹽鐵論·錯幣篇》亦有「交幣通施」及「王者内不禁刀幣以通民施」之言，蓋亦漢人常用語。「立施以守五穀」，即《國蓄篇》「執其通施以御其司命」之意，乃本書作者之中心主張，若改爲「立杝以守五轂」，則下文「此以無用之壤，臧民之贏」不可通矣！

〔一一〕安井衡云：「『臧』、藏同。『贏』當爲『贏』。」何如璋云：「化無用爲有用，而可藏民餘穀也。」

『贏』宜作『贏』，謂豐歲民食有餘也。」郭沫若云：「『臧』『贏』二字均不應破字。臧者善之也。善之也者繕也。故『臧民之贏』即補民之不足。臧字，明抄本作『減』，誤。」元材案：安井及何氏説是也。所謂「無用之壤」承上文「彼菹萊之壤，非五穀之所生，麋鹿牛羊之地」而言。「臧民之贏」，則承「賦生殺老，立施以守五穀」而言。與《山至數篇》所謂「狼牡以至於馮會之口，龍夏以北至於海莊，禽獸牛羊之地也，……此出諸禮義，籍於無用之地」，同是主張畜牧事業應由封建國家自行經營。文義甚明，似不必另有解釋。

〔一三〕元材案：以上所言，即著者對於所謂「兼用五家而勿盡」之具體説明。如五家「燒山林，破增藪，焚沛澤」，而著者則主張「立祈祥以固山澤」。五家「逃械器」又「不利其器」，而著者則主張「立械器以使萬物」。五家「不益民利」，而著者則主張「天下皆利而謹操重筴」，主張「益利搏流」。五家「諸侯無牛馬之牢」，而著者則主張「成菹丘，立駢牢，以爲民饒」，主張「以無用之壤藏民之贏」。此等措施從表面上觀之，似其法皆與五家相反。然察其内容，則完全是一脈相承。所不同者，只是五家從消極方面禁止人民自由經營各種生利事業，以免爲富商蓄賈所乘。而著者則從積極方面，在採取「天下皆利」「益利」及「以爲民饒」的措施之同時，又採取「謹守重筴」「搏流」及「立施以守五穀」「臧民之贏」等措施。如此，則可以收到「民財足則君賦斂焉不窮」之效果。《山至數篇》所謂「重之相因，時之化舉，無不爲國筴」者，此之謂矣。

桓公曰：「五代之王以〔一〕盡天下數矣。來世之王者可得而聞乎？」

管子對曰：「好譏而不亂，亟變而不變〔二〕。時至則爲，過則去〔三〕。王數不可豫致〔四〕。此五家之國准也。」

〔一〕安井衡云：「以，已也。」

〔二〕安井衡云：「『譏』，察也。」郭沫若云：「『亟變而不變』，殊爲不詞。下『變』字當爲『孌』字之誤。《說文》：『孌，慕也。』字亦作『戀』。『亟變而不孌』者，謂當變即變，不稍留戀。即《正世篇》所云『不慕古，不留今，與時變，與俗化』。」元材案：下「變」字不誤。上「變」字指依據客觀事物之發展變化而決定之具體政策而言，下「變」字則指原則而言。具體政策可以隨時依據客觀事物之發展變化而變化，但原則則必須堅持，不能任意改動。《管子·心術下篇》云：「聖人之道，……與時變而不化，應物而不移。」《內業篇》云：「是故聖人與時變而不化，從物而不移。」所謂「不化」「不移」，即此處「不變」之義也。《心術下篇》又云：「慕選者所以等事也，極變者所以應物也。慕選而不亂，極變而不煩。」「慕選」與「好譏」同義，皆「善於調查研究」之意。極與亟通，屢也。不煩即不煩瑣，猶今言「不搞煩瑣哲學」。《史記·自序》載司馬談《論六家要指》云：「道家……與時遷移，應物變化，立俗施事，無所不宜。指約而易操，事少而功多。」「指約易操，事少功多」，即「不煩」之義矣。郭說似可商。

〔三〕張佩綸云：「《乘馬篇》：『時之處事精矣，不可藏而舍也。故曰：今日不爲，明日亡貨。昔之日已往而不來矣』。即『時至則爲，過則去』之意。」元材案：《乘馬篇》此段文字，主要在説明「時不再來」，即《論語·陽貨篇》所謂「日月逝矣，歲不我與」之意。此處所言「時至則爲，過則去」，則指一個時代有一個時代之具體政策，適合於時代需要者則爲之，不適合於時代需要者則去之。《管子·心術上篇》云：「君子之處也若無知，言至虚也。其應物也若偶之，言時適也。若影之象形，響之應聲也。故物至則應，過則舍矣。舍矣者，言復所於虚也。」又《漢書·嚴安傳》安云：「臣聞鄒子曰：『政教文質者，所以云救也。當時則用，過則舍之。』」可見此亦漢人論政時常用術語。與《乘馬篇》所論意不相屬。張説失之。

〔四〕元材案：王數猶言帝王之政策。「不可豫致」謂不能事先作出決定。

管子輕重十三——輕重甲

元材案：《漢書·宣紀》地節四年九月詔曰：「令甲死者不可生，刑者不可息。」文穎曰：「蕭何承秦法所作爲律令律經是也。天子詔所增損不在律上者爲令。令甲者前帝第一令也。」如淳曰：「令有先後，故有令甲、令乙、令丙。」師古曰：「如説是也。甲乙者若今之第一第二篇耳。」又《東方朔傳》：「推甲乙之帳。」《貢禹傳》：「去甲乙之帳。」《蕭望之傳》「故《金布·令甲》曰」，師古曰：「金布者，令篇名也。其上有府庫、金錢、布帛之事，因以名篇。令甲者，其篇甲乙之次。」《西域傳》：「興造甲乙之帳。」師古曰：「其數非一，以甲乙次第名之也。」又《西京雜記》：「家世有劉子駿《漢書》百卷，首尾無題名，但以甲乙丙丁記其卷數。後好事者以意次第之，始甲之癸爲十帙，帙十卷，合爲百卷。」然則以十干紀數，乃漢人所常用者。本書以甲乙爲篇名，用意蓋與此同。

提要：全文共分十七段，每段説明一個問題，段與段間並無有機聯系，與《揆度篇》體例一致。自此以下除《己篇》外，其餘各篇皆仿此。

桓公曰：「輕重有數〔一〕乎？」

管子對曰：「輕重無數。物發而應之，聞聲而乘之〔二〕。故爲國不能來天下之財，致天下之民，則國不可成。」

桓公曰：「何謂來天下之財？」

管子對曰：「昔者桀之時，女樂三萬人，端譟晨樂聞於三衢〔三〕，是無不服文繡衣裳者。伊尹以薄之游女工〔四〕文繡纂組〔五〕，一純〔六〕得粟百鍾於桀之國。夫桀之國者，天子之國也。桀無天下憂，飾婦女鐘鼓之樂，故伊尹得其粟而奪之流〔七〕。此之謂來天下之財。」

桓公曰：「何謂致天下之民？」

管子對曰：「請使州有一掌，里有積五窌〔八〕。民無以與正籍者予之長假〔九〕，死而不葬者予之長度〔一〇〕。飢者得食，寒者得衣，死者得葬，不訾者得振〔一一〕，則天下之歸我者若流水。此之謂致天下之民。故聖人善用非其有，使非其人〔一二〕。動言摇辭，萬民可得而親〔一三〕。」

〔一〕元材案：「輕重」指物價政策言。「數」即定數。《管子·小問篇》：「五而六之，九而十之，不可爲數。」尹注云：「欲致精材者必當貴其價，故他處直五，我酬之六。他處直九，我酬之十。常令貴其一分，不可爲定數。如此則天下精材可致也。」是也。又《輕重乙篇》桓公問「衡有數乎」，管子對曰「衡無數也」，衡即平準，亦即物價政策，數即定數，義與此同。

〔二〕元材案：「物發而應之」，《揆度篇》作「物動而應之」。發卽動也。此謂輕重之筴，須根據客觀事物之發生發展，決定其應付之對策，不能在事物發生發展之前，卽主觀地預爲設計。《國准篇》所謂「王數不可豫致」，卽此意也。

〔三〕孫星衍云：「『端譟晨樂聞於三衢』，《太平御覽》四百九十二引作『晨譟於端門，樂聞於三衢』，此有脱誤。《御覽》八十二又引作『晨譟聞於衢』。」王念孫云：「《御覽·人事部》百三十四引作『晨譟於端門，樂聞於三衢』，是也。今本既脱且倒，則文不成義。」何如璋云：「端，端門。晨樂句。言在端門徵歌，侵曉作樂，聲聞於國之通衢。《呂覽·侈樂》『爲絲竹歌舞之聲則若譟』是也。」元材案：此處必有訛脱，不可强解。

〔四〕元材案：「薄」卽「湯居亳」之亳，解已見《地數篇》。「游女」二字又見《詩·漢廣篇》。彼謂出游之女子，此則指游惰無業之婦女而言。

〔五〕元材案：《漢書·景紀》後二年詔云：「錦繡纂組，害女紅者也。」文繡卽錦繡。纂，臣瓚曰：「許愼云：『赤組也。』」猶言紅色絲帶。

〔六〕元材案：「純」字又四見《輕重丁篇》。《戰國策》「錦繡千純」，高注：「純音屯，束也。」《史記·蘇秦傳·集解》云：「純，匹端名。」《張儀傳·索隱》云：「凡絲綿布帛等一段謂一純。」又《淮南·地形篇》「里間九純，純丈五尺。」注：「純，量名也。」一純猶今言一匹。

〔七〕元材案：奪流，解已見《乘馬數篇》。又案桀好女樂而亡國事，戰國秦漢時人多有此傳説。

《太平御覽》引《墨子》云：「桀女樂三萬人，晨譟聞于衢，服文綉衣裳。」《管子・七臣七主篇》云：「夫男不田，女不緇，工技力於無用，而欲土地之毛，倉庫滿實，不可得也。土地不毛則人不足，人不足則逆氣生，逆氣生則令不行。然彊敵發而起，雖善者不能存。昔者桀紂是也。誅賢忠，近讒賊之士而貴婦人。好殺而不勇，好富而忘貧。馳獵無窮，鼓樂無厭。瑶臺玉飾不足處，馳車千駟不足乘。材女樂三千人，鍾石絲竹之音不絶。百姓匱乏，君子無死，卒莫有人，人有反心。遇周武王，遂爲周氏之禽。此營於物而失其情者也，愉於淫樂而忘後患者也。」又《鹽鐵論・力耕篇》文學云：「昔桀女樂充宫室，文繡衣裳。故伊尹高逝遊亳，而女樂終廢其國。」與本篇所論，皆以好女樂爲桀亡國之主要原因。然於此有應注意者，《墨子》及《七臣七主篇》均不言伊尹，一也。《七臣七主篇》上文以桀、紂並提，而下文僅言紂而不及桀，二也。《鹽鐵論》提及伊尹，但又只言伊尹去桀歸湯，不及得粟奪流事，三也。至本篇始將桀好女樂與輕重之筴密切聯系，然後此一歷史故事，方能在原有傳説的基礎上增加具有生命力之豐富内容。而在此一故事之演變過程中，以本篇最爲晚出，此又其一左證矣。

〔八〕王引之云：「『掌』字義不可通，當是『稟』字之譌。稟，古廩字也。廩與窌皆所以藏穀。《晏子春秋　問篇》：『命吏計公稟之粟。』《荀子・議兵篇》：『則必發夫稟窌之粟以食之。』今本『稟』字並譌爲『掌』。」張佩綸云：「案王説非也。《周禮・序官・鄭注》：『掌，主也。』『州有一掌』，即《周禮》『州縣各掌其州之教治政令之法』是也。『里有積五窌』，即《周禮・遺人》『掌鄉里之委積以恤民之囍阨』是也。」元材案：二氏説皆非也。不應三書皆誤。掌當是古時倉名。《孟子・盡心篇》「國人皆以夫子爲將復請發棠」，疑「棠」亦「掌」字之譌。朱注釋棠爲齊之棠邑。則齊國大饑，豈一棠邑之粟可濟于事？必爲發掌明矣。《孟子》言「復請發掌」，《荀子》言「必發夫掌」，《晏子》言「計公掌之粟」，意義皆同。窌同窖。《呂氏春秋・仲秋紀》「穿竇窌」，《月令》作「穿竇窖」。注云：「入地隋曰竇，方曰窖。」積即《雲夢秦簡・倉律》：「入禾倉，萬石一積」，「櫟陽二萬石一積，咸陽十萬一積」及「芻稾各萬石一積，咸陽二萬一積」（一九七六年《文物》第七期《雲夢秦簡・釋文》之積，猶言儲蓄。此處指積穀。五窌，指所積穀之倉數。謂每州必有一掌，每里必有積藏五穀之窖五處也。

〔九〕元材案：與正籍，解已見《揆度篇》。假有二義：一即假貸，《山國軌篇》所謂「無貲之家皆假之械器」，《輕重丁篇》所謂「聞子之假貸吾貧萌」是也。二即障假，《鹽鐵論・園池篇》所謂「池籞之假」與「公家有障假之名」是也。此言予之長假，當指第二義言。謂民之無産業、無納税能力者，由政府以國有苑囿公田池澤長期假之。《漢書・宣紀》地節元年三月，「假郡國貧民田」。三年三月詔曰：「前下詔假公田，貸種食，其加賜鰥寡孤獨高年帛。」十月，又詔：「池籞未御幸者假與貧民。流民歸還者假公田，貸種食，且勿算事。」《元紀》初元元年四月詔：「江海陂湖園池屬少府者以假貧民，勿租賦。」二年三月詔：「水衡禁囿，宜春下苑，少府佽飛外池嚴籞池田假與貧民。」即其例矣。

〔一〇〕安井衡云：「度、渡同，謂濟之。皆云長者，予而不收也。」何如璋云：「予之長度，殆謂給以葬埋之費也。」張佩綸云：「『予之長假』『予之長度』當作『長予之假』『長予之度』。《立政篇》：『分鄉以爲五州，州爲之長』。長即州有一掌。長爲度量葬事，如《漢書·黄霸傳》：『鰥寡孤獨有死無以葬者，鄉部書言，霸具爲區處，某所大木可以爲棺，某亭猪子可以祭。』即其證矣。」于省吾云：「度、宅古字通，此例古籍習見。《尚書》『度』字，古文作『宅』，今文作『度』。《儀禮·士喪禮》『筮宅』注：『宅，喪居也。』《喪服小記》：『祔葬者不筮宅。』注，『宅，葬地也。』《廣雅·釋邱》『宅，葬地也。』此言死而不葬者，予之長久之葬地也。」聞一多説同。元材案：安井、張、于三氏説皆非也，何説近之。古時地廣人稀，貧民死者不患無葬地，而患無錢購備棺衾。《史記·淮陰侯列傳》云：「吾如淮陰，淮陰人爲余言：『韓信雖爲布衣時，其志與衆異。其母死，貧無以葬，然乃行營高敞地，令其旁可置萬家。』余視其母家良然。」此不患無地之證也。《漢書·成紀》：「河平四年二月，遣光禄大夫博士嘉等十一人行舉瀕河之郡。……其爲水所流壓死不能自葬，令郡國給槥櫝葬埋。已葬者與錢人二千。」《哀紀》：「綏和二年，詔曰：迺者河南潁川郡水出，流殺人民。……已遣光禄大夫循行舉籍，賜死者棺錢人三千。」又《哀紀》：「元始二年，郡國大旱蝗，青州尤甚，民流亡。賜死者一家六尸以上葬錢五千，四尸以上三千，二尸以上二千。」此賜棺錢之證也。謂之「長度」者，《漢書·楊敞傳》：「子惲爲中郎將，罷山郎，移長度大司農以給財用。」應劭云：「長，久也。一歲之調度也。」師古曰：「言總計一歲所須財用及文書之調度而移大司農，以官錢供給之，更不取于郎也。」可見所謂「長度」者，乃漢代財政上專用術語。此蓋言死而不葬者，即由政府以所謂長度者予之，使其持向所在地官府支取官錢，作爲購備棺衾之用。猶今人之言領款憑據矣。

〔一一〕元材案：不奢卽不贍，下倣此。説已詳《山權數篇》。

〔一二〕張文虎云：「『故聖人善』貫下二句。『用非其有』卽所謂『來天下之財』也。『使非其人』卽所謂『致天下之民』也。《事語篇》云：『佚田謂寡人曰：善者用非其有，使非其人。』與此正同。」張佩綸云：「『善用非其有，使非其人』，承『財』『民』言。」

〔一三〕元材案：「動言搖辭」，《輕重丁篇》作「動言操辭」，皆《易·繫辭下傳》所謂「理財正辭」之意，謂發號施令也。萬民可得而親者，蓋以其所發施之號令，能順人心，故下令如流水之源。鼂錯所謂「令出而民利」者也。又案：臨沂銀雀山漢墓出土《王兵篇》云：「取天下精材，論百工利器，收天下豪傑，有天下俊雄。」（一九七六年《文物》第十二期）《管子幼官篇》云：「求天下之精材，論百工之鋭器，……收天下之豪傑，有天下之稱材。」《七法篇》云：「故聚天下之精材，論百工之鋭器，……收天下豪傑，有天下俊雄。」《小問篇》云：「公問曰：『請問戰勝之器。』管子對曰：『選天下之豪傑，致天下之精材，來天下之良工，則有戰勝之器矣。』公曰：『攻取之數何如？』管子對曰：『毁其備，散其積，奪之食，則無固城矣。』公曰：『然則取之若何？』管子對曰：『假而禮之，厚而勿欺，則天下之士至矣。』公曰：『致天下之精材若何？』管子對曰：『五而六之，九而十之，不可爲數。』公曰：『來工若何？』管子對曰：『三倍不遠千里。』」與此所論皆可互參。

桓公問管子曰：「夫湯以七十里之薄，兼桀之天下〔一〕，其故何也？」

管子對曰：「桀者冬不爲杠，夏不束柎〔二〕，以觀凍溺〔三〕。弛牡虎充市，以觀其驚駭〔四〕。至湯而不然，夷競而積粟〔五〕，飢者食之，寒者衣之，不資者振之，天下歸湯若流水。此桀之所以失其天下也。」

桓公曰：「桀使湯得爲是，其故何也？」

管子曰：「女華者，桀之所愛也，湯事之以千金。曲逆者，桀之所善也，湯事之以千金。內則有女華之陰，外則有曲逆之陽，陰陽之議合，而得成其天子。此湯之陰謀也〔六〕。」

〔一〕元材案：「湯以七十里之薄」，解已見《地數篇》。兼，并也。

〔二〕元材案：杠即《孟子·離婁下篇》「十一月徒杠成，十二月輿梁成」之杠。朱注：「杠，方橋也。徒杠，可通徒行者。」束柎，何如璋云：「以木爲桴，相比束之，浮水以渡也。夏水大，故須束柎。」今案：束柎，湖南人謂之木排。

〔三〕元材案：冬無杠則渡水者凍，夏無柎則渡水者溺，桀觀之以爲樂也。

〔四〕元材案：「弛牡虎充市」，弛，縱也。《御覽·人事部》一百九引作「放虎入市」，《獸部》三引作「放虎于市」，《事類賦》二十引同。「其驚駭」，指市人爲虎所驚駭。

〔五〕元材案：「夷競」是「夷蔬」之譌，說已詳《事語篇》。孫詒讓謂「『兢』當爲『競』，即古『境』

字，言平治疆界之道塗」，張佩綸謂「夷競」爲「事鼃」之誤，郭沫若謂「夷競」爲「夷賈」之誤者均非。

〔六〕趙用賢云：「湯以至仁伐暴，何必如此？是戰國陰陽之説，非管氏語也。」元材案：假託某甲某乙爲説明一種輕重理論之實例，乃本書通用之體裁，固不必真有其事，予在《巨（筴）乘馬篇》論之已詳，不僅湯一人而已。惟此處「曲逆」二字似與曲逆侯陳平有關。考《史記·陳丞相世家》載漢高祖被匈奴圍于白登，用陳平奇計，使使間厚遺單于閼氏，圍以得解。高祖南過曲逆，乃詔御史更以陳平爲曲逆侯。此漢高祖七年事也。於此有可注意者：第一，曲逆爲陳平封號。在此以前，歷史上另無曲逆其人。第二，陳平之被封爲曲逆侯，是由於爲間諜有功。據《世家》稱平自初從至討平陳豨、黥布，凡六出奇計。不僅爲漢高祖解白登之圍，而且遠在楚漢戰争期間，即已受到漢高祖「出黄金四萬斤與陳平，恣所爲，不問其出入」之信任，使其多以黄金縱反間於楚軍，破壞項羽與范增等之關係。與此處所言「湯事之以千金」正相暗合。第三，漢高祖在白登被圍得解，確是獲得匈奴冒頓單于閼氏之力。而閼氏之所以甘願出力，又確是通過大間諜曲逆侯陳平所出之奇計，「使使間厚遺之」之結果。此與「湯以千金事女華」及「内有女華之陰，外有曲逆之陽，陰陽之議合」云云，亦完全符合。可見此文所述，既不是寫漢高祖，亦不是寫湯。著者只是就自己記憶中有關反間一類之人物事件，信手拈來，編成故事，作爲説明其輕重政策之具體範例而已。趙説迂拘可笑！

桓公曰：「輕重之數，國准之分〔一〕，吾已得而聞之矣。請問用兵奈何？」

管子對曰：「五戰而至於兵。」

桓公曰：「此若言何謂也？」

管子對曰：「請戰衡，戰准，戰流，戰權，戰勢〔二〕。此所謂五戰而至於兵者也。」

桓公曰：「善。」

〔一〕元材案：「輕重之數」承上文言，「國准之分」，則承上篇言。五家之國准，其數本殊，故曰「國准之分」。分者區別之謂也。又案：從「國准之分」一語觀之，則本篇與上篇之間，似有聯系。證明本篇之寫成，當在《國准篇》之後，或者兩篇皆出自一人之手。張佩綸謂「依問辭當屬《國准篇》」者失之。

〔二〕元材案：衡有「權衡」、「國衡」、「准衡」、「曲衡」、「衡數」諸義，解已見《巨(筴)乘馬篇》。准即平准，解已見《國准篇》。流有「持流」、「行流」、「守流」、「摶流」、「奪流」諸義，解已見《乘馬數篇》。權有「國權」、「權棅」、「權筴」、「權數」諸義，解已見《山權數篇》。勢亦有二義。一即《山至數篇》所謂「國勢」，即國家之五種地理形勢，「准時五勢之數」。蓋國勢之宜於五穀者，當謹守其五穀，其不宜於五穀者，則當「與工雕文梓器以下天下之五穀」，故勢亦被列爲經濟政策之一也。二即《揆度篇》所謂「治權則勢重，治道則勢贏」之勢，亦即所謂輕重之勢。總而言之，所謂戰衡、戰准、戰流、戰權、戰勢者，皆屬於經濟政策之範疇。一國之經濟政策苟得其宜，自可不戰而屈人之兵。何如璋所謂「權輕重以與列邦相應，即今之商戰」者，得其義矣。

桓公欲賞死事之後〔一〕，曰：「吾國者，衢處之國，饋食之都，虎狼之所棲也〔二〕。今每戰，輿死扶傷〔三〕，如孤荼首之孫，仰倳戟之寶〔四〕，吾無由予之。爲之奈何？」

管子對曰：「吾國之豪家〔五〕遷封〔六〕食邑〔七〕而居者〔八〕，君章之以物則物重，不章以物則物輕〔九〕。守之以物則物重，不守以物則物輕。故遷封食邑富商蓄賈積餘藏羨跱蓄之家〔一〇〕，此吾國之豪也。故君請縞素〔一一〕而就士室〔一二〕，朝功臣世家遷封食邑積餘藏羨跱蓄之家曰：『城肥致衝，無委致圍〔一三〕。天下有慮，齊獨不與其謀〔一四〕。子大夫〔一五〕有五穀菽粟者勿敢左右〔一六〕，請以平賈取之子。』與之定其券契之齒〔一七〕。釜鏂之數，不得爲侈弇焉〔一八〕。困窮之民聞而糴之，釜鏂無止，遠通不推，國粟之賈坐長而四十倍〔一九〕。君出四十倍之粟以振孤寡，牧貧病〔二〇〕，視獨老窮而無子者靡得相鬻而養之，勿使赴於溝澮之中〔二一〕。若此，則士爭前戰爲顏行〔二二〕，不偷而爲用，輿死扶傷，死者過半。此何故也？士非好戰而輕死，輕重之分使然也〔二三〕。」

〔一〕元材案：死事之後，謂陣亡將士遺族。

〔二〕元材案：「衢處」解已見《國蓄篇》及《地數篇》。「饋食」又見下文，尹注彼處云：「本國自無鹽，遠饋而食。」惟彼處所饋者爲鹽，此則爲五穀耳。《史記·平準書》：「千里負擔餽糧」，千里餽糧即「遠饋」之義矣。虎狼所棲，言山多田少，猶《山至數篇》所謂「禽獸牛羊之地」也。

〔三〕元材案：「輿死扶傷」在本篇凡三見。死同尸。《呂氏春秋·期賢篇》云：「扶傷輿死。」畢注：「死與尸同。」

〔四〕劉績云：「『如』字當作『之』字，言輿死扶傷之孤也。『荼首』，白首也。『寶』字或是『室』字，言持戟死事之室。此三等人皆所當恤也。」何如璋云：「『如』讀爲『而』。『荼首』，白首也。傳戟之寶，『寶』當作『室』。」張佩綸云：「『荼首』當爲『貧子』二字之壞。孤貧之子孫即死事之後。下文『振孤寡，牧貧病』，是其證。『寶』當作『室』，下文『就士室』，是其證。『仰傳戟之室』，言仰持戟而食也，即《孟子》所謂『持戟之士』。」郭沫若云：「『如』疑『孺』字之聲誤，『孫』疑『俯』字之形誤（草書略近）。『孺孤荼首之俯仰』，謂『仰事俯畜也』。」元材案：「寶」當是「寡」字之誤。《管子·問篇》「問死事之寡，其稟餼何如」云云，本篇下文又有「以振孤寡」語。孤寡即緊承「如孤」及「仰傳戟之寡」而言。「傳戟」二字又見下文及《輕重乙篇》。惟下文及《乙篇》之「傳戟」皆當作建立軍隊講，此處則當作「持戈之士」講。「仰」即《孟子·離婁篇》「良人者所仰望而終身也」之仰。言依靠持戈之丈夫以爲食也。

〔五〕元材案：「豪家」統「遷封食邑」及下文「功臣世家富商蓄賈積餘藏羨跱蓄之家」而言，故曰「此吾國之豪」。非謂此等之外，又另有所謂豪家也。

〔六〕何如璋云：「遷者，登也，升也。遷封猶言遷官。」元材案：「遷封」即「徙封」。如漢文帝徙城陽王王淮南故地，徙淮南王喜王故城陽。景帝徙衡山王王濟北，徙廬江王王衡山（均見《漢書·淮南·衡山·濟北王傳》），即其例。

〔七〕元材案：「食邑」，指封邑中所食户數而言。如《史記·高祖功臣侯年表》所列「平陽侯六百户」、「信武侯五千三百户」是。據《貨殖傳》云：「封者食租稅，歲率户二百，千户之君則二十萬。」但事實上食邑收入不止於此數。《漢書·孝昭功臣表》言張安世封凡萬三千六百四十户。如以户率二百計之，萬三千六百四十户不過二百七十二萬八千耳。而《張安世傳》云：「富平侯張安世，國在陳留，别邑在魏郡，租入歲千餘萬。」可見剥削之率，必有大於「户二百」者矣。

〔八〕元材案：居即《史記·貨殖傳》「乃治産積居與時逐，而不責於人」及《平準書》「廢居居邑」之居，《集解》徐廣曰：「廢居者，貯蓄之名也。有所廢，有所蓄，言其乘時射利也。」猶今人之言囤積居奇矣。

〔九〕元材案：「章」即障，亦有守義，解已見《乘馬數篇》。此謂國内豪家如遷封食邑之類，無不各有所囤積。政府應將其所囤積之五穀菽粟，設法加以障守，則萬物之輕重皆在政府掌握之中矣。

〔一〇〕張文虎云：「『跱』當作『峙』，《説文》作『偫』。」元材案：「跱蓄」即儲蓄。《後漢書·章紀》：

「詔所經道上郡縣無得設儲跱。」注：「儲，積也。跱，具也。言不預有蓄備。」

〔一一〕元材案：《禮・玉藻》：「縞冠素紕」，注：「縞，生絹也。以縞爲冠，凶服也。素，熟絹也。紕，冠兩邊及卷下畔之緣也。縞冠素紕，謂冠與卷身皆用縞，但以素緣之耳。」此處指喪服言。《漢書・高紀》「兵皆縞素」是也。

〔一二〕元材案：「士室」即《管子・八觀篇》「鄉毋長游，里毋士舍」之士舍。尹注云：「士謂里尉。每里當置舍，使尉居焉。」猶後世之鄉公所矣。

〔一三〕元材案：朝，朝會，猶言招集。功臣世家一詞，又見《輕重丁篇》，亦漢人通用語。《史記・自序》：「滅功臣世家賢大夫之業不述，墮先人所言，罪莫大焉。」《平準書・集解》如淳曰：「世家，有禄秩家。」「城肥致衝」二語，解已見《事語篇》。

〔一四〕戴望云：「慮，高誘注《吕氏春秋》曰：『慮，亂也。』」元材案：「與」即《漢書・蘇武傳》「武以故二千石與計謀立宣帝」之與，師古注曰：「與讀曰預。」不與其謀，謂不干預其事。不干預其事，則國内之平安可知。凡此皆死事者之功也。

〔一五〕元材案：子大夫，漢人常用語。《漢書・武紀》元光元年，詔賢良曰：「此子大夫之所睹聞也。」《董仲舒傳》「子大夫」一詞凡八見。《燕王旦傳》凡三見。《東方朔傳》亦有「子大夫修先王之術，慕聖人之義」語。《鹽鐵論・國病篇》大夫亦云：「子大夫論京師之日久。」《武紀・注》服虔云：「子，男子之美號也。」顔師古云：「子者人之嘉稱。大夫，舉官稱也。志在優賢，故謂之子大夫。」

〔一六〕元材案：「勿敢左右」，解已見《山國軌篇》。

〔一七〕尹桐陽云：「《説文》：『券，契也。契别之書以刀判契其旁，故曰契券。』判契即判栔。栔，刻也。謂刻其旁爲齒也。《易林》：『符左契右，相與合齒。』《列子·説符》：『宋人有游于道，得人遺契者。歸而藏之，密數其齒。』」元材案，古人立契，中分爲二，其分處必有齒，以便合驗。「定其券契之齒」，猶言訂立合同。

〔一八〕豬飼彦博云：「侈弇猶云張翕。口大曰侈，口小曰弇。」元材案：《周禮·春官·典同》：「侈聲筰，弇聲鬱。」注：「侈謂中央約也。侈則聲迫筰出去疾也。弇謂中央寬也。弇則聲郁勃不出也。」此謂鐘口大而中央小者謂之侈，鐘口小而中央大者謂之弇。引申之即誇大或縮小之意。此處侈弇二字與《輕重乙篇》「皆按囷窌而不能挹損焉」之挹損，意義相同，謂不得多報，亦不得少報也。「釜鏂」解已見《海王篇》。

〔一九〕戴望云：「『通』乃『道』字誤。」張佩綸云：「『通』當作『近』。不推即不推而往，不召而來。即遠近羅之者大至也。」元材案：「遠通」即《揆度篇》及本篇下文「五其本則遠近通」之意。遠既可通，近不待言矣。此謂貧民請糴者或釜或鏂，絡繹不絶，不論路途之遠近皆不推而自往也。下文「鵾鷄鵠鵃之通遠」，「通」字亦不誤。戴、張二氏説皆失之。此言國内之豪，不僅遷封食邑而已，凡功臣世家富商大賈積餘藏羨跱蓄之家無不屬之。爲國君者應身服喪服，親自下鄉，分别於各地士室之中，招集當地之功臣世家及一切豪富舉行會議，當場勸令將其所有之五穀菽粟，盡量以平賈賣諸政府，不得有以多報少，及以少報多等情弊。然後由政府與之訂立合同，將所收購之五穀菽粟，就地封存。五穀菽粟既皆爲政府所獨占，自由流通於市場者已絶少，貧困之民向無石斗之儲，勢非以高價請糴不可，雖其請糴之數有或釜或鏂之不同，而以迫切需要之故，不遠千里，絡繹不絶。如此，少則貴，聚則重。雖歎其坐長至四十倍之多，亦只有聽政府之「高下在口吻」而已。所謂「章守之以物則物重」者，此之謂也。

〔二〇〕戴望云：「『牧』當從朱本作『收』。」元材案：《輕重丁篇》云：「又收國中之貧病孤獨老不能自食之萌皆與得焉。」字卽作「收」。又《漢書·成紀》「吏民以義收食貧民」，師古注云：「收食貧民，謂收取而養食之。」此言「收貧病」，謂民之貧而有病者則由政府收養而醫治之也。

〔二一〕元材案：溝澮卽溝洫，此處作溝壑講。老而無子曰獨。見有老而無子之獨夫，又窮困而不能謀生者，則防止其賣身爲奴，而收養之，以免其流離失所，致有死於溝壑之慘。「赴於溝澮」卽《山權數篇》「入於溝壑」之意，猶《孟子》及《鹽鐵論·毀學篇》之言「死於溝壑」矣。

〔二二〕元材案：「顔行」猶「雁行」，漢人常用語。《漢書·嚴助傳》淮南王安云：「以逆執事之顔行。」文穎曰：「顔行猶雁行。在前行，故曰顔也。」

〔二三〕元材案：分讀如本分之分，有必然之意。此謂將士之所以能視死如歸，此無他，乃實行輕重之筴之必然結果也。又案此法殊不現實。第一，歷來豪富之家決非「縞素」所能動其心者。《史記·平準書》稱「山東被水災，民多饑乏。於是天子遣使者虛郡國倉廥以振貧民。猶不足，又募豪富人相貸假，尚不能相救。……而富商大賈之財或累萬金，而不佐國家之急，黎民重困。」又曰：「是時豪富皆争匿財。」可見豪富不可能因「縞素」之故，遂將其所藏之穀，用空頭支票之平價全部售出。第二，所謂「釜鏂無止，遠通不推」前來糴穀者，大抵皆「困窮之民」。則此所謂「四十倍」之穀，乃全從「困窮之民」身上剥削而來。穀價之倍數愈高，困窮之民所受剥削愈重，而豪富之匿財者得利亦愈厚。則是富者愈富，貧者愈貧，豈計之得哉？

桓公曰：「皮幹筋角之征甚重。重籍於民而貴市之皮幹筋角，非爲國之數也〔一〕。」

管子對曰：「請以令高杠柴池〔二〕，使東西不相睹，南北不相見。」

桓公曰：「諾。」

行事期年，而皮幹筋角之征去分，民之籍去分〔三〕。

桓公召管子而問曰：「此何故也？」

管子對曰：「杠池平之時，夫妻服簟〔四〕，輕至百里。今高杠柴池，東西南北不相睹。天酸然雨〔五〕，十人之力不能上。廣澤〔六〕遇雨，十人之力不可得而恃。夫舍牛馬之力所無因〔七〕。牛馬絶罷，而相繼死其所〔八〕者相望，皮幹筋角徒予人而莫之取〔九〕。牛馬之賈必坐長而百倍。天下聞之，必離其牛馬而歸齊若流〔一〇〕。故高杠柴池，所以致天下

之牛馬而損民之籍也。《道若祕》云：『物之所生，不若其所聚。』」〔二〕

〔一〕元材案：幹，《爾雅·釋畜》：「脅也。」此處指肋骨言。此言皮幹筋角，兵器所需。《史記·貨殖傳》列舉通都大邑盈利最大之商品，達三十八種之多，而「筋角千斤」「皮革千石」，皆足「比千乘之家」。政府徵斂皮幹筋角於人民，其數量甚多。人民爲應政府之求，不得不以重價向市場收購。是政府此舉，適足以使市場皮幹筋角之價提高，使少數之富商蓄賈得以牟其大利而已。著者認爲此非爲國之善筴，故特提出討論之。

〔二〕戴望云：「柴當爲奊，古深字。隸變作罙，因誤爲柴耳。」何如璋云：「高杠柴池，柴猶塞也。謂架橋渡水，高其勢而塞之也。」于省吾云：「按柴池即差池。柴亦作偨。《文選·司馬相如上林賦》『偨池茈虒，旋還乎後宮』，注引張揖曰：『偨池，參差也。』高杠柴池，言高杠參差不平，故下接以『使東西不相睹，南北不相見』。又下云『杠池平之時』，『池』字當是羨文。後人不解『柴池』之義，以爲『高杠』『柴池』對文，故加『池』字耳。」許維遹云：「《莊子·天地篇》『且夫趣舍聲色以柴其內』，劉師培《莊子校補》云：『柴與柵通。』是也。《說文·木部》：『柵，編豎木也。』《通俗文》云：『木垣曰柵。』《淮南·道應篇》『柴箕子之門』，高注：『箕子亡之朝鮮，舊居空，故柴護之也。』亦以柴爲編爲木垣而護之也。此云柴池，謂以木垣圍護其池。故下云『使東西不相睹，南北不相見』。若深其池，則不得云東西南北不相睹也。」元材案：戴說是也。下文「杠池平之時」，「杠」「池」並承，證明「高杠」與「柴池」本爲對文。杠高則不平矣。深者淺之對，池深則地必洼下，亦將變爲不平。人過高杠深池時，皆可以使東西南北不相睹。下文又云：「天酸然雨，十人之力不能上。廣澤遇雨，十人之力不可得而恃。」上二句承「高杠」言，下二句承「深池」言，仍是「杠」「池」並承。「相睹」又見《輕重丁篇》，即相見。亦漢人常用語，見《鹽鐵論・世務篇》。天酸然雨，謂小雨也（說見下）。小雨路滑，故杠高則十人之力不能上。廣澤遇雨，當指大雨言。大雨則池水必滿，滿則注下地中之道路必爲泥濘所阻，故池深則十人之力不可得而恃。若如許說，以木垣圍護其池，不過使池水與道路更加隔開，何至十人之力亦不可恃？如于氏說，則不僅下文「杠池平」之「池」字爲衍文，即「廣澤遇雨」二句亦爲冗詞矣。

〔三〕元材案：分，若干分也。謂實行高杠柴池之令一年以後，而政府對於皮幹筋角之征斂果能減少若干分，人民之負担亦因之減少若干分也。

〔四〕洪頤煊云：「服讀爲負。見《考工記・車人注》。簟當依宋本作簞，盛食之器。言夫妻負簞而往者，不以百里爲難。今本作簟，誤。」王引之云：「簟字義不可通，蓋輦字之訛。夫妻服輦者，言杠池平之時，民間夫妻服輦而行，不用牛馬，亦不假多人挽之也。《海王篇》『行服連軺輦者』，服連即服輦也。字亦作摙。《淮南・人間訓》『負輦載粟而至』，今本脫載字，說見《淮南》。《御覽・治道部》八引作『服摙』，是也。服之言負也。任重之名也。《史記・貨殖傳》：『卓氏見虜略，獨夫妻推輦行。』蓋服輦者或推或挽，前後各一人，故夫妻可以服輦也。下文云：『今高杠柴池，東西南北不相睹。天酸然雨，十人之力不能上。』正謂推輦不能上高梁也。《韓子・外儲說右篇》『茲鄭子引輦上高粱而不能支』是也。蓋杠池平之時，夫妻二人即可以服輦而過。及其高杠柴池也，天雨苟下，則雖十人之力不能服輦而登，地高而輦重也。若作『服簞』，則盛食之器甚輕，何至十人舁之而猶不能上乎？輦今人謂之二把手，前後各兩轅，一人兩手持轅挽於前，一人如之推於後。亦有夫婦推轅者，婦以繩挽於前，夫持兩轅推於後，則此所謂夫婦服輦也。」元材案：當以王說爲是。張佩綸謂「簞即單字，服單對兩服而言」者失之。輦乃漢人常用之運輸工具，說已詳《海王篇》。

〔五〕洪頤煊云：「『酸』通作『霰』。《說文·雨部》：『霰，小雨也。』」俞樾說同。

〔六〕元材案：廣澤指深池言。

〔七〕王念孫云：「『所無因』當作『無所因』。人力不足恃，則必借牛馬之力，故曰『夫舍牛馬之力無所因』。」元材案：此說是也。《纂詁》本正作「無所因」。

〔八〕元材案：死其所即死其處，解已見《山至數篇》。

〔九〕元材案：徒，但也。謂不索價而但予之，亦無人受取也。

〔一〇〕元材案：離猶《輕重乙篇》「公家之馬不離其牧皁」之離。安井衡云：「去也。」謂齊國牛馬價貴，天下之牛馬商人必將爭相驅其牛馬遠離其本國以歸於齊，有如流水之就下，沛然莫之能禦矣。又案此文所論，以人工破壞交通，造成本國牛馬因勞頓而大量死亡，用以抬高牛馬之價格以招致外國牛馬之輸入，以滿足封建統治者皮幹筋角之需要。名義上是「損民之籍」，實際上則等於挖肉補瘡，充分暴露出作者的時代與剝削階級局限性。

〔一二〕安井衡云：「《道若祕》蓋書名也。」尹桐陽云：「蓋古道書名。魏武帝《陌上桑》：『受要祕道愛精神。』」元材案：安井説是也。其書蓋亦言輕重之筴者，「物之所生，不若其所聚」，即書中語，與修養精神之道者無關，尹説非。物之所生不若其所聚者，蓋謂直接經營生産活動所獲收入，不如通過囤積居奇方式所得利潤之大。此種情況，在古代大都如此。商鞅與桑弘羊即曾先後指出農民勞動「最苦而贏利少，不如商賈技巧之人」（《商君書・外内篇》）及「富在術數，不在勞身；利在勢居，不在力耕」（《鹽鐵論・通有篇》）。司馬遷亦謂「夫用貧求富，農不如工，工不如商，刺繡文不如倚市門」（《史記・貨殖傳》）。下至十七世紀時，威廉・配第亦有「製造業的收益比農業多得多，而商業的收益又比製造業多得多」之語（《政治算術》，商務印書館一九六〇年初版第十九頁），與此處所言可謂巧合。然此種巧合，尚只限於形式，至其所代表之階級實質，則大有不同。威廉・配第處在封建生産方式崩潰，資本主義生産的第一階段，故其所謂工商業者是指新興之資産階級而言。商鞅、桑弘羊、司馬遷及本書著者雖同處於封建地主經濟前期或中期，而其間又有區别。司馬遷代表自由主義經濟學派，故主張此種贏利最大之工商業，應由「當世千里之中所以富者」的賢人自由經營，而商鞅、桑弘羊及本書著者則皆屬於干涉主義經濟學派之代表人物，故其對於此種贏利最大之工商業，主張應完全收歸封建國家實行管制或壟斷。此爲本書經濟思想核心之一，故特詳論之。

桓公曰：「弓弩多匡軫〔一〕者，而重籍於民，奉繕工〔二〕，而使弓弩多匡軫者，其故何也？」

管子對曰：「鵝鶩之舍近，鵾鷄鵠鴇之通遠〔三〕。鵠鵾之所在，君請式璧而聘之〔四〕。」

桓公曰：「諾。」

行事期年，而上無闕者，前無趨人〔五〕。三月解匎〔六〕，弓弩無匡軫者。

召管子而問曰：「此何故也？」

管子對曰：「鵠鵾之所在，君式璧而聘之。菹澤之民聞之，越平而射遠〔七〕，非十鈞之弩不能中鵾鷄鵠鴇。彼十鈞之弩，不得棐撽不能自正〔八〕。故三月解匎而弓弩無匡軫者，此何故也〔九〕？以其家習其所也〔一〇〕。」

〔一〕尹注云：「軫，苦禮切，𥗳也。」張登雲云：「匡軫，弓弩之戾𥗳不能應弦以射者之名。俗謂之打調也。」張文虎云：「《考工記》『則輪雖敝不匡』，注：『匡，枉也。』」戴望云：「匡義如《國語》『月盈而匡』之匡，言不正圓，如月之虧缺也。」

〔二〕元材案：繕即《左成十六年傳》「繕甲兵」之繕，注：「繕，治也。」《漢書·息夫躬傳》「繕修干戈」，注：「繕，補也。」《周禮·夏官》之屬有「繕人」，「掌王之弓弩矢箙矰弋決拾，掌詔王射。」此繕工即繕人也。重籍於民奉繕工云云，謂政府重斂民財以供養繕工，而反作此不堪使用之弓弩，其原因何在也。

〔三〕王念孫云：「通當爲道，字之誤也。鵝鶩去人近，鵾鷄鵠鳵去人遠，故曰『鵝鶩之舍近，鵾鷄鵠鳵之道遠』也。」安井衡云：「舍，塒也。鵾鷄似鷄而大。鵠大於雁，羽毛白澤。鳵同鴇，似雁而大，無後趾，毛有豹文。通猶道也。」郭沫若云：「『通』當爲『逋』，形近而譌。」元材案：通即上文「遠通不推」之通，不必改字。

〔四〕元材案：鵠鵾所在，指射取鵠鵾之人家而言，非謂鵠鵾棲息之地。「式璧而聘之」一語又兩見《輕重丁篇》。式即《周禮·天官·太宰》「以九式均節財用」之式，注：「式謂用財之節度。」此處是指用璧之制度。據《輕重丁篇》，璧有「尺者萬泉，八寸者八千，七寸者七千，珪中四百，瑗中五百」等五等之分。式璧猶言按照被聘者功勞之大小，分別用各種不同等級之璧作爲禮品。射取鵠鵾多者用重璧，少者用輕璧，蓋所以嘉其難能，慰其勤勉，使其更能改善弓弩之製造也。尹注以式爲用，段玉裁以式爲飾字之假借者均非。

〔五〕于鬯云：「『期年而上無闕者前無趨人』，此十一字殊無意義，蓋衍文也。且下文云：『三月解匃，弓弩無匡軫者。』既言『期年』，何得又言『三月』？十一字之爲衍文顯見。」郭沫若云：「『上』當爲『工』，『工』，謂繕工也。『前』當爲『箭』。弓不待繕，故繕工足用。弓不偏戾，故箭不誤傷人。」元材案：「行事期年」，謂「式璧聘之」之後一年也。「上無闕者」，謂上供無所短闕也。「前無趨人」，謂隨處皆無閑散之人趨走於眼目之前，猶《輕重己篇》之言「室無處女，路無行人」矣。此蓋說明式璧聘之之後一年以來人民集中精力，潛心改善弓弩以期弋取更多鵠鵰之現象。下文「三月解𠣍」，其事又在「期年」之後，非謂在「期年」之中也。于、郭二氏説皆失之。

〔六〕王引之云：「《説文》、《玉篇》、《廣韻》、《集韻》皆無『𠣍』字。『𠣍』當爲『匋』。匋讀與韜同，弓衣也。」安井衡云：「『𠣍』當爲『𠣘』。𠣘音懸。音同則義通。懸，繫也。弓弩既成，三月解其所繫束之繩，不復匡軫也。」俞樾云：「字書無『𠣍』字。疑『医』字之誤。《説文・匸部》：『医，盛弓弩矢器也。從匸從矢。』《國語》曰：『兵不解医。』」何如璋説同。張佩綸云：「《説文・韋部》：『韣，弓衣也。』以『𠣍』爲『蜀』之壞亦通。似王説太迂，不及何説之確。」元材案：俞、何二氏説是也。《管子・小匡篇》亦有「兵不解医」之文，即其證。解医者謂解開其盛弓之器而檢查其弓弩也。

〔七〕何如璋云：「平，近也。越平射遠，欲得鶡鵠也。」元材案：平即平地。越平射遠，謂越過平地射向遠方。故下文云「非十鈞之弩不能中鶡鷄鵠鳵」也。三十斤爲鈞。十鈞之弩，須有三百斤之力始能開之。猶今人之以馬力計機器矣。

〔八〕王念孫云：「案《説文》、《玉篇》、《廣韻》、《集韻》皆無『𥽪』字，當是『棐』字之譌。《説文》曰：『棐，輔也。』徐鍇曰：『輔即弓檠也，故從木。』《説文》又曰：『榜，所以輔弓弩。』又曰『檠，榜也。』棐、榜、檠三字皆從木，其義一也。此文曰：『彼十鈞之弩不得棐檠，不能自正。』《荀子・性惡篇》曰：『繁弱鉅黍，古之良弓也。然而不得排檠，則不能自正。』《説苑・建本篇》曰：『烏號之弓雖良，不得排檠不能自正。』『排檠』與『棐檠』同。《韓子・外儲説右篇》曰『榜檠者所以矯不直也。』《鹽鐵論・

一也。」

申韓篇》曰：『若隱栝輔檠之正弧刺也。』棐、輔、榜一聲之轉。或言榜檠，或言輔檠，或言棐檠，其義

〔九〕王念孫云：「『此何故也』四字涉上文而衍。上是桓公問，此是管仲對桓公語，不當言何故。」豬飼彥博說同。于鬯云：「此二語自問自答。前文云：『此何故也？士非好戰而輕死，輕重之分使然也。』亦管子對桓公語。用『此何故也』云云，亦自問自答，與此文法正同。若此四字爲衍，彼四字亦當衍矣。而王又不謂彼衍，何也？」張佩綸云：「案『此何故也』，猶《考工》之『此無故』，乃承問而申言其故，非衍文也。」元材案：于、張說是也。

〔一〇〕安井衡云：「所，猶事也。」元材案：「所」字之義解已詳《山至數篇》。此處當作家傳職業講。《關西方言》：「致力於一事爲所，所謂絶利一源也。」（見《康熙字典》户部所字條）安井說近之。

桓公曰：「寡人欲籍於室屋。」

管子對曰：「不可，是毁成也。」

「欲籍於萬民。」

管子曰〔一一〕：「不可，是隱情也。」

「欲籍於六畜。」

管子對曰：「不可，是殺生也。」

「欲籍於樹木〔一二〕。」

管子對曰：「不可，是伐生也。」

「然則寡人安籍而可〔三〕？」

管子對曰：「君請籍於鬼神〔四〕。」

桓公忽然作色〔五〕曰：「萬民、室屋、六畜、樹木且不可得籍，鬼神乃可得而籍夫！」

管子對曰：「厭宜乘勢，事之利得也。計議因權，事之囿大也〔六〕。王者乘勢，聖人乘幼，與物皆宜〔七〕。」

桓公曰：「行事奈何？」

管子對曰：「昔堯之五吏五官無所食〔八〕，君請立五厲之祭，祭堯之五吏〔九〕。春獻蘭，秋斂落〔一〇〕，原魚以爲脯，鯢以爲郩〔一一〕。若此則澤魚之正伯倍異日〔一二〕，則無屋粟邦布之籍。此之謂設之以祈祥，推之以禮義也。然則自足，何求於民也〔一三〕？」

〔一〕元材案：「管子曰」當作「管子對曰」，與上下文一例。

〔二〕元材案：以上諸籍，解已見《海王篇》及《國蓄篇》。諸籍中無「田畝」一籍，又下文有「租稅九月而具」語，可見本篇作者是不反對征收田畝稅者，與《國蓄篇》及《山國軌篇》不同，而與《海王篇》同。

〔三〕元材案：安籍即何籍。

〔四〕元材案：籍於鬼神，即《山權數篇》「御神用寶」及《輕重丁篇》「役使鬼神」之意。蓋利用人民迷信鬼神之心理，因以神道設教，向人民進行剥削也。

〔五〕王念孫云：「『忽然』非作色之貌。『忽然』當作『忿然』。《晏子春秋·諫篇》曰：『公忿然作色。』《莊子·天地篇》曰：『圃者忿然作色。』《齊策》曰：『王忿然作色。』皆其證。」

〔六〕安井衡云：「厭，禳也。祭社曰宜。囿，有也。因權而計議，事之所包有者大也。」張佩綸云：「厭，厭勝。《禮·王制》『宜乎社』，注：『類、宜、造皆祭名。』『囿大』當作『有大』。」于省吾云：「『厭宜』與『計議』對。議與計義相近，宜與厭義相近。《國語·周語》『克厭帝心』，注：『厭，合也。』『厭宜』即『合宜』。『囿』當讀作『侑』。《禮記·禮器》『詔侑武方』，注：『詔侑或作詔囿。』是其證。侑之通詁訓助。此言合宜而乘勢，則事之利得也。計議而因權，則事之助大也。」元材案：「厭宜即合宜」，「囿讀作侑」，于説是也。厭宜乘勢即因時制宜。計議因權，即從權計畫。如此，則獲利多而得助大也。

〔七〕丁士涵云：「『幼』讀爲『幽』。《大戴禮·誥志篇》、《史記·曆書》并云：『幽者幼也。』古『窈』字作『幼』。《爾雅》、《毛傳》云：『冥，幼也。』《詩·釋文》：『幼本作窈。』幼冥即窈冥，窈冥即幽冥矣。《淮南子·道應訓》『可以明，可以窈』，注：『窈讀如幽。』《禮記·玉藻·注》：『幽讀如黝。』《周官·牧人》『守祧』，鄭司農并云：『幽讀爲黝，黑也。』幽、黝古今字。《毛傳》云：『幽，黑色也。』黝從幼聲，黝謂之黑，幼亦謂之黑矣。」俞樾説同。安井衡云：「幽，微也，聖人智明，故能乘幽。」郭沫若云：「當作『聖人乘易』，《山至數篇》作『王者乘時，聖人乘易』。易即『一陰一陽之謂易』之易。幼字古每作窈，形近而訛。」元材案：「王者乘勢，聖人乘幼」，《山至數篇》作「王者乘時，聖人乘易」。依《海王篇》「食鹽」「吾子」，《地數篇》作「咶鹽」「嬰兒」，《國蓄篇》「通施」，《輕重乙篇》作「通貨」等例觀之，則此處之「勢」與「幼」，亦即《山至數篇》之「時」與「易」。幼即幽，隱也，易者言其變化不測。「乘易」「乘幽」皆含有神秘之意，不必改字。「與物皆宜」者，言以神道設教，人人皆以爲宜，猶《輕重丁篇》之言「智者役使鬼神而愚者信之」，亦本書著者採用愚民政策之一端矣！

〔八〕何如璋云：「『堯之五吏』，謂羲和、共、鯀之屬。『五官』即五行之官。食，饗祀也。左昭二十九年傳：『魏獻子曰：社稷五祀，誰氏之五官？蔡墨對曰：少皞氏有四叔，曰重、曰該、曰修、曰熙，實能金木及水。使重爲勾芒，該爲蓐收，修及熙爲冥，世不失職，遂濟窮桑。此其三祀也。顓頊有子曰犁，爲祝融。共工氏有子曰龍，爲后土。此其二祀也。』是五官之祀皆非堯吏也。」聞一多云：「『更』當從各本作『吏』，下文仍作『吏』，不誤。『五官』二字宜衍。下文『君請立五厲之祭，祭堯之五吏』，不言『五官』，可證。二字蓋舊注之誤入正文者。左昭二十九年：『故有五行之官，是謂五官。』舊注以此五官當堯之『五吏』，未知然否。」郭沫若云：「『五官』二字非衍文。《山權數篇》有『五官技』，以詩、時、春秋、行、易當之。《揆度篇》言『五官之數不籍於民』。是則所謂『五官』者猶言百官耳。『五官無所食』者謂官家未予以禋祀。」元材案：「五更」當爲「五吏」，「五官」二字衍文，聞說是也。五官即注文用以解釋「五吏」者，下文無「五官」二字可證。食讀如左莊六年傳「抑社稷實不血食」之食。無所食，言無人祭祀之也。《揆度篇》「五官之數」，乃「五管之策」，説詳該篇，與此無關。郭説可商。

〔九〕安井衡云：「無主後曰厲。」何如璋云：「『厲』謂前代有功之人而無主後者，立祀以報其功，使無歸之鬼不爲厲也。《禮·祭法》有泰厲、公厲、族厲。五官皆有所食，無所食而有功者謂之厲。泰厲有功於天下，天子立之。公厲者有功於一國，諸侯立之。族厲者有功於一家，大夫立之。『堯之五吏』即泰厲、公厲也，故仲請桓公立之。左昭七年傳：『今夢黄熊入於寢門，其何厲鬼也？子産曰：昔堯殛鯀於羽山，其神化爲黄熊，入於羽淵，實爲夏郊，三代祀之。晉爲盟主，其或者未之祀也乎？』鯀乃堯五吏之一，故此云『立五厲之祭』也。」元材案：關於堯之五吏，各家注者多以左昭二十九年傳蔡墨所述之五祀當之。然五祀皆非堯吏。疑所謂五吏者，當指禹爲司空，皐陶爲士，契爲司徒，后稷爲田之類而言。此等人皆與社會民生有極密切之關係，故人民多崇拜之。著者主張政府應即利用此種崇拜之心理，提倡祭祀，並規定以魚爲牲，因而可以收到「澤魚之正伯倍異日」之大利，即所謂「籍於鬼神」之義矣！

〔一〇〕戴望云：「『斂』疑『獻』字誤。」何如璋云：「蘭，花之最貴，故春以爲獻。落，果實也，秋熟而斂之。」張佩綸云：「《説文》：『蘭，香草也。』《爾雅·釋詁》：『落，死也。』《漢書·司馬相如傳上·集注》引郭璞：『落，穫也。』」許維遹云：「戴説是也。惟獻落義不可通，疑『落』當作『菊』，字之誤也。春蘭秋菊相對爲文。《楚詞·九歌·禮魂》云：『春蘭兮秋菊，長無絶兮終古』，義與此義相應，是其證。」聞一多説同。

〔二〕張文虎云：「『魚』字當脱右旁。」張佩綸云：「『原魚』當作『淵魚』，避唐諱改。《説文》：『鯢，刺魚也。』宋玉《對楚王問》：『尺澤之鯢。』《莊子·庚桑楚》：『尋常之溝，巨魚無所還其體，而鯢鰌爲之制。』又云：『趣灌瀆，守鯢鮒。』」許維遹云：「『原魚』無義，疑爲鮪字誤分爲二字。『鮪以爲脯』與『鯢以爲殽』相對爲文。（《爾雅·釋魚》『鮥鱣鮪』，郭注：『鮪，鱣屬也。』）《山海經·東山經》郭注：『鮪即鱏也。』而《説文·魚部》雖鮪鱏二篆割分異處，然鱏鯢二篆復以類相從。與此鮪鯢並舉，其比正同。《周禮·䱷人》：『春獻王鮪。』《月令》：『以季春薦鮪。』《夏小正》：『二月祭鮪。』彼言生薦於宗廟，此言脯薦於故祀，其實殊而用則一也。」郭沫若云：「『原魚』當是『鰥』字，誤析爲二。鰥字金文作『𦊆』（《毛公鼎》與《父辛卣》），與『原魚』二字相似。《詩·齊風·敝笱》『其魚魴鰥』，傳：『鰥，大魚也。』《本草》謂即鱤魚，其大者重三四十斤。『鯢』同『鰤』，魚之小者也。鰥鯢以大小爲對。」元材案：各家皆在「魚」字上作文章。實則「魚」並非誤字。《史記·封禪書》云：「古者天子常以春解祠，……祠武夷君用乾魚。」所謂「乾魚」，即此處「魚以爲脯」之「魚脯」。又《輕重己篇》云：「犧牲以魚。」《管子·禁藏篇》云：「以魚爲牲。」是魚既可以作爲「乾魚」，又可以作爲「犧牲」。又《鹽鐵論·通有篇》大夫云：「江湖之魚，萊黄之鮐，不可勝食，而鄒、魯、周、韓藜藿蔬食。」則「魚」又可以與「鮐」相對成文。謂之「原魚」者，當是不加烹調，即用生魚作爲魚脯，以爲犧牲也。本文自明，何必紛紛臆改而後快意耶？

〔一二〕元材案：澤魚之正，指漁税言。漁業在漢代已甚發達。《史記・貨殖傳》言：「水居千石魚陂……此其人皆與千户侯等。」《正義》：「言陂澤養魚，一歲收得千石魚賣也。」《貨殖傳》又云：「通都大邑，鮐鮆千斤，鯫千石，鮑千鈞，此亦比千乘之家。」可見漁業利益之大。在漢代實行均輸平準政策之前提下「大農之諸官盡籠天下之貨物」（《平準書》語），對於此種「比千乘之家」之漁業，不可能不在所籠貨物之中。觀《鹽鐵論・通有篇》大夫云：「江湖之魚，萊黄之鮐，不可勝食，而鄒、魯、周、韓藜藿蔬食。天地之利無不贍，而山海之貨無不富也。然百姓匱乏，財用不足，多寡不調，而天下財不散也。」又《漢書・食貨志》云：「宣帝即位，大司農中丞耿壽昌白增海租三倍，天子從其計。御史大夫蕭望之言：『故御史屬徐宫家在東萊，言往年加海租，魚不出。長老言武帝時，縣官嘗自漁海，魚不出。後復予民，魚乃出。……壽昌習於商功分銖之事，其深計遠慮誠未足任。宜如故。』上不聽。」據此，則漢武帝時曾實行漁業國營，其後乃改爲民營官税。至宣帝時，又增加海租三倍。此文特以「澤魚之正，伯倍異日」爲言，或亦漢時增加海租之反映也。

〔一三〕元材案：屋粟一詞，又見《周禮・地官・旅師》。注云：「屋粟，民有田不耕所罰三夫之税粟。」邦布，指口錢，解已見《山至數篇》。祈祥即禨祥，解已見《國准篇》。「設之以祈祥」云云，謂祭祀鬼神，乃合乎封建社會禮義之舉。如此，則不待求之於民而國用自無不足之虞矣。

桓公曰：「天下之國，莫強於越。今寡人欲北舉事孤竹、離枝，恐越人之至〔一〕，爲此有道乎？」

管子對曰：「君請遏原流，大夫立沼池，令以矩游爲樂〔二〕。則越人安敢至？」

桓公曰：「行事奈何？」

管子對曰：「請以令隱三川〔三〕，立員都〔四〕，立大舟之都。大身之都有深淵，壘十仞〔五〕。令曰：『能游者賜千金〔六〕。』」

未能用金千，齊民之游水不避吳越〔七〕。

桓公終北舉事於孤竹、離枝。越人果至，隱曲薔以水齊〔八〕。管子有扶身之士五萬人〔九〕，以待戰於曲薔，大敗越人。此之謂水豫〔一〇〕。

〔一〕元材案：越，南方國名。孤竹、離枝，北方國名。《鹽鐵論·伐功篇》大夫云：「齊桓公越燕伐山戎，破孤竹，殘令支。」《史記·齊太公世家·集解》：「《地理志》云：『令支縣有孤竹城。』疑離枝即令支也。」《索隱》：「離枝、孤竹皆古國名。秦以離枝爲縣。故《地理志》云『遼西令支縣有孤竹城』。」此言欲北伐孤竹、離枝，恐越人乘虛而襲其後也。「北舉事」下脱「於」字，下文可證。

〔二〕俞樾云：「矩當作渠。《説文·水部》：『渠，水所居。從水，渠省聲。』」何如璋云：「此借榘爲渠也。非誤字。」張佩綸云：「案矩當作竝，字之誤也。《説文》：『方，併船也。』《淮南·氾論訓》高注：『方，竝也。』《詩》：『就其深矣，方之舟之。就其淺矣，泳之游之。』深則方舟，淺則游泳，故曰

『竝游』。」于省吾云：「按上言大夫立沼池。此言矩游，卽就沼池而言，不應再言渠。矩應讀作距。《周禮・考工記・輪人》『必矩其陰陽』，《注》：『故書矩爲距。』《釋名・釋形體》：『鬐曲頭曰距。距，矩也，言其曲似矩也。』是矩、距二字通之證。左僖二十八年傳『距躍三百』，注：『距躍，超越也。』然則距游卽在水距躍游泳之意也。」元材案：于說是也。《史記・王翦傳》：「方投石超距。」《索隱》：「超距，猶跳躍也。」字亦作距。蓋古代軍隊中基本訓練項目之一也。

〔三〕安井衡云：「此當讀『請以令隱』爲句。謂以號令隱之，使越人不諭。」孫詒讓云：「隱讀爲匽。《毛詩・小雅・魚麗傳》『士不隱塞』，《釋文》云：『隱本作偃。』匽、偃字同。《荀子・非相篇・楊注》云：『梁匽所以制水。』《周禮・獻人・鄭衆注》云：『梁，水偃也。』」元材案，兩氏說皆非也。隱卽《漢書・賈山傳》「隱以金椎」之隱。服虔云：「隱，築也」。此當讀「請以令隱三川」爲句，謂下令築堤壅三川之水而立爲員都也。下「隱」字與此同。三川有三：一卽吴越之三川。《鹽鐵論・西域篇》所謂「吴越迫於江海，三川循環之」。二卽秦之三川郡，蓋以河、洛、伊三水得名。三卽西周之三川。《國語・周語》「西周三川皆震」，韋注：「三川：涇、渭、洛。出於岐山也。」《史記・周本紀》「西周」作「西州」。《集解》徐廣云：「涇、渭、洛也。」又《初學記》引《關中記》云：「涇與渭、洛爲關中三川。」據下文考證，本文內容爲漢武帝時事之反映，則此處三川乃指西周之三川而非吴越與秦之三川甚明。《淮南・俶真篇》「三川涸」，高注：「涇、洛、汧也。」以汧代渭，與韋、徐說不同。

〔四〕安井衡云：「員、圓，都、豬，皆通。豬，水所聚也。」元材案：此說是也。蓋築堤壅水，立爲圓池，猶今之游泳池也。張佩綸以「立員都」爲衍文，謂「卽『大舟之都』而誤複」者非。

〔五〕王念孫云：「『大身之都』亦當爲『大舟之都』，此復舉上文以起下文也。都卽《禹貢》『大野既豬』之豬。馬注云：『水所停止，深者曰豬。』《史記·夏本紀》『豬』作『都』。」元材案：王說是也。大舟卽大船。壘與纍同。八尺曰仞。纍十仞，謂不止一個十仞，蓋極言其深也。丁士涵以「大舟」之「舟」當作「周」，謂「大舟」卽《輕重乙篇》「期於泰周」之「泰周」，安井衡以「大舟」「大身」皆爲地名者皆失之。

〔六〕吴闓生云：「據『未能用金千』句，則此上句『賜千金』，『千』乃『十』字之誤。」

〔七〕元材案：避，猶讓也。不避吴越，謂齊人游泳技術之高，不在吴越人之下也。

〔八〕戴望云：「『蕃』爲『菑』字之誤。『曲菑』，菑水之曲處也。菑水東流過臨菑城南，又折而北過其中（見《水經注》），故有曲菑之名。若後人之言曲江矣。」元材案：水卽《漢書·鄒陽傳》「水章邯」之水。應劭云：「章邯爲雍王，高祖以水灌其城破之也。」「隱曲菑以水齊」者，築堤壅曲菑之水以灌齊都也。

〔九〕安井衡云：「扶讀爲浮。」孫詒讓云：「『扶身之士』難通，疑『身』爲『舟』之誤。上文『大舟之都』譌作『大身』，可證。」何如璋云：「『扶身』當作『扶舟』。言齊有水軍五萬待戰於曲淄。」張佩綸云：「『扶』乃『航』之誤。《說文》：『航，方舟也。』《禮》：『天子造舟，諸侯維舟，大夫方舟，士特舟。』《詩》『一葦杭之』，卽『航』字。『扶』『杭』均形近『航』耳。」聞一多云：「『扶』疑爲『杕』。杕、栰音近可通（大，世古音近，故大子一曰世子）。《淮南子・道應篇》「佽非謂枻船者曰」，注曰「枻，櫂也。」杕舟之士即枻船之士也。」元材案：安井說是也。扶身即浮身。《水經・沂水注》：「浮光山一曰扶光山。」即扶浮通用之證。浮身之士，即習水能游之士也。

〔一〇〕元材案：此豫字與《山權數篇》「物有豫」之豫作誑解者不同。此豫字即《禮記・中庸》「凡事豫則立」之豫。此言事先有游水之訓練，得以戰勝越人，故謂之水豫。謂戰士豫習水性也。又案此文內容，似是以漢武帝時代之事蹟爲背景者。越於春秋諸國最爲後起，在齊桓公時尚未通於中國。以後勾踐北上中原，與諸夏爭霸，然距桓公之卒已百七十餘年。且爲時未久，即又寂焉無聞。至漢興，兩粵之勢餤始大張。武帝即位，猖獗尤甚。是時，漢正與匈奴對抗，而兩粵常內侵，爲北征軍後顧之憂。武帝之欲滅此朝食也，蓋非一朝一夕之故矣。《史記・平準書》載：「故吏皆適令伐棘上林，作昆明池。」又云：「是時，越欲與漢用船戰逐，乃大修昆明池，列觀環之。治樓船，高十餘丈，旗幟加其上，甚壯。」《索隱》云：「昆明池有豫章館。豫章，地名。以言將出軍於豫章也。」初修係元狩三年事，大修係元鼎二年事。至元鼎五年，才三年耳，而伏波將軍路博德等果將江淮以南樓船十萬人（《平準書》作「因南方樓船卒二十餘萬人」）與越馳義侯所將巴蜀夜郎之兵咸會番禺。次年，即定越地，以爲南海等九郡，列入大漢版圖矣。今觀此文，有云「天下之國莫強於越，寡人欲北舉事孤竹離枝，恐越人之至」，非即影射漢武帝欲北伐匈奴而先征南越之事耶？「隱三川立員都，立大舟之都」，非即影射穿昆明池之事耶？其他如「大舟」云云，則影射所謂「高十餘丈而旗幟加其上，甚壯」之樓船。如「扶身之士五萬人」，則影射路博德等所率江淮以南樓船十萬人。如「曲菑」則影射番禺。所不同者，只將漢人南征，改爲粵人北犯耳。然則本文之成，決不得在漢武帝元鼎五年平定南粵以前，不已彰明較著耶？郭沫若氏對於以上所論，表示反對。其言曰：「馬說雖辨，然僅出以臆測。此節所言固是漢代事蹟之反映，然不必即是影射漢武帝治樓船事。古時與越構兵，必須水戰，漢景帝建元三年即有莊助發會稽兵浮海救東甌事（見《史記·東越列傳》）。作者蓋察知北人水戰之不習，必須爲之豫，故設爲此豫言。漢武帝則從而實踐之耳。」今案：此論有可商者二。其一，建元乃漢武帝年號。建元元年即公元前一四〇年，乃中國歷史上帝王有年號之始。在此以前，如漢文景皆只有前中後若干年之分。此以建元三年（前一三八年）爲漢景帝紀元，當係筆誤。其二，則牽及一個知與行孰先孰後之問題。《史記·平準書》云：「故吏皆適令伐棘上林，作昆明池。」《通鑑》及《本紀》皆列在元狩三年。《索隱》引荀悅云：「昆明子居滇河中，故習水戰以伐之也。」此爲昆明湖建立之最初動機。《平準書》又云：「是時越欲與漢用船戰逐，乃大修昆明池，列觀環之。治樓船，高十餘丈，旗幟加其上，甚壯。於是天子感之，乃作栢梁臺。」栢梁臺之作，據《本紀》作於元鼎二年（前一一五）。《索隱》云：「蓋始穿昆明池，欲與滇王戰。今乃更大修之，將與南越呂嘉戰逐，故作樓船。於是楊僕有將軍之號。」又下文云：「因南方樓船卒二十餘萬人擊南越。」此爲第二次大修昆明池之動機。無論初建或增修，皆是出於當前軍事上之實際需要。若如郭氏說：則漢武帝之大修昆明池，乃由於本書著者「故設爲此豫言」，而漢武帝不過是「從而實踐之耳」，未免有把事情頭足倒置之嫌矣！

齊之北澤燒，火光照堂下〔一〕。管子入賀桓公曰：「吾田野辟，農夫必有百倍之利矣。」是歲租税〔二〕九月而具，粟又美。桓公召管子而問曰：「此何故也？」管子對曰：「萬乘之國千乘之國不能無薪而炊。今北澤燒，莫之續。則是農夫得居裝而賣其薪蕘〔三〕，一束十倍。則春有以傳耜，夏有以決芸〔四〕。此租税所以九月而具也。」

〔一〕尹注云：「獵而行火曰燒。」元材案：謂爲烈火所燒也。堂下，朝堂之下。《孟子・梁惠王篇》「有牽牛而過堂下者」，《鹽鐵論・刺權篇》云「鳴鼓巴俞作於堂下」是也。

〔二〕元材案：此處租税二字，與《國蓄篇》「租税者所慮而請也」之租税不同，彼處租税，指各種官業收入而言，此處租税則指田畝税。此謂農夫因有賣薪之利，故租税九月而具，無拖欠者。

〔三〕元材案：續，繼續。居，積也，解已見上文。裝，《文選・赭白馬賦・注》引《淮南・許注》：「束也。」謂農夫得以積其束薪而賣之也。薪蕘，尹注云：「大曰薪，小曰蕘。」

〔四〕元材案：「春有以傳耜」二語，又見《輕重丁篇》。傳當讀如《史記・張耳陳餘傳》「慈父孝子不敢傳刃於公之腹」之傳，與「傳戟」之傳之訓爲立者不同。李奇注云：「東方人以物插地皆曰傳。」傳耜謂以耜插入田中而翻其土也。決，去也。芸，《説文》：「草也。」決芸，謂決去田中之草也。又案上文言：「農夫必有百倍之利矣。」又曰：「農夫得居裝而賣其薪蕘，一束十倍。」均屬誇飾之詞，事實上決不會如此。

桓公憂北郭民之貧，召管子而問曰：「北郭者，盡屨縷之甿也〔一〕，以唐園〔二〕爲本利。爲此有道乎？」

管子對曰：「請以令：禁百鍾之家不得事鞽〔三〕，千鍾之家不得爲唐園，去市三百步者不得樹葵菜〔四〕。若此，則空閒有以相給資〔五〕，則北郭之甿有所讎其手搔之功〔六〕，唐園之利。故有十倍之利。」

〔一〕俞樾云：「按『屨縷』二字無義。乃『窶數』之假字。《釋名·釋姿容》曰：『窶數猶局縮，皆小之意也。』然則窶數之甿，謂小民也。」元材案：《孟子·滕文公篇》「身織屨，妻辟纑以易之」，縷即纑也。甿，《史記·陳涉世家》「甿隸之人」，《集解》：「田民曰甿。」謂貧民也。屨縷之甿，謂人民皆以織屨辟纑爲業，言其貧也。俞氏説非。又案《呂氏春秋·節士篇》云：「齊有北郭騷者，結罘網，捆蒲葦，織萉屨，以養其母。」此云北郭者盡屨縷之甿，豈即取義於是耶？

〔二〕于省吾云：「按『唐園』即『場園』。詳《呂氏春秋新證·尊師篇》。下云：『千鍾之家不得爲唐園，去市三百步者不得樹葵菜。』葵菜正場園所生，尤其明徵矣。」元材案：《荀子·大略篇》云：「大夫不爲場園」，楊倞注云：「治稼穡曰場，樹菜蔬曰園。」其字即作「場」。惟場園乃種植菜蔬之所，與治稼穡無關。《鹽鐵論·未通篇》云：「丁者治其田里，老者修其塘園。」《孝養篇》云：「老親之腹非唐園，唯菜是盛。」又《鹽鐵取下篇》云：「廣第唐園良田連比者不知無道路之業，窴頭宅者之役也。」或則以「田里」「良田」與唐園對言，或則逕言唐園唯菜是盛，即其證。楊說失之。

〔三〕丁士涵云：「上文云，『北郭之甿，盡屨縷之甿也。』則『鞒』即『屩』，謂履也。集韻：『屩，或作鞒。』」安井衡云：「『鞒』同『屩』，草履也。『事』謂作之。」

〔四〕尹桐陽云：「『葵菜』，辛菜，今原荽。說文作葰，云：『薑屬，可以香口。』《既夕記》謂之綏。《爾雅》『萿，菟葵，』旱芹也。芹，楚葵，水芹也。』均以香同葵而冒名葵耳。《楚辭·七諫》：『蓼蟲不徙乎葵菜。』」

〔五〕王念孫云：「『空閒』當依宋本作『空閒』。謂以空閒之地給貧民。」郭沫若云：「『空閒有以相給資』，與『北郭之甿有所讎其手搔之功』對文。則『空閒』當指失業者。」元材案：郭說是也。千鍾之家雖不得爲唐園，去市三百步者雖不得樹葵菜，然此可爲唐園、可樹葵菜之土地則仍爲各該原主所私有，初非無主之物，誰肯給之貧民乎？此蓋言富有之家不得兼營此等副業生產以與貧民争利耳。社會上對於鞒及葵菜等之需要，原有一定之數量。如富有之家皆得兼營其業，則不僅富有之家對於此等需要能以自足自給，無須再向貧民購買，且其餘力往往可以奪去貧民之其他市場，茫茫禹域，乃真無貧民謀生之餘地矣。故政府應以令禁止之，則不僅普通人民之需要鞋履者皆不之百鍾之家而之屨縷之甿，需要葵菜者不之千鍾之家與去市三百步自樹葵菜之人，而之北郭之甿之以唐園爲本利者，即百鍾千鍾之家與去市三百步之人亦將唯北郭之甿是賴。所謂「空閒有以相給資」者，此之謂也。王説失之。

〔六〕元材案：讎者售也。手搔之功，指屨縷及葵菜等手工生産物而言。《荀子·大略篇》云：「故天子不言多少，諸侯不言利害，大夫不言得喪，士不通貨財。有國之君不息牛羊，錯質之臣不息雞豚，衆卿不修幣，大夫不爲場園。從士以上皆羞利而不與民争業，樂分施而恥積藏。然故民不困財，貧窶者有所竄其手。」又《史記·循吏傳》：「公儀休爲魯相，食茹而美，拔其園葵而棄之。見其家織布好，而疾出其家婦，燔其機。云：『欲令農士工女安所讎其貨乎？』」又《鹽鐵論·救匱篇》賢良云：「農夫有所施其功，女工有所粥其業。」竄之爲言易也。即《孟子》「身織屨妻辟纑以易之」之易，謂交易也。粥，賣也。「竄其手」、「讎其貨」、「粥其業」，與此處「有所讎其手搔之功」意義蓋同。楊倞以竄爲容，謂「容集其手而力作也」，王先謙以「竄其手」爲「措其手」，皆不可從。

管子曰：「陰王〔一〕之國有三，而齊與在焉。」

桓公曰：「此若言可得聞乎？」

管子對曰：「楚有汝漢之黄金，而齊有渠展之鹽，燕有遼東之煮，此陰王之國也。且楚之有黄金，中齊有菑石也〔二〕。苟有操之不工，用之不善，天下倪而是耳〔三〕。使夷吾〔四〕得居〔五〕楚之黄金，吾能令農毋耕而食，女毋織而衣。今齊有渠展之鹽，請君伐菹薪，煮沸火〔六〕爲鹽，正而積之〔七〕。」

桓公曰：「諾。」

十月始正，至於正月，成鹽〔八〕三萬六千鍾。

召管子而問曰：「安用此鹽而可？」

管子對曰：「孟春既至，農事且起。大夫無得繕冢墓，理宫室，立臺榭，築牆垣。北海之衆無得聚庸而煮鹽。若此，則鹽必坐長而十倍〔九〕。」

桓公曰：「善。行事奈何？」

管子對曰：「請以令糶之粱趙宋衛濮陽〔一〇〕。彼盡饋食之國也，無鹽則腫。守圉之國，用鹽獨重〔一一〕。」

桓公曰：「諾。」

乃以令使糶之，得成金萬壹千餘斤。

桓公召管子而問曰：「安用金而可？」

管子對曰：「請以令使賀獻、出正籍者必以金〔一二〕，金坐長而百倍。運金之重以衡萬物，盡歸於君〔一三〕。故此所謂用若挹於河海〔一四〕，若輸之給馬〔一五〕。此陰王之業。」

〔一一〕安井衡云：「陰，影也。諸侯而有王者之利，故曰影王。」尹桐陽云：「陰，殷也，富也。」元材案：《揆度篇》云：「天筴陽也，壤筴陰也。」齊楚燕三國各據有自然特産爲其他各國所無，足以造成獨占之局勢，以操縱天下，所謂得地獨厚者，故謂之「陰王」。猶《海王篇》之以有海之國爲「海王」矣。二氏説皆失之。

〔一二〕王念孫云：「『薔』亦當爲『菑』。中，當也。言楚之有黄金，當齊之有菑石也。《輕重丁篇》『使玉人刻石而爲璧』，尹注：『刻石，刻其蕾石。』『薔石』、『蕾石』皆『菑石』之誤也。」元材案：此説是也。何如璋謂「『薔石』乃『萊莒』之誤，『萊莒』即下文所謂『菹薪』」者非。

〔一三〕豬飼彦博云：「『倪』、『睨』同。『是』疑當作『走』。言望視而去。」洪頤煊説同。宋翔鳳云：「『是』與『視』通用。」安井衡云：「『倪』、『睨』同。『是』讀爲『題』。題，視也。」張佩綸云：「『是』當爲『眂』，聲之誤也。《釋名》：『視，是也。』『倪而是』，即睨而視之。洪説非。」聞一多云：「『是』讀爲『睼』。《説文》：『睼，迎視也。』《文選·東都賦》『弦不睼禽』，《思玄賦》『親所睼而弗識兮』，舊注：『睼，視也。』字一作『題』。《廣雅·釋詁》：『題，視也。』」郭沫若云：「《輕重乙篇》：『民之入正籍者亦萬有餘里，故有百倍之力而不至者，有十倍之力而不至者，有倪（睨）而是者。』彼言道路有遠近，故至者有難易。『睨而是』指近而易者言，蓋言轉瞬即至。此文『苟有（又）操之不工，用之不善，天下睨而是耳』，二『不』字當讀爲『丕』。『天下睨而是』者，言天下可轉眼得之也。」元材案：「倪」同「睨」，是也。「是」仍當作「是」。兩「不」字亦不誤。「有」仍讀爲「有」。此處「倪而是」，與《輕重乙篇》意義不同。彼處作「轉瞬卽至」講，此處則謂雖有黃金及菑石，然如不善於運用，則與土同價耳。與土同價，則天下俯拾卽是，豈足貴乎？今俗所云「閉着眼睛也摸得着」，卽「倪而是」之義矣。

〔四〕元材案：「夷吾」二字又兩見《輕重丁篇》，乃管仲之字。聞一多謂「此當删『夷』字」者非。

〔五〕元材案：「居」卽上文「吾國之豪家遷封食邑而居者」與「農夫得居裝」之居，蓄積也。

〔六〕豬飼彦博云：「『沸火』當依《地數》作『沸水』。」何如璋云：「『沸火』乃『海水』之訛。《通典》引此作『煮水』，無『沸』字，殆其誤而删之。然注有『煮海水』三字可證。」郭沫若云：「抄本《册府元龜》四百九十三引作『使國人煮水爲鹽』，下亦有注『煮海水也』四字。注既云『煮海水』，則原文不當有『沸』字或『海』字。」元材案：豬飼説是。「沸水」及「菹薪」，解已見《地數篇》。

〔七〕元材案：正積，解已見《海王篇》。

〔八〕元材案：「成鹽」上脱「得」字。「成鹽」與下文「成金」語法相同。成卽《禮記·檀弓》「竹不成用」之成，注云：「成，猶善也。」謂善鹽善金，猶言純鹽純金。

〔九〕元材案：《通典·食貨》十引此「孟春」上有「下令曰」三字。《通志》及抄本《册府元龜》引同。餘已詳《地數篇》。

〔一〇〕郭沫若云：「『濮陽』，《地數篇》同。抄本《册府元龜》四百九十三作『淮楊』，似較長。『楊』

乃『揚』之誤。濮陽屬於衛，不應於衛之下復出濮陽也。」元材案：「梁、趙、宋、衛、濮陽」皆漢人言當代地理習用地名之部分實例，説已詳《地數篇》。本書兩處皆作濮陽，不得據後人抄本誤字擅改古書也。

〔一一〕元材案：「糴之」《地數篇》作「南輸」。「饋食」解已見上。餘詳《地數篇》。

〔一二〕元材案：「賀獻」二字又分見《輕重乙》及《輕重丁篇》。賀即朝賀，獻即貢獻。《漢書·高紀》十一年二月詔曰：「欲省賦甚。今獻未有程，吏或多賦以爲獻，而諸侯王尤多，民疾之。令諸侯王通侯常以十月朝獻，及郡各以其口數，率人歲六十三錢以給獻費。」朝獻即賀獻也。出正籍，解已見《揆度篇》。賀獻屬於諸侯王通侯，正籍謂民之賦税。賀獻及出正籍者必以金，謂諸侯王通侯之來朝獻者及人民繳納各種租税，皆須一律用金，不得以錢爲代也。

〔一三〕元材案：「運」即《山權數篇》「運五如行事」之運。「運金之重以衡萬物」句下脱「萬物」二字。謂金價既以需要增加而大漲，黄金重而萬物輕，即可輾轉運用黄金之重以權衡萬物，因之萬物可盡爲政府所占有，故曰「萬物盡歸於君」也。

〔一四〕元材案：挹，《廣韻》：「酌也。」「用若挹於河海」，言國用之多，如酌水於河海之中，取之不竭也。《荀子·富國篇》云：「則財貨渾渾如泉源，汸汸如河海，暴暴如丘山。」義與此同。

〔一五〕張佩綸云：「『輸』當作『輪』。《説苑·指武篇》：『如龍之守户，如輪之逐馬。』是其證。」許維遹云：「張説是。『故』猶則也。『給』與『及』通。『及馬』與『逐馬』字異而義同。」郭沫若云：「此節

『管子對曰請以令使賀獻出正籍者必以金』以下，與《揆度篇》『陰山之馬』一節『管子對曰君使與正籍者皆以幣還於金』以下，文當互易。此云『輪之給馬』，即謂輸出百倍之金以給陰山之馬也。『輪』字不當改爲輸。」元材案：三氏説皆非也。「馬」即「筴乘馬」之馬，指用以計數之籌碼而言，解已詳《巨(筴)乘馬篇》，與陰山之馬毫無關係。此處「管子對曰請以令使賀獻出正籍者必以金」云云，乃答復桓公「安用金而可」之詞。蓋謂此令一出，國内對金之需要必大爲增加，而金價亦必因之而坐長百倍。然後又運用此百倍之金以收購萬物，如此一輾轉間，政府獲利之多，有如輪入籌碼取給無窮也。

管子曰：「萬乘之國必有萬金之賈，千乘之國必有千金之賈，百乘之國必有百金之賈〔一〕。非君之所賴也，君之所與〔二〕。故爲人君而不審其號令，則中一國而二君二王也〔三〕。」

桓公曰：「何謂一國而二君二王？」

管子對曰：「今君之籍取以正，萬物之賈輕去其分，皆入於商賈，此中一國而二君二王也〔四〕。故賈人乘其弊以守民之時。貧者失其財，是重貧也。農夫失其五穀，是重竭也。故爲人君不能謹守其山林菹澤草萊，不可以立爲天下王〔五〕。」

桓公曰：「此若言何謂也？」

管子對曰：「山林菹澤草萊者，薪蒸之所出，犧牲之所起也〔六〕。故使民求之，使民籍之，因以給之〔七〕。私愛之於民，若弟之與兄，子之與父也，然後可以通財交殷也〔八〕。故請取君之游財而邑里布積之〔九〕。陽春，蠶桑且至，請以給其口食筥曲之彊〔一〇〕。若此，則絓絲之籍去分而斂矣〔一一〕。且四方之不至〔一二〕，六時制之。春日倳耜，次日獲麥，次日薄芋，次日樹麻，次日絶菹，次日大雨且至，趣芸壅培〔一三〕。六時制之，臣給至於國都〔一四〕。善者鄉因其輕重，守其委廬〔一五〕，故事至而不妄，然後可以立爲天下王〔一六〕。」

〔一〕元材案：「萬乘之國」云云，又見《國蓄篇》。惟彼處少「百乘之國」一句。

〔二〕陶鴻慶云：「『君之所與』下當有『也』字。言君以號令操其輕重，則人民之富出於君上之賜與，君不賴人民而富也。《揆度篇》『君之民非富也，鄰國富之』，與此義正相反。」郭沫若云：「陶説非是。管書輕重之筴，在抑制富商大賈。『君之所與』，『與』當讀爲『舉』（與、舉古今字），此如《周禮・地官・司門》『凡財物犯禁者舉之』之舉。又舉有抗義，即敵對之意。」元材案：此文「也」字當在「君之所與」下。賴即《漢書・食貨志》「爲法若此，上何賴焉」之賴，顔師古注云：「賴，利也。一曰恃也。」與即《山至數篇》「故不以時守郡爲無與」之與，謂親與也。此二句當作一氣讀，「非」字直貫至「君之所與」。蓋謂國有萬金千金百金之賈皆於國家不利，故曰「非君之所賴君之所與」也。二氏說皆非。

〔三〕元材案：「二君二王」連文，義不可通。「二王」當是「之正」二字之訛。《輕重丁篇》云：「不異君之有萌，中一國而五君之正也。」是其證。下仿此。

〔四〕尹桐陽云：「『籍取以正』，言不權變。」元材案：「籍取以正」，即《國蓄篇》「租籍者所以強求也」及《輕重乙篇》「正籍者君之所強求也」之意，蓋指直接征斂於人民而言。「萬物之賈輕去其分」，謂萬物之價減輕若干分。《國蓄篇》云：「今人君籍求於民，令曰十日而具，則財物之賈什去一。令曰八日而具，則財物之賈什去二。令曰五日而具，則財物之賈什去半。朝令而夕具，則財物之賈什去九。」與此所言意義相同。彼處分言，故曰去「一」、「二」、「半」、「九」。此處概言，故曰「去其分」也。「皆入於商賈」句上脫「萬物」二字。《揆度篇》云：「若此則幣重三分，財物之輕三分。原作輕重三分，誤。依郭沫若校刪。賈人市於三分之間，國之財物盡在賈人。」是其證。此謂萬物之價既皆輕去其分，賈人只須以廉價之支付，即可買得人民所有之財物。是人民除對政府負擔正籍外，尚須以財物之價之若干分，無條件送之於賈人，豈非雙重負擔乎？所謂「一國而二君之正」，此之謂也。

〔五〕元材案：「弊」各本多作「幣」，非是。「乘弊」亦漢人用語。《鹽鐵論·錯幣篇》大夫云：「漢興乘弊。」又文學云：「漢初乘弊而不改易。」乘其弊以守民之時者，言乘人民爲政府號令所困弊，而以廉價掠取其財物之後，又進而以所掠取之財物作爲守民之時之工具。「民之時」者，即《山國軌篇》

所謂「泰春泰夏泰秋泰冬物之高下之時」，亦即尹注所謂「四時之務」。然則不僅貧民以出正籍失其財物而重貧，即農民亦將以購買四時必需之財物失其五穀而重竭。一國而二君之正之害如此。爲天下者顧可不審其號令而思所以預防之術乎？然則當如之何？於是著者乃又提出其所謂「謹守山林菹澤草萊而後可以立爲天下王」之政策。

〔六〕元材案：「薪蒸」二字又見《輕重丁篇》。《詩·小雅·無羊》「以薪以蒸」，朱傳：「麤曰薪，細曰蒸。」「出」，《呂氏春秋·大樂篇》高注：「出，生也。」「起」即《國語·吴語》「緊起死人而肉白骨」之起，猶生也。所出、所起，猶言所自生産。

〔七〕元材案：藉與簎通。《列子·仲尼篇》「長幼羣聚而爲牢藉」，張湛注云：「藉本作簎，側戟反。」字又作「措」。《漢書·王莽傳》「迫措青徐盜賊」，《集韻》、《韻會》並「音窄，追捕也」。此謂山林菹澤乃薪蒸及犧牲所自生産之地，今既爲政府所壟斷，則社會上之需要薪蒸犧牲者，非政府無所仰，於是政府乃使民求索其薪蒸，刺捕其犧牲，然後按官價收購，同時人民之從事此一工作者亦得以解決其生活。所謂「使民求之，使民籍之，因以給之」，此之謂也。

〔八〕王念孫云：「殷字義不可通。殷當爲叚（即今假字）。謂交借財也。」元材案：王説是也。「交假」猶言互通有無。

〔九〕元材案：游即《禮記·緇衣》：「故大人不倡游言」之游。鄭注云：「游猶浮也。」浮財猶言多餘之財。「而邑里布積之」者，謂以多餘之財分別積藏於邑里之中，以爲舉行蠶貸之準備。《山至數篇》所謂「則必積委幣，於是縣州里受公錢」者也。

〔一〇〕洪頤煊云：「字書無筊字。《月令》『具曲植籧匡』，《呂氏春秋》籧作『籇』。『筊』即『籇』之壞字。」安井衡云：「『筊』疑當爲『筐』。《月令》云：『具曲植籧筐。』形相涉而譌耳。」何如璋說同。張佩綸云：「『筊』與『籇』不相似。『筊』乃『篗』之壞。《說文》：『篗，收絲者也。』其下『又』字可證。」元材案：安井說是也。《月令》「曲植籧筐」，《呂氏春秋·季春紀》作「栚曲籧筐」，《淮南·時則篇》作「撲曲莒筐」。然其以「曲」「筐」二字爲對文，則三書皆同。「曲」同「笛」。《說文》：「笛，蠶簿也。」筐，《呂氏春秋》高注云：「員底曰籧，方底曰筐。皆受桑器也。」可見「筐」「曲」乃兩種不同之器，一爲蠶簿，一爲受桑器。唐蘭以「『筊』當爲『莆』之誤，『莆』即『薄』字」，並引《史記·周勃世家》「勃以織曲薄爲生」爲證，謂「筊曲即曲簿」，是變兩器爲一器矣，似不可從。彊即鏹，謂錢也，說已見《海王篇》。

〔一一〕元材案：絓，紬之麤者，猶今之繭紬。繅時，繭絲成結，有所絓礙者，蠶功畢後，別理之以爲用也。絓絲，統精麤言。去分即上文「輕去其分」之意。此謂蠶功畢後，所生產之絓絲必多。多則賤，乃令民以絓絲折合貨幣而償還蠶貸，政府可獲得廉價之絓絲，故曰「去分而斂」也。《國蓄篇》所謂「春賦以斂繒帛」，義與此同。

〔一二〕元材案：「四方之不至」之至，即《史記·貨殖傳》「繈負其子而至」之至，歸也。

〔一三〕張登雲云：「六時，『春日傳耜』以下六日之時。」張佩綸云：「六『日』字均當作『曰』，即所謂六時也。」元材案：「六時」猶言六個生産季節。「獲」當作「穫」，《説文》：「穫，刈穀也。」「薄芓」，薄與敷通。《詩・蓼蕭序・注》：「外薄四海也。」《釋文》：「薄本作敷。」敷者附也。芓，《説文》：「壅禾本也。」《漢書・食貨志》：「苗生葉以上，稍耨隴草，因隤其土以附根苗。故其《詩》曰：『或芸或芓，黍稷儗儗。』芸，除草也。芓，附根也。言苗稍壯，每耨輒附根。比盛暑，隴盡而根深，能風與旱，故儗儗而盛也。」然則薄芓，即「因隤其土以附根苗」之意矣。樹麻即種麻。《齊民要術・種麻篇》：「種麻夏至前十日爲上時，至日爲中時，至後十日爲下時。麥黄種麻，麻黄種麥，亦良候也。」絶，斷也。菹，即苴。《呂氏春秋・貴生篇・注》：「苴，草蒯也。」絶菹猶除草。「大雨且至」二句，即《月令》「季夏土潤溽暑，大雨時行，燒薙行水，利以殺草，如以熱湯，可以糞田疇，可以美土疆」之意。

〔一四〕元材案：「臣給」二字不詞。「臣」當作「目」，即「以」字。「給」即上文「請以給其口食篘曲之彊」之給，即貸款也。此就上文鬻貸之例而更推及其餘之各種農貸，謂如四方之民有不歸心者，政府當在下列六個生産季節中通過農貸加以管制。六個生産季節者，即（一）春曰傳耜，（二）次曰穫麥，（三）次曰薄芓，（四）次曰樹麻，（五）次曰絶菹，（六）次曰大雨且至，趣芸壅培是也。此六個生産季節，皆農事方殷，青黄不接之時。苟政府能於此時分別舉行農貸以解決其困難，則一方面農民本身不致受富商蓄賈之壓迫與剥削，又一方面農民所有之一切生産品，亦皆可由政府去分而斂，與上述之絓絲完全相同。如此，則四方之民皆以獲得貸款之故，無不争先恐後，至於國都矣。

〔一五〕元材案：「善者」，解已見《事語篇》。「委廬」，何如璋云：「廬猶居也。委廬卽居積也。」今案「委廬」當作「委虛」，猶滿虛也。《國蓄篇》「守歲之滿虛」，卽其證。「善者鄉因其輕重，守其委虛」，卽《山至數篇》「以時守鄉」及「王者鄉州以時察之」之意。

〔一六〕元材案：「不妄」卽《山權數篇》「不迷妄」之意。猶言不迷失方向。謂事至則善爲應之，無有迷妄，則無失事，而可以立爲天下王矣。

管子曰：「一農不耕，民或爲之飢。一女不織，民或爲之寒。故事再其本，則無賣其子者。事三其本，則衣食足。事四其本，則正籍給。事五其本，則遠近通，死得藏。今事不能再其本，而上之求焉無止，是使姦涂不可獨行，遺財不可包止。隨之以法，則是下艾民〔一〕。食三升〔二〕，則鄉有正食〔三〕而盜。食二升，則里有正食而盜。食一升，則家有正食而盜。今操不反之事〔四〕，而食四十倍之粟〔五〕，而求民之無失，不可得矣。且君朝令而求夕具，有者出其財，無有者賣其衣屨，農夫糶其五穀，三分賈而去〔六〕。是君朝令一怒〔七〕，布帛流越〔八〕而之天下。君求焉而無止，民無以待之〔九〕，走亡而棲山阜。持戈之士〔一〇〕顧不見親，家族失而不分〔一一〕。民走於中而士遁於外，此不待戰而內敗。」

〔一〕元材案：此文又見《揆度篇》。藏，葬也。《禮記・檀弓篇》云：「葬也者藏也。」《揆度篇》卽作「死得葬」。遺財不可包止，洪頤煊云：「包當作拘。拘，留也。《揆度篇》作『貨財不安於拘』。包、拘因字形相近而譌。」今案：包即抱，解已見《揆度篇》。洪説失之。「下艾民」解已見《揆度篇》。趙用賢以「艾」字絶句非。

〔二〕張佩綸云：「升非升斗之升。穀梁襄二十四年傳：『一穀不升謂之嗛，二穀不升謂之饑，三穀不升謂之饉，四穀不升謂之康，五穀不升謂之大侵。』食三升，二穀不升也。二升，三穀不升也。一升，四穀不升也。與《穀梁》、《韓詩外傳》均合。」元材案：張説是也。梁啓超謂「僅得三升之食則有盜」者非。

〔三〕王念孫云：「此正字爲匄之誤。《廣雅》曰：『匄，求也。』俗書匄字作丐，與正相似。襄三十一年《左傳·釋文》：『丐，本或作正。』昭六年《釋文》：『士匄，或作王正。』是其證。」王引之云：「正字義不可通。正當爲乏。乏者匱也。《史記·高紀》曰『漢軍乏食』是也。乏食則不忍飢餓而爲盜矣。宣十五年《左傳》曰：『文反正爲乏。』」張佩綸云：「王氏父子兩説並通，當從小王爲是。匄食則非盜矣。」元材案：小王説較近。然予意正或當作匱。《漢書·武紀》元狩元年詔曰：「朕嘉孝弟力田哀夫老眊孤寡鰥獨或匱於食。」《昭紀》始元四年詔曰：「比歲不登，民匱於食。」元鳳二年詔曰：「迺者民被水災，頗匱於食。」可見匱食乃漢人常用語。匱者乏也。匱壞爲匸，遂訛爲正耳。

〔四〕張文虎云：「『不反』疑即上文『下艾』之譌。」何如璋云：「不反謂農收不反其本也。」張佩綸説同。梁啓超云：「謂事業不能償其資本，資本一擲，而無從回復，故曰不反之事。」元材案：何、梁説是，張文虎説非。

〔五〕梁啓超云：「四十倍之粟，謂穀價四十倍也。」

〔六〕梁啓超云：「三分賈而去，謂將其所有賤而售之，僅得價十分之三也。」元材案此語總承上「有者出其財，無有者賣其衣屨，農夫糶其五穀」三句而言，謂急售而「財」及「衣屨」與「五穀」均只得價十分之三也。《鹽鐵論·本議篇》文學云「百姓賤賣貨物以便上求」，義與此同。

〔七〕俞樾云：「按怒讀爲努。《方言》：『凡人語而過，在齊謂之劍，或謂之努。』是齊人謂語而過者爲努。朝令一努，正謂其語之過也。怒者努之假字。管子齊人，故齊語耳。」元材案：《孟子·梁惠王篇》：「文王一怒而安天下之民。……而武王亦一怒而安天下之民。」又《滕文公篇》：「一怒而諸侯懼，安居而天下息。」此「一怒」二字與彼同。

〔八〕元材案：「越」即《左昭四年傳》「風不越而殺」之越。注：「越，散也。」「之」，梁啓超云：「往也，謂流往外國也」。

〔九〕許維遹云：「《晉語》『厚戒箴國以待之』，韋注：『待，備也。』《周語》『内外齊給』，韋注：『給，備也。』此言民不能供給。」

〔一〇〕元材案：持戈之士，謂戰士。

〔一一〕梁啓超云：「『顧不見親家族失而不分』，疑有訛奪。」郭沫若云：「『分』當爲『合』字之誤也。」元材案：《荀子·富國篇》云：「男女之合，夫婦之分，婚姻娉内送逆無禮，如是則人有失合之憂而有争色之禍矣。」楊倞注云：「合，配也。分，謂人各有偶也。失合謂失其配偶也。」此當作「顧不見親」句，「家族失而不分」句。由於人民多走亡而棲山阜，故持戈之士回家時，不得與其親人相見。失而不分者，謂夫婦失散，不能復相配偶也。梁、郭二氏説皆失之。

管子曰：「今爲國有地牧民者，務在四時，守在倉廩。國多財則遠者來，地辟舉則民留處，倉廩實則知禮節，衣食足則知榮辱〔一〕。今君躬犂墾田，耕發草土，得其穀矣，民人之食，有人若干步畝之數〔二〕，然而有餓餒於衢閭者何也？穀有所藏也。今君鑄錢立幣，民通移，人有百十之數〔三〕，然而民有賣子者何也？財有所并也。故爲人君不能散積聚，調高下，分并財，君雖彊本趣耕，發草立〔四〕幣而無止，民猶若不足也〔五〕。」

桓公問於管子曰：「今欲調高下，分并財，散積聚。不然，則世且并兼而無止，蓄餘藏羨而不息，貧賤鰥寡獨老不與得〔六〕焉。散之有道，分之有數乎？」

管子對曰：「惟輕重之家〔七〕爲能散之耳。請以令輕重之家。」

桓公曰：「諾。」

東車五乘，迎癸乙於周下原〔八〕。桓公問四〔九〕因與癸乙、管子、甯戚相與四坐。

桓公曰：「請問輕重之數。」

癸乙曰：「重籍其民者失其下，數欺諸侯者無權與〔一〇〕。」

管子差肩〔一一〕而問曰：「吾不籍吾民，何以奉車革？不籍吾民，何以待鄰國〔一二〕？」

癸乙曰：「惟好心〔一三〕爲可耳。夫好心則萬物通，萬物通則萬物運，萬物運則萬物賤，萬物賤則萬物可因。知萬物之可因而不因者，奪於天下。奪于天下者，國之大賊也。」

桓公曰：「請問好心萬物之可因。」

癸乙曰：「有餘富無餘乘者，責之卿諸侯〔一四〕。足其所，不賂其游者〔一五〕，責之令大夫。若此則萬物通，萬物通則萬物運，萬物運則萬物賤，萬物賤則萬物可因矣。故知三准同筴者〔一六〕能爲天下，不知三准之同筴者不能爲天下。故申之以號令，抗之以徐疾也，民乎其歸我若流水〔一七〕。——此輕重之數也。」

〔一〕元材案：此數語出自《管子·牧民篇》，漢人賈誼在其上文帝《論積貯書》及司馬遷在《史記·貨殖傳》中，皆有所引用，與本書《事語篇》及本篇同。但於此有當注意者，即賈誼與司馬遷及《事語篇》之引用，或則以之作爲論積貯的重要性之證明，或則以之作爲「人富而仁義附焉」的主張之理論根據，結論雖不盡同，而其對於《管子》原文持絕對肯定之態度，則完全一致。至本篇雖亦引用此語，而目的則只是作爲批判之對象。作者認爲所謂「倉廩實，衣食足」，必須先解決「實」者與「足」者爲何人之問題。如果社會上尚有「餓餒於衢閭」與「賣子」者存在，則政府「雖彊本趣耕，發草立幣而無止」，亦不能免於「民猶若不足」之流弊。因而提出「散積聚、調高下、分并財」之所謂「調通民利」的意見。此不僅是對《管子・牧民篇》及賈誼與《事語篇》思想之進一步的發揮，而且特別是對司馬遷對財富崇拜的思想之有力的批判。以下即進而討論「散積聚、調高下、分并財」之具體措施問題。

〔二〕王念孫云：「『有人若干步畝之數』，當依《國蓄篇》作『人有若干步畝之數』。」

〔三〕張佩綸云：「『百十』亦當依《國蓄篇》作『若干百千之數』。」元材案：兩處所用數字，各有不同，不必一一據彼改此。

〔四〕丁士涵云：「『發草』與『立幣』連言不詞。疑涉上文而衍。」張佩綸云：「發草立幣，《輕重戊篇》『萊莒之山生柴，鑄莊山之金』是也。」元材案：丁說非是，張說尤謬。萊莒之山生柴，柴乃茈字之誤，說詳《戊篇》，與鑄莊山之金無關。發即《詩・大雅・噫嘻篇》「駿發爾私」之發。草即上文「山林菹澤草萊」之草。發草即耕發草萊，猶《商君書》之言「墾草」矣。此乃緊承「躬犁墾田，耕發草土」一段而言。立幣則緊承「鑄錢立幣」一段而言。文義甚明，非衍文也。

〔五〕安井衡云：「『若』當爲『苦』。字之誤也。」戴望說同。元材案：古籍中「猶若」二字連用者其例甚多，用法可分兩種：一種採用「雖（或非）……猶若」之形式，作「還是」講。如《呂氏春秋・用衆篇》云：「雖不足，猶若有跖。」《誣徒篇》云：「雖不肖者猶若勸之。」《知士篇》云：「今有千里之馬於此，非得良工，猶若弗取。」又一種則採用「猶若……而況」或「猶若……又況」之形式，作「尚且」

講。例如《知度篇》云：「舜禹猶若困，而況俗主乎？」《有度篇》云：「雖貪污之心猶若止，又況乎聖人？」其他《察今篇》凡三見，《審議》、《應言》、《愛類》、《壅塞》等篇各一見。《荀子·不苟篇》亦有「雖作於心，見於色，出於言，民猶若未從也」之言，句例與此並同。若改「若」爲「苦」，便不詞矣。二氏說皆非。

〔六〕元材案：此語又見《管子·侈靡篇》。《侈靡篇》云：「鰥寡獨老不與得焉。」上無「貧賤」二字。「與」卽本篇上文「天下有慮，齊獨不與其謀」之與。「不與得」猶言無分也。《輕重丁篇》亦有「又收國中之貧病孤老不能自食之萌皆與得焉」之言，則取此語而反用之。

〔七〕元材案：輕重之家又分見《乘馬數》及《山至數篇》，解已見《乘馬數篇》。

〔八〕豬飼彥博云：「『東』當作『束』。」丁士涵云：「『東』乃『束』字誤。束車，約車也。《國策》曰：『請爲子約車。』又曰：『王爲約車載百金。』」何如璋云：「下原，成周地名。癸乙殆明輕重之數者。《漢書·地理志》：『周人之失，巧僞趨利，貴財賤義，高富下貧，憙爲商賈，不好仕宦。』周地四達，居土中，其民好言輕重，勢也。」元材案：各書皆無以束車爲約車之例，此「東」字似不必改。周下原不論其是在關中，或在洛陽，對齊而言，皆在西方。而今言「東車以迎癸乙於周下原」者，正可藉此說明本書著者言地理與歷史皆是隨意假託之詞。此如《山國軌篇》以梁渭陽瑣之牛馬可以滿齊衍，《輕重丁篇》以龍門於馬謂之陽爲卽齊之郊，《輕重戊篇》以楚爲山東之强國，皆與所謂桓公之齊方位不符。竊謂本書著者似爲長安人，或雖非長安人而在寫此書時身在長安，故不知不覺，往往以長安爲中心耳。

〔九〕豬飼彦博云：「『問四』二字疑衍。」聞一多説同。元材案：此説是也。蓋因下文「相與四坐」及「請問輕重之數」而衍。何如璋以「四因」爲「卽下三准與筴之相因」，于鬯則以「四因」爲「指下文『夫好心則萬物通』四句而言」，而曰「當時癸乙四因之説必甚詳，故記人載之曰『桓公問四因』，並其篇名亦必當稱曰四因篇」，皆非。

〔一〇〕元材案：「失下」，解已見《山至數篇》。「權與」，解已見《事語篇》。「重籍其民」，指國内言。「數欺諸侯」，指國外言。

〔一一〕安井衡云：「差肩，肩差在後也。癸乙爲賓，故差肩而問焉。」元材案：差肩又見《輕重乙篇》。差卽《山權數篇》「坐立長差」之差，次也。次肩，謂不敢與貴賓並肩也。

〔一二〕元材案：革卽《禮記·中庸篇》「衽金革」之革，注云：「革，甲冑之屬。」待卽上文「民無以待之」之待，備也。又案無籍於民，乃本書各篇所述管子理財之重要方針。此處忽又作爲管子發問口氣，一似管子本不贊成無籍主義也者。蓋著者只是要用問答體，反復説明其在財政經濟上之主張，初不計此問者及答者之究爲何人也。且著者之意，爲欲加强其所謂無籍主義之信心，故特捏造一所謂「輕重之家」之癸乙，並極力抬高其身價，使人人皆知管子亦不敢與之並肩而言。此與《莊子》書中常以黄帝堯舜及孔子與其所捏造之所謂真人、神人、聖人、至人等互相問答者同屬於所謂「寓言十九，重言十七」之範疇，凡以使其所主張之理論，取得更有威信之效果而已。

〔一三〕安井衡云：「『好』，孔也。紂曰：『吾聞聖人心有七竅。』蓋古謂有智慮者，心有孔竅也。」張佩綸云：「《釋名》：『好，巧也。如巧者之造物，無不皆善，人巧之也。』」郭沫若云：「『好心』二字舊未得其解。下文以『有餘富，無餘乘者責之卿諸侯，足其所，不賂其游者責之命大夫』釋明『好心』。其旨在分散卿大夫與附庸諸侯之聚財。准此，則『好』當訓爲空。《爾雅·釋器》：『肉倍好謂之璧，好倍肉謂之瑗，肉好若一謂之環。』『好』乃環璧等之中孔。是則『好心』即空其中心之意。卿大夫與附庸諸侯在國内居心腹地，務使其財不蓄聚，以妨坐大。直説不便，故爲此『好心』之隱語耳。」元材案：以上三説皆非。「好心」即慈善心腸，猶言同情心，亦即《孟子》所謂「惻隱之心」或「不忍人之心」。蓋指封建社會之舊道德觀念，如「仁義」、「孝悌」等而言。本書中有不少篇提出此種方案，例如《山權數篇》所謂「高仁慈孝」，《輕重丁篇》所謂「召城陽大夫而請之」，所謂「表稱貸之家」，蓋皆不切實際之幻想。在以私有財産制度爲基礎之階級社會中，欲憑一紙之命令，使富有者發出同情心，自願將剥削而來之財産，無條件分於别人，豈非痴人説夢？然此等幻想之提出，實亦有其歷史背景，説詳《輕重丁篇》。

〔一四〕豬飼彦博云：「卿諸侯、令大夫，蓋戰國之爵也。」張佩綸云：「『卿諸侯』無義，當作『諸卿族』。侯、族形近而訛。『令大夫』即『命大夫』之義。」許維遹説同。郭沫若云：「張、許説均非。文宜以『卿諸侯』斷句。《輕重乙篇》亦見『卿諸侯』『令大夫』之名。俞樾謂『卿諸侯』爲大國之孤。余疑『卿』與『諸侯』爲二。『諸侯』者附庸諸國之君長也。《陳侯因資敦》『朝問諸侯』，知齊國實領有羣小諸侯。卿乃内臣，諸侯乃外臣，責令先内而後外。」元材案：《吕氏春秋·孟春紀》：「立春之日，天子親率三公九卿諸侯大夫以迎春於東郊，還乃賞卿諸侯大夫於朝。」(《孟夏》、《孟秋》、《孟冬》各紀均有三公九卿諸侯大夫語)則卿諸侯者謂九卿及諸侯也。郭説「卿與諸侯爲二」，甚是，但此爲秦統一以後之官制，與春秋之齊國無關。此謂家有餘富者，必使其有餘乘，否則責使卿諸侯補而足之，以免此餘富之囤積與凍結。張、許及俞氏説皆失之。

〔一五〕豬飼彦博云：「足其所不賂其游者，謂獨足其家而不通財於交游也。」張佩綸云：「《説文》：『賂，遺也。』游即上文之『游財』。『令大夫』即『命大夫』之義。」郭沫若云：「謂有財不以分人，即自得其所而不顧交游。」元材案：「所」即上文「以其家習其所也」之所。所字之含義，隨上下文而不同，説已詳《地數篇》。此處所字，與《輕重乙篇》「家足其所者不從聖人」同一意義。「足其所」即「足於財」。「游者」即《管子·問篇》「國子弟之游於外者幾何人」及「外人來游在大夫之家者幾何人」之「游者」。此處當亦兼指「游於外」及「外人來游」之兩種人而言。賂，安井衡云：「以財與人曰賂。」此蓋謂有游於外或外人來游者，則責使令大夫以己財分而予之。此與上文有餘富無餘乘者責之卿諸侯皆有「散其財物，使萬人得受其流」之作用。《侈靡篇》所謂「富者靡之，貧者爲之」者也。

〔一六〕安井衡云：「穀、幣、財爲三准。從輕重而環之爲同筴。」尹桐陽云：「三准者，一調高下，二分并財，三散積聚也。」郭沫若云：「『三准』當即萬物通，萬物運，萬物賤。上文云：『夫好心則萬物通，萬物通則萬物運，萬物運則萬物賤，萬物賤則萬物可因。』欲使有無相通，貨物流入市場，物價下跌，必須有所准據。而所准據則惟此『好心』之一筴耳，故曰『三准同筴』。」元材案：尹説是，安井及郭説非也。此蓋總承上文而言。調高下爲一准，分并財爲一准，散積聚又爲一准。准雖有三，而其行事則一「好心」而已矣，故曰「三准同筴」也。

〔一七〕元材案：「申」即《漢書·文紀》「申教令」之申，顔師古注云：「申謂約束之。」此三句又見《輕重乙篇》，惟「申」作「辟」，「抗」作「引」，「民」作「施」。説詳彼篇。

桓公問於管子曰：「今傳戟十萬，薪菜之靡日虚十里之衍〔一〕。頓戟一譟，而靡幣〔二〕之用日去千金之積。久之，且何以待〔三〕之？」

管子對曰：「粟賈平四十，則金賈四千〔四〕。粟賈釜四十，則鍾四百也，十鍾四千也，二十鍾者爲八千也。金賈四千，則二金中八千也。然則一農之事終歲耕百畝，百畝之收不過二十鍾〔五〕，一農之事乃中二金之財耳。故粟重黄金輕，黄金重而粟輕，兩者不衡立〔六〕。故善者重粟之賈，釜四百，則是鍾四千也，十鍾四萬，二十鍾者八萬。金賈四千，則是十金四萬也，二十金者爲八萬。故發號出令曰一農之事有二十金之筴〔七〕。然則地非有廣狹，國非有貧富也，通於發號出令，審於輕重之數然。」

〔一〕張佩綸云：「薪菜當作薪采。《公羊哀十四年傳》：『然則孰狩之？薪采者也。薪采者則微者也。』」元材案：《管子·五輔篇》云：「其庶人好耕農而惡飲食，於是財用足而飲食薪菜饒。」《鹽鐵論·園池篇》文學云：「粟米薪菜不能相贍。」皆薪菜連文。薪以造飯，菜以佐餐也。張説非。傳戴解已見上文。靡，猶言消耗。

〔二〕丁士涵云：「幣者敝之假字。《説文》：『敝，帗也。一曰敗衣也。』《輕重乙篇》曰：『器以時靡幣。』」張佩綸云：「『靡幣』當作『靡敝』。《禮記·少儀》：『國家靡敝。』此言養兵則有薪樵之費，用兵則有轉饟之費。」元材案：「頓戟」解已見《地數篇》。「靡幣」當作「靡敝」，張説是也。「靡敝」亦漢人常用語。《漢書·主父偃傳》：「靡敝中國。」又云：「使邊境之民靡敝愁苦。」又云：「百姓靡敝。」又《嚴安傳》：「靡敝國家。」又《鹽鐵論·伐功篇》云：「未見種蠡之功，而見靡弊之效。」顔師古注《嚴安傳》云：「靡，散也。音縻。」《鹽鐵論·刺復篇》文學云：「軍旅相望，甲士糜弊。」糜弊即靡弊，猶言消耗。

〔三〕元材案：待卽上文「民無以待之」之待，備也。此蓋言十萬甲兵每日所消耗之薪菜，可以使寬達十里之地變爲平虚。每日所消耗之器財，可以使千金之積化爲烏有。曠日持久，國用難繼，故問備之之策。又案《管子·參患篇》云：「故一期之師，十年之蓄積殫。一戰之費，累代之功盡。」又《孫子·作戰篇》云：「凡用兵之法，馳車千駟，革車千乘，帶甲十萬，千里饋糧，則内外之費，賓客之用，膠漆之材，車甲之奉，日費千金。然後十里之師舉矣。其用戰也，勝久則鈍兵挫鋭，攻城則力屈，久暴師則國用不足。」又《用間篇》云：「興師十萬，出兵千里，百姓之費，公家之奉，日費千金。」意義均與此同。如此大規模之戰争，決非秦漢以前春秋時代所能有也。

〔四〕豬飼彥博云：「『平』當依下文作『釜』。『則』字衍。」王引之云：「『粟賈平四十則金賈四千』，當作『粟賈平，釜四十，金賈四千。』言今之粟賈平，每粟一釜，其賈四十錢。金賈每一金（《孟子·公孫丑》趙注曰：『古者以一鎰爲一金。鎰，二十兩也。』）四千錢。二者皆當時之賈也。下文『粟賈釜四十則鍾四百也，十鍾四千也，二十鍾者爲八千也』，卽承『粟賈平，釜四十』言之。『金賈四千，則二金中八千也』，卽承『金賈四千』言之。今本『四十』上脱『釜』字，『金賈』上衍『則』字，而文義遂不可通。」何如璋云：「『平』謂中平之價。『粟四十』以釜言。『金四十』以鎰言。『則』字當作『而』，文義始順。二語立案，下乃申言之，以明輕重。王云『平下宜加釜字，則字衍』。但單言金則知爲鎰，單言粟則知爲釜，或者古之通例也。」元材案「平」當作「釜」，豬飼説是也。「則」當作「而」，何説是也。惟本書言金皆以斤爲單位，不以鎰爲單位。《山權數篇》七言「置之黄金一斤」，《揆度篇》「吾有伏金千斤」，本篇上文「得成金萬一千餘斤」，《輕重戊篇》「賜子金三百斤，什至而金三千斤」，又云「賜子金百斤，什至而金千斤也」是也。鎰爲秦制，斤爲漢制。（見《史記·平準書》「馬一匹則百金」《集解》引臣瓚注。）本書爲漢人所作，此又其一證矣。

〔五〕安井衡云：「《輕重乙篇》『狄諸侯，畝鍾之國也』，畝鍾則百畝百鍾，而此云『百畝二十鍾』。《揆度篇》曰『金之平賈萬也』，而此云『金賈四千』。蓋《管子》經數百年之久，而成於數十人之手，是以僭差繆戾至於如此。」元材案：田有上、中、下之分，則其單位産量自亦不能一致。《山權數篇》云：「高田十石，間田五石，庸田三石。其餘皆屬諸荒田。」可見「畝鍾」與「百畝二十鍾」，並無衝突。

又金價高低亦無一定。卽以《揆度篇》而論，上文言「金之平賈萬也」，下文卽曰：「君請使與正籍者皆以幣還於金，吾至四萬，此一爲四矣。吾非埏埴摇鑪橐而立黄金也，今黄金之重一爲四者，數也。」在同一篇中，金既可由一萬變至四萬，則此處之金賈四千，正合《地數篇》所謂「先王高下其中幣而制下上之用」（《揆度》及《輕重乙》略同）之原則。且本書各篇中所有數字，大抵皆著者隨意假設，作爲説明其所謂「一可爲十，十可爲百」之輕重之筴之用，非謂當日確有如此事實也。安井氏不明此理，妄肆指摘，徒見其所見之狹而已！

〔六〕元材案：「粟重而黄金輕」二句解已見《乘馬數篇》。衡，平也。兩者不衡立，卽《國蓄篇》「兩者爲敵則不俱平」之意，卽今語所謂「互爲反比例」者也。《管子・權修篇》云：「金與粟争貴。」義與此同。

〔七〕元材案：「發號出令」四字又四見《輕重己篇》，卽「發號施令」之意，乃漢人通用語。《淮南子・本經篇》云：「發號施令，天下莫不從風。」《漢書・王莽傳》「發號施令」四字凡兩見。是其證。「故發號出令曰一農之事有二十金之筴」當作一句讀。「曰」爲「而」字之誤。謂一農之事所以能由「中二金之財」而變爲「有二十金之筴」者，乃「重粟之價，釜四百」之結果，亦卽發號出令之結果。非由地之有廣狹，國之有貧富也。細繹全文，著者之意蓋謂上述戰費問題，在金價高於粟價情況之下，勢將無法解決。但如能發號出令，將釜四十之粟價提高至釜四百，則一農之事亦可隨之由「中二金之財」提高至「有二十金之筴」，而戰費自無不足之虞矣。此與晁錯《請貴粟疏》所謂「方今之務，莫若使民務農而已矣。欲民務農，在于貴粟」，用意正同。惟晁錯以貴粟之道，在於「使民以粟爲賞罰」，即在於「募天下入粟縣官，得以拜爵，得以除罪。如此，富人有爵，農民有錢，粟有所渫。取於有餘以供上用，則貧民之賦可損」。此處則僅言「重粟之賈釜四百」，而未說明其重之之法。實則重之之法，本書各篇已述之甚詳。如《巨(筴)乘馬篇》之廪穀州里，則「國穀之重再什倍」，《山國軌篇》之「高田以時撫於主上」，則「國穀坐長加十」，及「三壤已撫，而國穀再什倍」，《山權數篇》之以「綪緬夜石之幣守五穀」而「國穀之重什倍異日」，《山至數篇》之「一國穀貲在上」，「國穀十倍」，《地數篇》之「武王立重泉之戍」而「國穀二十倍」，及本篇上文之朝吾國之豪，使其「有五穀菽粟者勿敢左右」，而「國粟之賈坐長而四十倍」，皆其例也。張佩綸不從全書着眼，乃謂「此言養兵有薪樵之費，用兵有轉饟之費，疑管子之對不應迂闊若此。當別有一節而今脫去。其下節則意欲節省軍士之賞，而管子又明其不可，義始完足」者，失之遠矣！

管子曰：「湩然擊鼓，士忿怒。鎗然擊金[一]，士帥然。筴桐鼓從之[二]，輿死扶傷[三]，争進而無止。口滿用，手滿錢[四]，非大父母之仇也[五]，重禄重賞之所使也。故軒冕立於朝[六]，爵禄不隨，臣不爲忠。中軍[七]行戰，委予之賞不隨[八]，士不死其列陳。然則是大臣執於朝，而列陳之士執於賞也[九]。故使父不得子其子，兄不得弟其弟，妻不得有其夫，惟重禄重賞爲然耳。故不遠道里而能威絕域之民，不險山川而能服有恃之國。

發若雷霆，動若風雨。獨出獨入，莫之能圉〔一〇〕。」有竊其鍾負而走者，鎗然有聲。」是也。

〔一〕何如璋云：「湩然，鼓聲。鎗然，金聲。」元材案：金，鍾也。《淮南·說山篇》：「范氏之敗，有竊其鍾負而走者，鎗然有聲。」是也。

〔二〕安井衡云：「帥、率通。帥然，急遽貌。」張佩綸云：「桐當爲枹，字之誤也。說文：『枹，擊鼓杖也。』《淮南·墬形·高注》、《文選·西征賦》引《淮南·許注》均云：『筴，杖也。』《小匡篇》：『枹鼓立於軍門。』《左氏傳》：『左援枹而鼓。』《論語》：『從之，皦如也，繹如也，以成。』知『從之』爲鼓之節次。」郭沫若云：「當讀爲『鎗然擊金，士帥然』。帥然者，肅然也。『桐』當爲『枹』，衍文。讀者注『枹』於『筴』字下，被混入正文耳。『從』讀爲縱。『筴鼓縱之，與死扶傷』，文從字順，音調亦諧。」元材案，安井說是也。《漢書·東方朔傳》：「今先生率然高舉。」師古注云：「率然猶颯然。」「士」與上文「士忿怒」之士皆下文所謂「列陳之士」。士帥然，謂不加考慮，聞擊金之聲，即頓起相從，猶《論語》之言「子路率爾而對」矣。「筴桐鼓」三字疑有訛誤。據下文「與死扶傷，争進而無止」，則「從之」云者，乃指向敵軍進攻而言。若作「筴桐鼓」，豈進攻之具耶？郭作「筴鼓縱之」，亦不可通。

〔三〕元材案：「與死扶傷」，解已見上文。

〔四〕張登雲云：「用，食用也。言人勇於攻戰，死而不顧者，爲有重禄而口滿食用，有重賞而手滿錢，爲利所動也。」郭沫若云：「趙用賢録張說未注明來歷，前人誤以爲趙說。然張說非是。此乃形容戰士在疆場奮進之貌。『用』當爲『涌』，謂不斷怒號，致口角流沫也。『錢』當爲『殘』，謂互相斫殺，致手滿傷痍也。」元材案，此二句當在「非大父母之仇也」句下。此蓋謂士之所以能「輿死扶傷，争進無止」者，非真有大於父母之仇，乃由於有吃有用，重禄重賞之所致耳。仍當以張説爲是。

〔五〕豬飼彦博云：「『大』當作『有』。」張佩綸云：「『大父母之仇』，《曲禮》、《周禮·調人》均言『父之讎』，《檀弓》言『居父母之仇』，皆不及『大父母之仇』。《周禮·調人·疏》引《異義·古周禮説》：『復讎可盡五世之内。五世之外，施之於己則無義，施之於彼則無罪。所復者，唯於殺者之身及在被殺者子孫，可盡五世得復之。』鄭從之也。《曲禮·疏》文有詳略。許、鄭皆主《周禮》，不主《公羊》，是大父母之仇亦當不反兵而鬭，與父母同。故《管子》引之以喻戰，與經義合。」許維遹云：「『大』字當作『从』，『从』字偏旁與『大』形近，故譌爲『大』。『从』即『從』字。《揆度篇》云：『若從親戚之仇。』親戚亦父母也，從猶追逐也。」郭沫若云：「『大』疑『又』字之誤，讀爲『有』。」元材案：「大」即《孟子》「無後爲大」之「大」。言非有大於父母之仇而赴之。諸説皆非。

〔六〕尹桐陽云：「立，位也。謂居君位。」

〔七〕尹桐陽云：「中軍，主將。」許維遹云：「『中』當作『申』。『申軍』與『行戰』平列。古之言兵者往往申、守對舉。左哀二十六年『申開守陴』，本書《幼官篇》『申守不慎』。此文申軍猶遣軍、發軍。後人習見中軍，故改申爲中耳。」元材案：「中軍行戰」與「軒冕立於朝」互爲對文。軒冕指國君，中軍指主將。若作申軍，則全句無主詞矣。古代軍制，多分兵爲中、左、右三軍，中軍爲發號施令之所，主帥自將之。《左桓五年傳》：「王以諸侯伐鄭，王爲中軍，虢公林父將右軍，周公黑肩將左軍。」卽其證。許説非是，尹説得之。

〔八〕張佩綸云：「『委予之』句。《齊策・高注》：『委，付也。』言舉國以付之也。」元材案：此説非是。委，積也。予，賜予也。謂以積蓄之穀或積蓄之財賞賜之也。《事語篇》云：「非有積蓄，不可以用人；非有積財，無以勸下。」卽「委予之賞」之義。若作「委予之」句，則下文「賞不隨」三字將無所屬矣！

〔九〕豬飼彥博云：「『朝』疑當作『禄』。」孫詒讓、何如璋、張佩綸、于鬯説同。許維遹云：「孫、張説是也。『執』猶愛也。《呂氏春秋・遇合篇》『故嫫母執乎黄帝』，高注：『黄帝説之。』以『説』釋『執』，説亦愛也。《劉子新論・襲文》作『軒皇愛嫫母之醜貌』。此執愛義同之證也。」郭沫若云：「許釋『執』爲愛，意雖近似，尚有一間。愛乃外動詞，『愛於禄』，『愛於賞』，殊爲不詞。『執』假爲『摯』，情意懇至謂之摯。又通作『鷙』，擊殺勇鋭謂之鷙。《呂氏春秋・遇合篇》『嫫母執乎黄帝』，情意懇至之比也。此言作戰之將士，則以勇鋭之意爲切，所謂重賞之下有勇夫也。」元材案：豬飼説太拘。爵禄乃朝廷所出，「執於朝」，卽「執於禄」之義也。執卽《書・酒誥》「盡執拘以歸於周」之執，有繫累之義。謂大臣爲朝廷之爵禄所繫累，不得不盡忠以事君。列陳之士爲委予之賞所繫累，不得不竭死以殺敵。猶後人之言「名韁利鎖」矣。《國蓄篇》云：「民無不累於上。」《輕重乙篇》云：「則民疾作而爲上虜矣。」或曰「累」，或曰「虜」，或曰「執」，其義一也。許、郭説皆非。

〔一〇〕元材案：「故不遠道里」云云，又見銀雀山漢墓出土《王兵篇》及《管子・七法篇》。《王兵篇》云：「不難遠道，故擒絶地之民。輕犯山河，故能制恃固之國。獨制而無敵，故令行天下。伐國破邑，不待權(□)。」(一九七六年《文物》第十二期：《臨沂銀雀山漢墓出土王兵篇・釋文》)《七法篇》云：「不遠道里，故能威絶域之民；不險山川，故能服恃固之國。獨行無敵，故令行而禁止。故攻國救邑，不恃權與之國，故所指必聽。」後四句，分見《王兵篇》、《管子・七法篇》、《淮南子・兵略篇》及本書《事語篇》。引文已詳《事語篇》。惟《王兵篇》「動如雷電」等句在前，「不難遠道」等句在後。《七法篇》則「不遠道里」等句列在《爲兵之數》節，「故舉之如飛鳥，動之如雷電」等句，列在《選陣》節。此處則合在一起，而次第恰與《王兵篇》相反。不僅字句不同，而先後次序亦不一致。又《事語篇》及本篇皆無「飛鳥」句，又「雷電」皆作「雷霆」，與《王兵篇》及《七法篇》不同，而與《淮南子・兵略篇》相同。

桓公曰：「四夷〔一〕不服，恐其逆政游於天下而傷寡人〔二〕。寡人之行，爲此有道乎？」

管子對曰：「吳越不朝，珠象〔三〕而以爲幣乎？發、朝鮮不朝，請文皮毤服而以爲幣乎〔四〕。禺氏不朝，請以白璧爲幣乎〔五〕。崐崘之虛不朝，請以璆琳琅玕爲幣乎〔六〕。故夫握而不見於手，含而不見於口，而辟〔七〕千金者珠也，然後八千里之吳越可得而朝也。一豹之皮，容金而金也〔八〕，然後八千里之發、朝鮮可得而朝也。懷而不見於抱，挾而不見於掖〔九〕，而辟千金者，白璧也，然後八千里之禺氏可得而朝也。簪珥而辟千金者璆琳琅玕也，然後八千里之崐崘之虛可得而朝也。故物無主，事無接，遠近無以相因，則四夷不得而朝矣〔一〇〕。」

〔一〕元材案：《鹽鐵論·誅秦篇》云：「秦既并天下，東絶沛水，并滅朝鮮，南取陸梁，北卻胡狄，西略氐羌。立帝號，朝四夷。」可見朝四夷實始於秦。此處四夷則指下文吳越等四方之國而言。蓋以吳越代表南方，發、朝鮮代表東方，禺氏代表北方（《揆度篇》「北用禺氏之玉」可證），崐崘之虛代表西方。細繹全文，似亦以漢武帝時代之國際形勢爲背景者。開首即以「四夷不服」爲談話之主題，便非漢武帝以前任何封建統治者所應有之口吻。而文中所列舉之四夷之國名及其方位，亦唯漢武帝時代之疆域始足以當之。所謂吳越者即漢武帝時代之兩粤也。所謂發、朝鮮者即漢武帝時代之穢貊、朝鮮也。所謂禺氏者即漢武帝時代之大月氏也。至崐崘之虛，雖漢武帝時代並無此國名，然《史記·大宛列傳》云：「漢使窮河源，河源出於寘。其山多玉石，采來。天子案古圖書，名河所出山曰崐崘云。」則所謂崐崘之虛者，乃指崐崘山周圍之西域各國而言。然則本書之成不得在漢武帝以前，此又其一證矣。

〔二〕元材案：逆，不順也。逆政猶言反歷史發展潮流而行之落後政策。游，流行。傷，損害。謂四夷之國所執行之反歷史發展潮流而行之落後政策流行於天下，必將使本國威信受到損害也。

〔三〕王念孫云：「『珠象』上脱『請』字，當據補。」

〔四〕元材案：發、朝鮮及文皮，解已見《揆度篇》。毤，尹注云：「他卧切，落毛也。」何如璋云：「毤與毹同。《博雅》:『解也。』謂鳥獸解毛羽也。郭璞《江賦》『産毹積羽,往來勃碣』,注:『毹音唾,落毛也。與毻同。』」以落毛之皮爲衣服,故曰「毻服」,猶《書·禹貢》之言「島夷皮服」矣。

〔五〕元材案:禺氏解已見《國蓄篇》。白璧即玉,所謂「禺氏之玉」者也。

〔六〕孫星衍云:「『崐崘之虚』,《御覽》八百九引無『之』字。《爾雅》有『崐崘虚之璆琳琅玕焉』,又云『河出崐崘墟』。此不宜有『之』字。」元材案:《山海經·海内西經》亦有「海内崐崘之虚」語,與此同,不必删。璆琳、琅玕皆玉名。《書·禹貢》云:「厥貢惟球琳琅玕。」《注》云:「石而似玉。」《疏》云:「石而似珠。」《鹽鐵論·力耕篇》文學云:「美玉珊瑚出於昆山。」又《通有篇》文學云:「而昆山之玉不至。」是也。

〔七〕張佩綸云:「辟、譬通。《大學·鄭注》:『辟猶喻也。』言一珠一皮如千金。」元材案:辟當讀如上文「不避吴越」之避。言一珠一皮價值之貴,可使千金爲之退讓也。張氏説非。

〔八〕陳奂云:「『容金而金』,上『金』字疑誤。」丁士涵云:「『而金』當作『千金』。」元材案:此語顯有訛誤,不可强解。

〔九〕元材案:掖同腋。

〔一〇〕元材案:主謂主要特産,即上述文皮白璧等是。此言四方之國皆各有其所寶貴之特産,如欲使其朝服,即當利用此等特産作爲與各該國互相交换之媒介。否則遠近無以相因,而國交亦不可得而睦矣。

管子輕重十四——輕重乙

朱長春評《甲》《乙》等七篇云："文議俱鄙淺，不足觀。"又云："按《管子輕重》十二篇，本義盡矣，雖僞猶有可觀。所云《甲》《乙》七篇，又後之好事者借名勦説而演之。改頭换面，附根生枝，至駔賈之所不屑，兒童之所不可欺。如是能爲國乎？況於霸。議既陋鄙，文亦瑣屑。脩辭者取節猶可。施之於行，遠矣。《己》集次天時，稍可觀。餘《甲》尚未謬，《乙》以下可廢。"何如璋云："文乃後人所作，以釋《國蓄》輕重之數。内有三五節文義稍精，餘多重複。亦有淺妄乖事實者。"元材案：兩氏皆認爲《甲》《乙》等篇與其餘《輕重》諸篇不是一時一人之作，所見甚是。實則《甲》《乙》等篇本身亦不是一時一人之作。故其中所提問題，有與其他各篇完全相同，另無發明者。亦有對其他各篇提出修正意見者。亦有同一前提而所得結論不盡一致者。此等現象，既可以看出篇與篇間之相互關係，又可以看出各篇所反映之時代精神。即以本篇第三段而論，前半節與《海王篇》"鐵官之數"略同。後半節提出反對山鐵國營及主張山鐵民營之意見。其爲晚出，不僅表現在國營民營之區别上，而且還表現在所列生産工具種類之多寡上。其它與各篇重複之處甚多，但往往由于有一二字之不同，可以作爲劃分時代之標準。正不必以其爲後人所作而遂舉而廢之也。

提要：全文共分十三段，亦是每段討論一個問題，段與段間均無聯系。體例與《揆度篇》及《輕重甲篇》全同。

桓公曰：「天下之朝夕可定乎〔一〕？」

管子對曰：「終身不定〔二〕。」

桓公曰：「其不定之說，可得聞乎？」

管子對曰：「地之東西二萬八千里，南北二萬六千里〔三〕。天子中而立，國之四面，面萬有餘里〔四〕，民之入正籍者亦萬有餘里〔五〕。故有百倍之力而不至者，有十倍之力而不至者，有倪而是〔六〕者。則遠者疏，疾怨上，邊境諸侯受君之怨民，與之爲善，缺然不朝。是天子塞其涂，熟穀者去〔七〕，天下之可得而霸〔八〕。」

桓公曰：「行事奈何？」

管子對曰：「請與之立壤列天下之旁〔九〕，天子中立，地方千里，兼霸之壤三百有餘里〔一〇〕，佌諸侯度百里〔一一〕，負海子男者度七十里。若此則如胸之使臂，臂之使指也。然則小不能分於民，推徐疾羨不足，雖在下不爲君憂〔一二〕。夫海出泲無止〔一三〕，山生金木無息。草木以時生，器以時靡幣〔一四〕，泲水之鹽以日消，終則有始，與天壤争〔一五〕，是謂立壤列也。」

〔一〕張佩綸云：「『之』字衍。桓公欲以一朝夕定天下，言速也。故管子答以『終身不定』。」李哲明云：「『朝夕』上當挩『數』字。『天下之數』見《山權數》、《山至數》等篇。挩『數』字，句意爲不完足。」郭沫若云：「『之』字不當衍。『之』下亦無奪文。『朝夕』猶潮汐，喻言起伏。」元材案：「朝夕」即潮汐，指物價漲落，解已見《國蓄篇》。「天下之朝夕」，謂天下萬物價格之漲落也。張、李二氏説皆非，郭説亦欠明晰。

〔二〕元材案：定，穩定也。終身不定，謂永無穩定之時。《揆度篇》云：「輕重之數，若四時之更舉，無所終。」本篇下文云：「衡者使物一高一下，不得常固。」皆終身不定之義也。

〔三〕元材案：「地之東西二萬八千里」二語，解已見《地數篇》。

〔四〕元材案：中，中央也。《荀子・大略篇》云：「欲近四旁，莫如中央。故王者必居天下之中。」《呂氏春秋・慎勢篇》云：「古之王者擇天下之中而立國。」《管子・度地篇》云：「天子有萬諸侯也。其中有公侯伯子男焉。天子中而處。」皆所謂「天子中而立」之義也。由中央至四面，東西爲一萬四千里，南北爲一萬三千里。故曰「國之四面，面萬有餘里」，猶《揆度篇》之言「萬乘之國，中而立市，東西南北度五百里」矣。

〔五〕何如璋云：「正籍，謂定民征賦之籍也。以天下爲郡縣，故入正籍者萬有餘里。有周封建，王畿千里，畿外爲侯甸男采衛各服，服五百里，建邦設牧，制爲職貢，無萬里皆入正籍者。此乃秦制，作僞者附之管子，謬矣。」元材案：據本篇下文所論，此乃漢代史實之反映。既與管仲無關，亦非秦制。入正籍，解已見《揆度篇》。

〔六〕元材案：「倪而是」又見《輕重甲篇》。倪同睨。此處當作「轉瞬即至」講，極言其路之近也。

〔七〕元材案：熟穀，解已見《山至數篇》。此謂由于國之四面，面萬有餘里，路有遠近，故至有難易。有費百倍十倍之力而尚不能至者，亦有轉瞬而即至者。如此，則邊遠之民以與中央疏隔之故，不免發生疾怨之心，而離心力亦必隨之而起。邊境諸侯乘中央力之不及，招納亡人，施以恩惠，以成私威。此無他，實天子不能立壤列之制，自塞其歸命之途有以使然也。《漢書・賈誼傳》誼上疏云：「今淮南地遠者或數千里，越兩諸侯而縣屬於漢。其吏民繇役往來長安者自悉而補，中道衣敝，錢用諸費稱此。其苦屬漢而欲得王至甚，逋逃而歸諸侯者已不少矣，其勢不可久。」所論與此正同。

〔八〕豬飼彦博云：「『之』當作『不』。」丁士涵云：「『之』乃『不』字誤。《山至數篇》曰：『天子以客行令以時出，熟穀之人亡。』又曰：『内則自還而不盡忠，外則諸侯連朋合與，熟穀之人則去亡，故天子失其權也。』此言『熟穀者去，天下不可得而霸』，與《山至數篇》文義略同。」張佩綸説同。

〔九〕丁士涵云：「『壤列』二字連文。下文云：『終則有始，與天壤争，是謂立壤列也。』或讀『列』字下屬，非。」何如璋云：「『壤列』即『地列』之義。」郭沫若云：「『天下之旁』，當爲『天下四旁』，旁猶方也。又此文所答非所問。上言距中央有遠近，輸正籍者勞逸不均，論理所答應爲均輸，而乃答以封建，爲可異。」元材案：丁、何二氏説是也。董仲舒《春秋繁露·爵國篇》云：「然則其地列奈何？曰：天子邦圻千里，公侯百里，子男五十里，附庸字者方三十里，名者方二十里，人氏者方五十里。」所謂「地列」即「壤列」之義矣。此當讀「請與之立壤列天下之旁」爲一句。「旁」與「方」通。《文選·東京賦·薛注》「四方也」是也。謂立壤列於天下之四方也。故下文即接以「天子中而立」。所謂「中而立」，即對「天下之旁」而言，不必改字。又此處「立壤列」，與《事語篇》「定壤之數」，雖關於封地里數不盡一致，但皆力主封建國家對於封地必有定制，使其大小相維，然後可以收到「如胸之使臂，臂之使指」之效。《漢書·賈誼傳》稱：「是時天下初定，制度疏闊，諸侯王僭擬，地過古制。」誼數上疏陳政事，多所欲匡建。以爲「欲天下之治安莫若衆建諸侯而少其力」，「令海内之勢，如身之使臂，臂之使指，莫不制從」。故力主「割地定制，令齊、趙、楚各爲若干國，及燕、梁、他國皆然」。如此，「地制壹定，宗室子孫莫慮不王，下無背叛之心，上無誅伐之志」，即可以「當時大治，後世誦聖」矣。此文上云，距中央有遠近，「遠者疏，疾怨上，邊境諸侯受君之怨民，與之爲善，缺然不朝」，正是「制度疏闊」，「地過古制」之必然結果，故作者即以「立壤列」之策答之。似不能謂爲「所答非所問」也。

〔一〇〕何如璋云：「兼霸之壤，謂國土之最大者，殆上公之封也。」張佩綸云：「齊之始封侯爵，地方百里。而有負海之利，亦與兼霸之壤相准。故《小匡》亦云『地方三百六十里』也。」元材案：此兼霸之壤與《揆度篇》所謂「千乘之國」，皆指《漢書·刑法志》所謂「一封三百一十六里」之「千乘之國」而言，解已見《揆度篇》。二氏説皆望文生義，不可從。

〔一一〕趙用賢云：「佌音此，小也。」陳奐説同。俞樾云：「齊、佌一聲之轉，猶鱭魚之爲鮆魚也。」張佩綸説同。元材案：俞、張説是也。佌讀如訾。《後漢書・馬勤傳・李賢注》：「訾與資同。」《考工記・鄭注》：「故書資作齊。」《管子・七臣七主篇》及《禁藏篇》「貧富之不訾」，《國蓄篇》則作「貧富之不齊」。然則佌、訾、資皆可通齊矣。齊諸侯即列侯，解已見《事語篇》。

〔一二〕何如璋云：「『不』乃『大』之譌。謂分地小大以封也。」元材案：此説非是。「推」當依《事語篇》作「准」。此蓋言所立之壤列，既如胸之使臂，臂之使指，大小相維，中央有絶對支配之權力，則諸侯之勢力已甚微小，必不能與天子争民矣。如此則准徐疾、羨不足之結果，挹於此者注於彼，雖散而在下，尚何害耶？

〔一三〕戴望云：「宋本『泲』作『沸』。」元材案：仍當作泲，解已詳《地數篇》。

〔一四〕元材案：此「靡幣」亦當作「靡敝」，解已見《輕重甲篇》。此謂草木以時而生産，器物以時而毁敗，乃緊承「山生金木無息」而言。與下句「泲水之鹽以日消」之緊承「海出泲無止」而言者互爲對文。若作靡幣，則不可通矣。

〔一五〕元材案：「終則有始」，又見《輕重丁篇》，有與又通，即終而復始之意。與天壤争者，天壤即天地，争即鬥争。但於此有應注意者，即此處之「與天壤争」，與今日「和天鬥」「和地鬥」，亦即毛澤東同志所號召之「向自然界開戰」（見一九五七年六月人民出版社出版《關於正確處理人民内部矛盾的問題》第十三頁），有其本質上之區别。後者是謂勞動人民以自力更生之革命精神，敢於和天地自然進行鬥争，敢於向天地自然要糧食要財富，爲人民增進福利。而前者則是指萬物雖有毁敗消耗之時，然天地則仍生生不已，故善爲天下者，必先通於「終則有始」之理，而繼續施行其輕重之筴。天地出沸無止，則輕重之策亦隨之而無止。天地生金木無息，則輕重之筴亦隨之而無息。此正結上文「天下之朝夕終身不定」之意。《山至數篇》云：「財終則有始，與四時廢起。聖人理之以徐疾，守之以決塞，奪之以輕重，行之以仁義，故與天壤同數。此王者之大轡也。」《揆度篇》云：「輕重之數，……若四時之更舉，無所終。」義與此同。

武王問於癸度〔一〕曰：「賀獻不重，身不親於君。左右不足，支〔二〕不善於羣臣。故不欲收穡户籍〔三〕而給左右之用，爲之有道乎？」

癸度對曰：「吾國者衢處之國也，遠秸之所通，游客蓄商之所道，財物之所遵〔四〕。故苟入吾國之粟〔五〕，因吾國之幣，然後載黄金而出〔六〕。故君請重重而衡輕輕，運物而相因，則國筴可成〔七〕。故謹毋失其度未與民可治〔八〕。」

武王曰：「行事奈何？」

癸度曰：「金出於汝漢之右衢，珠出於赤野之末光，玉出於禺氏之旁山，此皆距周七千八百餘里。其涂遠，其至阨，故先王度用於其重，因以珠玉爲上幣，黃金爲中幣，刀布爲下幣。故先王善高下中幣，制下上之用，而天下足矣〔九〕。」

〔一〕張文虎云：「癸度即揆度。」張佩綸云：「『癸度』篇名，今作人名，非是。或疑『武王』即威公，『癸度』即癸乙，當與『迎癸乙於周下原』合爲一節。」元材案：《史記·律書》：「癸之爲言揆也。言萬物可揆度也。故曰癸。」武王、癸度皆作者任意假託之人名，說已詳《揆度篇》。張佩綸說非。

〔二〕戴望云：「宋本『友』作『支』，疑誤。」張佩綸云：「『支』，各本作『友』，誤。『支』當作『枝』。此言來仕者，君既以賀獻而始親，羣臣又復以賀獻而始善，故欲重祿以給左右之用，而不欲出於正賦，所答殊非所問，蓋原本壞佚，而妄人隨意掇拾成之。」許維遹云：「各本『支』作『友』，當據改。此當讀『左右不足』爲句，『友不善於羣臣』爲句。『友』與『有』通，有，又也。下文云：『故不欲收穡户籍而給左右之用。』因『左右不足』，故云『給左右之用』也。」郭沫若云：「作『友』是也，但不應讀爲又。原文爲『賀獻不重，身不重於君；左右不足，友不善於羣臣』，『友』與『身』對文，身猶言自己，友乃指左右也。言己之賀獻不重，故身不見重於君；而左右亦不豐潤，故左右之人亦不善於羣臣，則勢須『收穡户籍而給左右之用』，但又不願。故問除此之外，尚有道可爲否也。」元材案：仍當作「支」。「支」即肢，謂四肢也，與「身」對文。「賀獻不足」與「左右不足」亦爲對文。「身」指封建國君自己，「支」指國君左右，「君」指天子，「羣臣」指天子大臣。國君之於天子必有賀獻，賀獻不足，則不能得天子之信任。國君左右之於天子大臣必有餽遺，餽遺不足，則不能得天子大臣之親善。據此，則不僅國君對天子有賀獻之義務，國君之左右對天子大臣亦有餽遺之義務，重重剥削，層出不窮，而人民之負擔，重不可言矣。賀獻之制，始於漢高祖，説已詳《輕重甲篇》。左右餽遺，漢代亦多有之。《漢書·主父偃傳》：「偃數上疏言事……上從其計。尊立衛皇后及發燕王定國陰事，偃有功焉。大臣皆畏其口，賂遺累千金。」即其證矣。此言欲不畝穡户籍而給左右之用，下文答以獎勵外國貿易，吸收外國黄金，然後「善高下中幣」以「制下上之用」，文通字順，一氣呵成，謂爲所答非所問，徒見其不通而已！

〔三〕戴望云：「『不欲』當作『欲不』，二字倒。」元材案：戴説是。「收穡」即「畝穡」之譌，説已見《國蓄篇》。

〔四〕豬飼彦博云：「『秸』疑當作『近』。」張佩綸云：「『遠秸者』，『百里賦納總，二百里納銍，三百里納秸，四百里粟，五百里米』，馬融注：『秸，去其穎。』鄭注：『秸，又生穎也。四百里入粟，五百里入米，遠彌輕也。』『遠秸』，以粟米言，言遠方賦納之通涂也。」郭沫若云：「『秸』乃『埶』之誤字。金文《大克鼎》『擾遠能埶』，《番生段》同，即《書·堯典》、《顧命》、《詩·大雅》之『柔遠能邇』。王國維云：『埶與埶通。《堯典》格於蓺祖，今文作假於祖禰，知蓺、禰同用。《立政》之蓺人表臣，蓺人即邇人，與表臣對文。』（見《克鼎銘·考釋》）今作『秸』者，乃後人不識埶字，輾轉傳寫而誤。《晉姜鼎》『遠埶君子』，宋刻本『埶』誤爲『𥸤』，即其比。」元材案：仍以作「遠秸」爲是。「遠秸」統括「百里賦納總，二百里納銍，三百里納秸，四百里粟，五百里米」而言。「通」、「道」、「遵」皆往來經過之意。此謂吾國交通四達，凡遠方賦納之人及商賈貨物皆將往來經過其地。《史記·貨殖傳》所謂「陶爲天下之中，諸侯四通，貨物所交易」者，是其例矣。

〔五〕豬飼彦博云：「『入』當作『食』。《地數》曰：『食吾本粟。』」丁士涵説同。陶鴻慶云：「『故苟入吾國』爲句。『之粟』上奪『食吾國』三字。其文云：『故苟入吾國，食吾國之粟，因吾國之幣。』皆指游客蓄商言之。今本誤奪三字，遂以『之粟』二字屬上讀之，則於義難通。」元材案：兩説皆可通，然以豬飼説爲簡而確，當從之。

〔六〕元材案：「然後載黄金而出」，即《地數篇》「騏驥黄金然後出」之意，謂外國商人從其國向吾國輸入黄金也。説已詳《地數篇》。

〔七〕元材案：請重重而衡輕輕，指以黄金之重衡萬物之輕而言。謂當是之時，我既擁有大量之黄金，即當運用輕重之筴，以黄金之重而衡萬物之輕，然後再運用萬物以操縱一切，如此我之經濟政策乃可有成矣。此與《輕重甲篇》「金坐長而百倍，運金之重以衡萬物，萬物盡歸於君」，意義全同。豬飼彦博及戴望皆以「衡」爲衍字者非。

〔八〕丁士涵云：「案當讀『故謹毋失其度與本，則民可治』。今本『本』字譌『未』，又『與本』二字倒。『則』字據上文『則國筴可成』句補。上文曰：『故苟食吾國之粟，因吾國之幣。』粟、幣皆本也。故《地數篇》曰：『人求本者，食吾本粟，因吾本幣。』『故謹毋失其度與本，則民可治』與上文『故君請重重而衡輕輕，運物而相因，則國筴可成』，文法一例」。郭沫若云：「不改字亦可通。原文當讀爲

『故謹毋失其度。未與(歟)？民可(何)治？』古文例以『與』爲『歟』，『可』爲『何』。」元材案：《地數篇》之「本」字乃「國」字之意，説已詳該篇。丁氏以粟幣爲本，又誤解彼處之「本」字，蓋兩失之。然此句必有訛奪，郭説亦不可通。不必强解，闕疑可也。

〔九〕元材案：此承上『請重重而衡輕輕』而言。旁山，孫星衍云：「《地數》、《揆度》二篇皆作『邊山』，因臱旁字形相近而譌。」今案旁邊一音之轉，且意義相同，可以互用。亦猶禺氏、牛氏之互用也。又案：此段文字，已分見《國蓄》《地數》及《揆度》等篇。上段文字《地數篇》亦有之。然各篇除《國蓄篇》外，其餘皆作管子對桓公語。此則忽然改爲癸度與武王問答之詞，益足證明各篇所用人名，全屬隨意假託，與歷史事實初無關係。張佩綸不明此理，乃以「揆度篇名，今作人名」爲非是，又疑「武王或即威公，癸度即癸乙，當與『迎癸乙於周下原』合爲一節」，牽强附會，可笑之至！

桓公曰：「衡謂寡人〔一〕曰：『一農之事必有一耜一銚一鐮一鎒一椎一銍〔二〕，然後成爲農。一車必有一斤一鋸一釭一鑽一鑿一銶一軻〔三〕，然後成爲車。一女必有一刀一錐一箴一鉥〔四〕，然後成爲女〔五〕。請以令斷山木，鼓山鐵〔六〕。是可以無籍而用足。』」管子對曰：「不可。今發徒隷而作之，則逃亡而不守。發民，則下疾怨上〔七〕。邊境有兵，則懷宿怨而不戰。未見山鐵之利而內敗矣。故善者不如與民〔八〕，量其重，計其贏，民得其十，君得其三〔九〕。有雜之以輕重〔一〇〕，守之以高下。若此，則民疾作而爲上虜矣〔一一〕。」

〔一〕元材案：衡，財政機關名稱，解已見《巨(筴)乘馬篇》。此處又借爲人名。何如璋所謂「衡亦假設之名以明輕重者」是也。

〔二〕元材案：耜、銚，解已見《海王篇》。鎌，《集韻》「或作鐮」。《楊子方言》：「刈鉤自關而西或謂之鎌。」即今之鐮刀。鎒同耨。《詩》「庤乃錢鎛」，《傳》：「鎛，鎒也。」《疏》：「鎒或作耨。」《漢書·王莽傳》：「予之南巡，必躬載耨，每縣則薅，以勸南僞。」顏師古注云：「耨，鋤也。薅，耘去草也。」《字詁》云：「頭長六寸，柄長一尺。」《國策》：「操銚鎒與農人居壠畝之中。」《淮南·説山篇》：「治國者若鎒田，去害苗者而已。」《鹽鐵論·申韓篇》：「非患銚耨之不利，患其舍草而去苗也。」耨與銚不同。銚是大鋤，耨是小鋤。椎，《説文》：「鐵椎也」。《漢書·賈山傳》「隱以金椎」，服虔云：「以鐵椎築之。」即築土用之工具。銍，《説文》：「穫禾短鎌也。」《王莽傳》：「予之西巡，必躬載銍，每縣則穫，以勸西成。」即收穫用之鐮刀。

〔三〕元材案：斤、鋸，解已見《海王篇》。釭，車釭。《方言》：「車釭，齊燕海岱之間謂之鍋，或謂之錕。自關而西謂之釭。盛膏者謂之鍋。」錢繹《箋疏》：「釭之言空也。轂口之内，以金嵌之曰釭。」《説文》：「釭，車轂中鐵也。」王氏以「中」字義未明，改爲「口」，並云：「口者銜軸之處。每一轂，内外兩口，皆有釭。」一轂兩輪，當有四釭，謂之一釭者，蓋此處只計算製車時需要用鐵之各種器物，非按件數計算也。孫詒讓不悟此理，謂「此云一釭，則不可通。釭當爲鉏之誤」者失之。鑽，《說文》：「所以穿也。」即穿孔用之鑽子。《海王篇》作「錐」。鑿，解已見《海王篇》。銶，尹注云：「奇收切，鑿屬。」《詩·豳風》「又缺我銶」《傳》：「木屬曰銶。」《釋文》：「鑿屬。一解云：『今之獨頭斧。』」軻，丁士涵云：「『軻』當爲『柯』，即斧柄。」今案：斧柄乃木製，何必列爲鐵製工具之一？《說文》：「軻，車接軸也。」貫於車轂中持輪而轉者謂之軸。車接軸，即將軸之兩端以鐵包之，以免爲車釭所磨損。丁說失之。又案：據《方言》，鎌及釭皆關以西人用語，在齊則稱釭爲鍋。此亦本文作者不是齊人而是關以西人之一證也。

〔四〕元材案：刀，解已見《海王篇》。此處錐字與《海王篇》車工之錐不同。彼處「錐」字即此處車工之「鑽」，此處「錐」字則爲女工用以打鞋底之錐子。「箴」即針，《海王篇》作「鍼」。《太平御覽》八三〇引作針。鉥，尹注云：「時橘切，長針也。」

〔五〕元材案：以上文字又見《海王篇》。惟彼處「衡謂寡人曰」作「鐵官之數曰」。又所列各種生産工具，此處較《海王篇》爲多。《海王篇》所列女工工具，只刀、鍼二種，此處則有刀、錐、箴、鉥四種，增加二種。《海王篇》所列農具只耒、耜、銚三種，此處則有耜、銚、鎌、鎒、椎、銍六種，減少一種，增加四種。《海王篇》所列車工工具只斤、鋸、錐、鑿四種，此處則有斤、鋸、釭、鑽、鑿、銶、軻七種，增加三種。此又不同時代有不同反映之一證也。

〔六〕安井衡云：「斷山木，以爲炭也。鼓山鐵，鼓橐鑄鐵也。」戴望云：「『鼓』乃『皷』字之誤。《說文》：『敳，有所治也。讀若墾。』此因聲以得義。鐵在山中，利墾治之也。」元材案：安井説是，戴氏説非也。鼓者鼓鑄也，此漢人通用術語。《史記·貨殖傳》：「蜀卓氏之臨邛，即鐵山鼓鑄。」又云：「遷孔氏南陽，大鼓鑄。」《漢書·終軍傳》：「徐偃矯制使膠東魯國鼓鑄煮鹽。」《淮南·本經篇》云：「鼓橐吹埵以銷銅鐵。」《鹽鐵論·復古篇》云：「往者豪强大家得管山海之利，採鐵石鼓鑄煮鹽。」《水旱篇》云：「故民得占租鼓鑄煮鹽之時。」又云：「縣官鼓鑄鐵器，大抵皆爲大器。」又《刺權篇》云：「鼓金煮鹽，其勢必深居幽谷。」皆其證也。至其取義之由，據《終軍傳·如淳注》云：「鑄銅鐵，扇風火，謂之鼓。」以今語釋之，即用鼓風鑪冶鑄銅鐵。猶《揆度篇》之言「摇鑪橐而立黄金」矣。

〔七〕元材案：兩「發」字皆作徵發講。徒，刑徒。隸，奴隸。作，指從事「斷山木鼓山鐵」之勞動而言。《漢書·惠紀》：「三年六月，發諸侯王列侯徒隸二萬人城長安」，即「發徒隸」之例。「逃亡不守」者，謂徒隸不願勞動而逃亡，無法管理之也。發民，徵發良民從事無償勞動。《漢書·景紀》：「後三年，詔令吏發民若取庸采黄金珠玉者，坐臧爲盜。」韋昭注云：「發民，用其民。」「發民則下怨上」，即《鹽鐵論·水旱篇》賢良所謂「卒徒作不中程，時命助之。發徵無限，更繇以均劇，故百姓疾苦之」之意。

〔八〕元材案：「與民」即《漢書·食貨志》董仲舒所謂「鹽鐵皆歸於民」，《鹽鐵論·能言篇》賢良所謂「罷利官，一歸之於民」及《相刺篇》文學所謂「商工市井之利未歸於民，民望不塞也」之意，猶言放任人民自由經營也。

〔九〕安井衡云：「『十』當爲『七』，字之誤也。」元材案：此說是也。此謂政府應將山鐵交由人民經營，並按三七比例分配盈利，無須自行經營也。

〔一〇〕元材案：雜，雜亂。「雜之以輕重」猶言「蕩之以高下」。言使物價或輕或重，不可捉摸。

〔一一〕丁士涵云：「『虜』乃『庸』字誤。」李哲明說同。張佩綸云：「虜，《說文》：『獲也。』爲上虜，言爲上力戰而大獲。對懷怨不戰言。」元材案：諸說皆非。疾，力也。《呂氏春秋·尊師篇》「疾諷誦」，注：「疾，力也」是也。虜即下文「爲天下虜」及《地數篇》「然則吾民常爲天下虜矣」之虜，即俘虜之意。謂民之力作，有如俘虜者然，雖欲不爲上用而不可得。《國蓄篇》所謂「故民無不累於上也」，義與此同。又案此文係對於衡所主張之山鐵國營政策表示反對之意見。其理由即爲勞動力之來源問題。如以徒隸爲之，則恐其不易管理而或致逃散，若以良民爲之，又因其爲額外的力役之征，必將引起其對於政府之惡感。不僅平時有「下疾怨上」而令不行之現象，而且一旦邊境發生戰爭，亦皆懷宿怨而不肯爲君致死。故山鐵國營，不惟無益於國，而且其害實有不可勝言者。此種思想之發生，實亦有其時代之背景，決非無病呻吟之談。考漢代鹽鐵政策，在孔僅時，本爲官民合營。所謂「募民自給費，因官器作煮鹽，官與牢盆」是也。至桑弘羊主政，始一律改爲國營。故《鹽鐵論·復古篇》大夫云：「故扇水都尉彭祖寧歸，言『鹽鐵令品』，令品甚明。卒徒衣食縣官，作鑄鐵器，給用甚衆，無妨於民。」夫既曰「衣食縣官，給用甚衆」，其爲純粹國營而非民營或官民合營可知。又曰「卒徒」，則其所用勞動工人，有奴隸（徒）亦有良民（卒）又可知。此一政策施行之結果，較完全由私人自辦者，據代表政府之大夫所言，其優點固甚多。《鹽鐵論·禁耕篇》大夫云：「卒徒工匠以縣官日作工事，財用饒，器用備。家人合會，褊於日而勤於用，鐵力不銷鍊，堅柔不和。故有司請總鹽鐵，一其用，平其賈，以便百姓公私。……吏明其教，工致其事，則剛柔和，器用便。」括而言之，即山鐵國營爲私人自辦所不可及者，約有六端。即（一）有充分之時間（日作工事），（二）有雄厚之資金（財用饒），（三）有統一之規格（一其用），（四）有公平之價格（平其賈），（五）有擔任設計指導之工程師（吏明其教）及依照設計指導而工作之熟練的勞動工人（工致其事），（六）有合於當時科學水平的冶金比例（剛柔和）。如此，則由私人自辦而發生之（一）「褊於日而勤於用」（時間及資金不足），（二）「鐵力不銷鍊」，（三）「堅柔不和」等種種弊端，便可完全免除，而所鑄造之器物，亦自無不適用之患矣（器用便）。然以上所論，不過從理論上言之耳。事實上能否如其所期一一實現，則全視各地主持人——鹽鐵官長吏等之是否嚴格奉行法令以爲決定。據《鹽鐵論·水旱篇》賢良云：「縣官鼓鑄鹽鐵，大抵多爲大器，務應員程，不給民用。民用鈍弊，割草不痛。是以農夫作劇，得獲者少，百姓苦之矣。」又云：「今縣官作鐵器多苦惡，用費不省。卒徒煩而力作不盡。家人相一，父子戮力，各務爲善器。器不善者不集（售）。農事急，輓運衍之阡陌之間。民相與市買，得以財貨五穀新弊易貨，或時貰。民不失作業，置田器，各得所欲，更繇省約。縣官以徒復作繕治道橋，諸發民便之。今總其原，一其賈，器多堅硬，善惡無所擇。吏數不在，器難得。家人不能多儲，多儲則鎮生。棄膏腴之日，遠市田器，則後良時。鹽鐵賈貴，百姓不便。貧民或木耕手耨，土耰啖食。鐵官賣器不售，或頗賦與民。卒徒作不中程，時命助之。發徵無限，更繇以均劇。故百姓疾苦之。」又《禁耕篇》文學云：「故鹽冶之處，大抵皆依山川，近鐵炭。其勢咸遠而作劇。郡中卒踐更者多不勘，責取庸代。縣邑或以户口賦鐵而賤平其準。良家以道次發僦運鹽鐵，煩費。邑或以户。百姓病苦之。」可見漢代鹽鐵國營政策中，所用工人主要皆出於徒隸。但亦有因卒徒作不中程而臨時徵發良民以「時命助之」者。故一則曰「百姓苦之矣」，再則曰「百姓疾苦之」，三則曰「百姓病苦之」。「下疾怨上」甚矣。鹽鐵會議舉行於漢昭帝始元六年（公元前八一年），上距漢武帝元封元年（公元前一一〇年）桑弘羊爲治粟都尉兼領大農，盡代孔僅管理天下鹽鐵之時，不過二十九年耳。其時桑弘羊尚健存，而其流弊即已如此。但賢良文學對於奴隸逃亡，均無一語及之。《史記・平準書》載卜式爲御史大夫，因孔僅言鹽鐵時，亦只列舉「縣官作鹽鐵，鐵器苦惡，賈貴，或强令民賣買之」等三弊，而不言奴隸逃亡。至成帝時，始連續發生潁川及山陽之兩次鐵官徒暴動。《漢書・成紀》載：「陽朔三年（公元前二二年）夏六月，潁川鐵官徒申屠聖等一百八十人殺長吏，盜庫兵，自稱將軍，經歷九郡。遣丞相長史御史中丞逐捕。以軍興從事，皆伏辜。」又載：「永始三年（公元前一四年）十二月，山陽鐵官徒蘇令等二百二十八人攻殺長吏，盜庫兵，自稱將軍，經歷郡國十九。殺東郡太守汝南都尉。遣丞相長史御史中丞持節督趣逐捕。汝南太守嚴訢捕斬令等。遷訢爲大司農，賜黄金百斤。」關於後者，《漢書・天文志》及《五行志》亦各有記載。《天文志》云：「永始三年，十二月庚子，山陽鐵官亡徒蘇令等殺傷吏民，篡出囚徒。取庫兵、聚黨數百人爲大賊。踰年，經歷郡國四十餘。」《五行志》云：「山陽亡徒蘇令等黨與數百人盜取庫兵，經歷郡國四十餘。皆踰年乃伏誅。」一則曰「山陽鐵官亡徒」，一則曰「山陽亡徒」，足證當日鐵官徒隸之逃亡不守，實已成爲不可否認之事實。而其暴動所經歷之地方竟達四十餘郡國之多，占漢代全國郡國一百三之百分之四十餘。其範圍之廣，聲勢之大，與羅馬之以斯巴達卡斯（？—紀元前七一）爲首之奴隸大起義，可謂東西相映，無獨有偶。於此，吾人可得下列結論，即本文著者在鹽鐵政策上之意見，與桑弘羊實已完全不同。其所以發生不同意見之原因，第一，由於著者對於財政經濟，素持「物之所生不若其所聚」之主張，故認爲與其自行生産，不如使人民生産而以輕重之筴操縱之，反可收到「一可爲十，十可爲百」之效果。第二，由於吸收桑弘羊鹽鐵國營政策施行以後發生流弊之實際經驗與教訓，故遂提出此修正之意見。惟於此有應特别注意者，即「善者不如與民」一語，亦自有其時代背景。漢武帝實行鹽鐵專賣政策，一開始即遭到不少人之反對。東郭咸陽、孔僅所謂「沮事之議不可勝聽」（《史記·平準書》）者，全屬事實。董仲舒即曾提出「鹽鐵皆歸於民」之建議（《漢書·食貨志》），司馬遷亦發爲「上者因之，……最下者與之争」（《史記·貨殖列傳》）之言。至昭帝始元六年，舉行鹽鐵會議時，代表反對派之賢良文學，更大肆鼓吹其「宜修孝文時政」（《漢書·杜延年傳》）的復古主張，一則曰「今郡國有鹽鐵、酒榷、均輸，與民争利，……願罷鹽鐵酒榷均輸」（《鹽鐵論·本議篇》），再則曰「文帝之時，無鹽鐵之利而民富」（《非鞅篇》），三則曰「設機利，造田畜與百姓争薦草，與商賈争市利，……愚以爲非先帝之開苑囿池籞可賦歸之於民」（《園池篇》），四則曰「商工市井之利，未歸於民，民望不塞」（《相刺篇》），五則曰「罷利官，一歸之於民」（《能言篇》）。可見以鹽鐵與民，乃是自董仲舒、司馬遷以來直至賢良文學，所共有之一貫主張。今本書在許多經濟政策方面，基本上是與桑弘羊一派相同，獨至山鐵一項，却又採取與桑弘羊相反之賢良文學的意見。因此，不僅可以證明本書之寫成，當在成帝時兩次鐵官徒暴動以後；而且還可以證明本書與《鹽鐵論》間之關係，確實是本書抄《鹽鐵論》而不是《鹽鐵論》抄本書，殆已毫無疑義矣！又案：郭沫若於引用拙稿本節前半段文字之後，又加以案語云：「馬氏以《管子輕重》諸篇作於王莽時，故以此徒隸逃亡作爲成帝時鐵徒暴動之反映，説雖新穎，但大有可商。考春秋中葉齊靈公時器《叔夷鐘銘》，已有『造鐵徒四千爲汝敵寮』語，而秦代亦有『鐵官』（見《史記·自叙》『司馬昌爲秦主鐵官，當始皇之時』）。是可證鐵初發現時固主要爲官營。官營，則徒隸逃亡乃經常事，不必至成帝時始有鐵徒暴動發生。奴隸暴動，非至大火燎原，例爲史官所不載。且如陳涉吴廣起義，亦爲徒隸大暴動，雖非鐵官徒，然不能斷言其中固毫無鐵官徒存在也。《漢書·食貨志》董仲舒疏：『（秦）田租口賦，鹽鐵之利，二十倍於古。……民愁無聊，亡逃山林，轉爲盜賊』，此語尤足證鐵徒逃亡暴動之事，不始於漢。」今案：此處有兩點應該注意。第一，關於《叔夷鐘銘》「造鐵徒四千」云云，原文作「遻（省作陶，或釋造）戜徒四千」，近已有人認爲與鐵無關。據稱：「叔夷鐘爲齊靈公（公元前五八一——前五五四年）時器。中心問題是『戜』可否釋爲鐵。從文字衍變看，戜、戜的出現，自應早於鐵。

戥、戥與戴同，都是指黑色，引申爲隸徒或庶人的代名詞。所指身份，與『士馭』（即『徒御』）相近。有人認爲『戥人』和『陶戥徒』都應是一種服兵役的自由民。從上引《叔夷鐘銘》的前後文義看，陶戥。也有可能是地名。總之，這個字與鐵無關。」（見一九七六年《文物》第八期黄展岳：《關於中國開始冶鐵和使用鐵器的問題》）第二，一個歷史問題，不能孤立地去求解決。毛澤東同志教導云：「世界上的事情是複雜的，是由各方面的因素決定的。看問題要從各方面去看，不能只從單方面看。」此實吾人分析問題之最要法門。即以《輕重乙》本篇而論，篇中有「壤列」一詞，乃董仲舒《春秋繁露・爵國篇》「地列」二字之演變。又有「如胸之使臂，臂之使指」二語，則抄自賈誼《陳政事疏》。「善者不如與民」，則與董仲舒及《鹽鐵論》賢良文學之意見完全相同。而其所謂「兼霸之壤三百有餘里」，則竟下與《漢書・刑法志》所論毫無二致。至「汝漢之金」、「禺氏旁山之玉」，亦皆爲漢代現實事實之反映，前者見於《鹽鐵論・力耕篇》，後者據王國維考證，亦漢文景時事。此外，本節所列農工業生産工具，比《海王篇》所列爲多，僅農器一項，即有鎌、鎒、椎、銍四種爲《海王篇》所未有。而鎒與銍，乃王莽巡狩時所親自携帶以爲天下之倡導者。又車工所用之「釭」，據《方言》乃關以西人用語，在齊人則稱之爲「鍋」。則此文作者似亦是關以西人，而非齊人。又「通貨」一詞，在《鹽鐵論》中，尚只稱爲「通施」，本書《國蓄篇》亦稱爲「通施」。至本篇乃忽改稱爲「通貨」。若與上面所述各事聯系觀之，則此「貨」字亦只能認爲是王莽所造寶貨五品之反映，而不是所謂「齊邦法化」「即墨法化」之化，亦甚明顯。總而言之，本書所言鹽鐵政策，從其全部建制，及由此建制而派生之各種有關專門術語，如「管」「籠」「鄣」「衡」「准」「長度」「巧幣」「公幣」「公錢」「平賈」「月賈」，殆無一而不是漢代現行經濟政策及現實社會經濟生活之反映。當然，亦有若干字句或事實，曾孤立地見於古時文物之中，如「銍」字見於《詩・周頌・臣工》，「鐵官」見於秦始皇時。此如《墨經》中有關於光學之紀録，確爲事實。但如果據此卽斷定今日之聲光化電等科學原理及其規律，在二千餘年前之《墨子》書中卽已形成，則未能免於「但見樹木不見森林」之譏矣！

桓公曰：「請問壤數〔一〕。」

管子對曰：「河埳諸侯，畝鍾之國也〔二〕。埳〔三〕，山諸侯之國也。河埳諸侯常不勝山諸侯之國者，豫戒者也。」

桓公曰：「此若言何謂也？」

管子對曰：「河埳諸侯，畝鍾之國也，故穀衆多而不理，固不得有。至於山諸侯之國，則斂蔬藏菜，此之謂豫戒〔四〕。」

桓公曰：「壤數盡於此乎？」

管子對曰：「未也。昔狄諸侯〔五〕，畝鍾之國也，故粟十鍾而錙〔六〕金。程諸侯，山諸侯之國也，故粟五釜而錙金。故狄諸侯十鍾而不得傳戟〔七〕，程諸侯五釜而得傳戟。十倍而不足〔八〕，或五分而有餘者，通於輕重高下之數〔九〕。國有十歲之蓄，而民食不足者皆以其事業望君之禄也，君有山海之財，而民用不足者皆以其事業交接於上者也。故租籍，君之所宜得也，正籍者，君之所强求也。亡君廢其所宜得而斂其所强求〔一〇〕，故下怨上而令不行〔一一〕。民，奪之則怒，予之則喜。民情固然。先王知其然，故見予之所〔一二〕，不見奪之理。故五穀粟米者民之司命也，黄金刀布者民之通貨也。先王善制其通貨以御其司命，故民力可盡也〔一三〕。」

〔一〕元材案：壤數即地數。但此處之壤數與《地數篇》之地數不同。《地數篇》之討論對象爲「天財地利」即自然資源，此處壤數則專指耕地而言。蓋耕地之肥瘠厚薄與一國之經濟政策有極密切之關係，故《乘馬數篇》云：「相壤定籍而民不移。」《山至數篇》云：「有山處之國，有氾下多水之國，有山地分之國，有水泆之國，有漏壤之國。此國之五勢，人君之所憂也。」義與此同。

〔二〕豬飼彦博云：「埮、淤同。水中可居者曰淤。言近河之國爲沃土，每畝收粟一鍾也。《史記·河渠書》曰：『鄭國渠就，皆畝一鍾。於是關中爲沃野。』」何如璋云：「埮與淤通。地近濁水，水退受淤，畝收數倍。」元材案：畝鍾，即每畝可收十石，或六石四斗，説已詳《山權數篇》。《漢書·溝洫志》賈讓奏言：「若有渠溉，則鹽鹵下隰，填淤加肥，故種禾麥，更爲秔稻，高田五倍，下田十倍。」此謂「河淤諸侯畝鍾之國」，豈即賈讓所言「填淤加肥，下田十倍」者耶？

〔三〕豬飼彥博云：「『賾』謂堉土。下曰『程諸侯，山諸侯之國也』。『賾』下蓋脱『諸侯』二字。」何如璋云：「賾當作磧，謂山地，土兼沙石也。山地穀少，故能戒懼而豫爲之備也。」元材案：何説是也。「賾」《説文》未收，當是「磧」之誤字。《説文》：「磧，水渚有石者。」謂山諸侯者乃沙磧之國。猶杜甫之言「今君渡沙磧，累月斷人烟」矣。丁士涵以「『賾』爲『百負』二字之誤，百負即百倍，言畝鍾之國百倍於山諸侯之國」，張佩綸以「『賾』當作『饋』，謂河淤諸侯爲畝鍾之國，山諸侯爲饋食之國，常資河淤諸侯之饋遺」，郭沫若謂「『賾』疑作『漬』，當在『山諸侯』下」者皆非。

〔四〕元材案：理，治也。《國蓄篇》云「人君不能治」，《漢書·食貨志》引，「治」作「理」，是其證。下同。又《地數篇》云：「本富而財物衆，不能守，則税於天下。五穀興豐，吾賤而天下貴，則税於天下。」即此處「穀衆多而不能理，固不得有」之義也。此言畝鍾之國，得天獨厚，故不知愛惜，而有「粒米狼戾」及「狗彘食人食而不知斂」等現象。結果，其穀必流越而之天下，雖有而亦等於無。山諸侯之國則自知其不足，故能未雨綢繆，不僅五穀無所浪費，且能斂蔬藏菜，以備不虞。《國語·魯語》所謂「沃土之民不材，瘠土之民莫不向義」，此之謂矣。

〔五〕元材案：「狄諸侯」「程諸侯」，不知何所取義。大抵亦是隨意假託之名詞，猶言甲諸侯乙諸侯也。

〔六〕元材案：錙，古衡名。《説文》：「六銖也。」重六百黍。或曰六兩爲錙，見《淮南子·詮言篇·高注》。或曰八兩爲錙，見《荀子·富國篇·楊注》。未知孰是。

〔七〕元材案：傳戟，解已見《輕重甲篇》。

〔八〕王念孫云：「『十倍』上當有『或』字，與下文對文。」豬飼彦博説同。

〔九〕郭沫若云：「『十倍』與『五分』均以鍾爲單位而言。上云『狄諸侯十鍾而不得傳戟，程諸侯五釜而得傳戟』，十鍾自爲鍾之十倍，故『不足』。分猶半也，『五分』則爲二鍾五釜，故『有餘』。」元材案：上文明言「五釜而一鎦」，依照「釜十則鍾」計算，則所謂「五分」乃十分之五鍾。若作「二鍾五釜」，則當云「二點五倍」，不得云「五分」矣。此處「分」字因其上有「五」字，當作「十分之五」講，不作「半」講。説已詳《巨(筴)乘馬篇》。此言狄諸侯爲畝鍾之國，故穀多而賤，每金一鎦可得穀十鍾。程諸侯乃山諸侯之國，故穀少而貴，每金一鎦僅能得穀五釜。是狄諸侯之穀每釜僅值金六黍，而程諸侯之穀則每釜可值金一百二十黍，相差恰爲二十倍。（即 10:0.5＝20:1）。依照《山至數篇》「諸侯穀十，吾國穀二十，則諸侯之穀歸吾國」之例，則狄諸侯之穀必將盡歸於程諸侯，故狄諸侯有十倍之穀，尚不足建立軍隊之用，程諸侯則僅有五分之穀，反能建立軍隊而有餘者，乃由於程諸侯能通於輕重高下之術有以致之耳。《地數篇》云：「昔者桀霸有天下而用不足，湯有七十里之薄而用有餘。天非獨爲湯雨菽粟而地非獨爲湯出財物也。伊尹善通移輕重開闔決塞，通於高下徐疾之筴，坐起之時也。」義與此同。郭説失之。

〔一〇〕安井衡云：「正籍，正户正人之籍。」于省吾云：「按安井説非是。正應讀作征。征籍與上文租籍對文。」元材案：此處「正籍」即《國蓄篇》之「租籍」。而此處「租籍」則相當於《國蓄篇》之「租稅」。廢，棄也，與《國蓄篇》「廢其所慮而請」之「廢」作「置立」講者不同，說並詳《國蓄篇》。何如璋不明兩篇作者所用術語不同而意義則完全一致之理，乃謂「故租籍者八句，乃其義大與《國蓄》相反。《國蓄》意在輕田租，以舒野甿之力。此意在專取田租而輕雜物之征」。既誤解《國蓄篇》「廢其所慮而請」爲廢除田租，又誤解本篇「租籍君之所宜得」爲專取田租。文義蓋兩失之。

〔一一〕元材案：「故下怨上而令不行」，《管子·權修篇》云：「賦斂惡，則下怨上矣。民力竭，則令不行矣。下怨上，令不行，而求敵之勿謀己，不可得也。」此語似出於彼。

〔一二〕豬飼彥博云：「『故見予之所』，『所』《國蓄篇》作『形』，是。」孫星衍、戴望說並同。

〔一三〕元材案：「五穀粟米」，《國蓄篇》作「五穀食米」。「刀布」《國蓄篇》作「刀幣」。「通貨」《國蓄篇》作「通施」。「制」《國蓄篇》作「執」。此一段文字蓋撮引《國蓄篇》語而略變通其字句，以申明上文「通於輕重高下之數」之意。何如璋所謂「國有十年之蓄一節，此作者撮舉《國蓄》之文以證上文之義」是也。張佩綸謂爲「與前後均不相承，定是重出」者失之。又案「通貨」一詞，在本書中只此一見。《國蓄篇》作「通施」，《輕重甲篇》作「通移」，《鹽鐵論·錯幣篇》亦作「通施」。可見在鹽鐵會議時，尚只有「通施」一詞。此獨作「通貨」，然則本篇之必爲晚出，殆無可疑矣。

管子曰：「泉雨五尺，其君必辱。食稱之國必亡。待五穀者衆也〔一〕。故樹木之勝霜露者不受令於天，家足其所者不從聖人〔二〕。故奪然後予，高然後下，喜然後怒，天下可舉〔三〕。」

〔一〕豬飼彥博云：「待、峙同，儲也。言雨澤優足，穀食多收，則君必辱，國必亡。所以然者，下儲蓄五穀者衆多，而不從上之令也。」安井衡云：「五尺及泉，言雨澤入地五尺，百穀必穰。如此則其君必辱。食與民稱，未嘗缺乏，其國必亡。所以然者何也？備五穀者衆，令不行於下也。待，備也。」元材案：兩氏説皆是也。待即《事語篇》「不待權與」之待，猶言依賴。泉，泉水。雨，雨水。泉雨五尺，言水量充足。食稱之國，謂其國所生產之五穀與其國人口之多寡相當。《山國軌篇》云：「田若干，人若干，人衆田不度食若干。」「人衆田不度食」即「食不稱」之義也。此蓋謂水量充足，則五穀之收穫必將興豐，而民食可以有餘。五穀之生產量與人口之多寡相當，則民食不虞不足。或則可以有餘，或則不虞不足，是全國之人民皆將無所需於其君。無所需於其君，則不爲君用不爲君死矣。如此則其君安得不辱，其國安得不亡乎？此即《國蓄篇》所謂「民富則不可以禄使」及本文下文所謂「家足其所者不從聖人」之意。何如璋謂「『泉』者泉刀也。『雨五尺』，泉流於下也。幣在下則國貧，故辱。『食』謂穀也。稱之，謂如泉之流於下也。穀散則無積，故亡。」張佩綸謂：「『食稱』無義，疑當作『稱貸』，脱去『貸』字耳。」李哲明（郭沫若説同）謂：「稱即稱貸，言國恃稱貸而食，其國必亡。」許維遹謂：「『泉雨』疑爲『暴雨』之訛。暴雨數臻，而水入地五尺深，言災之甚也。『食稱』當作『饋食』。」皆與原義不符，故不從之。

〔二〕王念孫云：「『露』當爲『雪』。木勝霜雪，則經冬而不凋，故曰『不受令於天』。《侈靡篇》曰：『樹木之勝霜雪者不聽於天。』是其證。」何如璋説同。元材案：以「霜露」連言者，漢人亦多有之。《史記·公孫弘傳》「君不幸罹霜露之疾。」《索隱》：「言罹霜露寒涼之疾。」《漢書》同。又《漢書·淮南厲王長傳》：「高帝蒙霜露，沐風雨。」又《爰盎傳》：「淮南王爲人剛，有如遇霜露行道死，……」似不改字亦可通。「足其所」，解已見《輕重甲篇》。此蓋承上文「待五穀者衆也」之意而申言之。謂樹木之能後凋者即非天所能制。人民皆家給人足，則無求於人，雖聖人亦無能役使之。《侈靡篇》云：「魚鱉之不食咡者不出其淵，樹木之勝霜雪者不聽於天，士能自治者不從聖人。」彼作「能自治」，從政治言。此作「足其所」，則從經濟言。是其不同也。

〔三〕元材案：奪然後予者，謂善爲國者必先運用輕重之筴，將人民之五穀財物及貨幣轉移其所有權於政府手中。然後通過政府之號令，或以爵禄之形式，或以賞賜之形式，或以平糶之形式，或以賑濟之形式以回歸於人民。《國蓄篇》所謂「予之在君，奪之在君」，《揆度篇》所謂「富能奪，貧能予」是也。高然後下者，謂政府應先使物價高漲，然後以平價售之於民，《山國軌篇》所謂「斂萬物應之以幣。幣在下，萬物皆在上，萬物重十倍。府官以市櫎出萬物，隆而止」是也。喜然後怒，似專指戰士而言。謂必先使其心中喜悦，方能激動其同仇敵愾之情。本篇下文所謂「素賞之計」，《輕重甲篇》所謂「輿死扶傷，争進而無止」，「非大父母之仇也，重禄重賞之所使也」，是其義矣。舉即《孟子·梁惠王篇》「五旬而舉之」之舉，天下可舉，猶言天下可攻而取之。

桓公曰：「强本節用〔一〕，可以爲存乎？」

管子對曰：「可以爲益愈〔二〕而未足以爲存也。昔者紀氏之國〔三〕强本節用者，其五穀豐滿而不能理也，四流而歸於天下。若是，則紀氏其强本節用，適足以使其民穀盡而不能理，爲天下虜〔四〕，是以其國亡而身無所處。故可以益愈而不足以爲存。故善爲國者，天下下我高，天下輕我重，天下多我寡〔五〕，然後可以朝天下。」

〔一〕元材案：强本即彊本。《淮南・修務篇・高注》：「彊，力也。」本，與《地數篇》「吾欲富本」之本作國字講者不同，此處指農業而言。彊本即力農，意謂加强農業生産。《鹽鐵論・力耕篇》文學所謂「尚力務本」，《漢書・溝洫志》所謂「令吏民勉農，盡地利」者是也。節用即節約開支。《荀子・天論篇》云：「彊本而節用，則天不能貧。」至司馬遷在《史記・自序》中引其父司馬談論墨家要旨語，更特別對此一主張予以肯定。一則曰：「然其彊本節用，不可廢也。」再則曰：「要曰彊本節用，則人給家足之道也。此墨子之所長，雖百家弗能廢也。」將問題提到既是「不可廢」，又是「雖百家弗能廢」的重要地位。而本篇著者則以爲專務彊本節用，不但不足以爲存，而且還可以引起人民苟且偷安之心，其結果，必然將如紀(范)氏之「國亡而身無所處」。此處特別提出一個「存」字，極可注意。「存」與「廢」互爲對文。證明此一段文字，不是在批判荀子，而是對司馬遷的《史記・自序》的針鋒相對的有力批判。

〔二〕張佩綸云：「《説文》無『愈』字，愈卽瘉。《爾雅・釋詁》及《詩・角弓・傳》：『瘉，病也。』《樞言篇》：『病加於小愈。』『益愈』謂益之疾，故其弊至於國亡而身無所處。」郭沫若云：「『益愈』卽差可之意，張説殊泥。下文言『紀氏之國强本節用，其五穀豐滿而不能理』，乃『不能理』之爲害，非『强本節用』之爲害也。『强本節用』而能理，則可以存矣」。元材案：益，《漢書・高紀・顔師古注》云：「多也。」愈卽《漢書・淮南王安傳》「王亦愈欲休」之愈。王先謙《補注》引王念孫曰：「『愈』讀爲『偷』，故《史記》作『王亦偷欲休』。言偷安而不欲發兵也。」此言彊本節用，雖然可以使五穀豐滿，但同時亦能引起人民苟且偷安之心，而國家又不能運用輕重之策以守之，以致粒米狼戾，狗彘食人食而不知檢，而四流歸於天下，則與紀(范)氏之「國亡而身無所處」者，同爲亡國喪身之資而已。兩氏説非。

〔三〕元材案：「紀氏」當依《鹽鐵論・力耕篇》作「范氏」。《力耕篇》云：「昔管仲以權譎霸，而范氏以强大亡。使治家養生必於農，則舜不甄陶，而伊尹不爲庖。故善爲國者，天下之下我高，天下之輕我重。以末易其本，以虛蕩其實。」與此文略同。惟彼處「强大」當是「强本」之誤。《國語・晉語》載范中行氏自晉亡齊，「以宗廟之犧爲畎畝之勤」，當卽兩文所本。各書皆無言紀氏彊本節用之事者。顧廣圻以彼處「范氏」爲「紀氏」之誤，何如璋、張佩綸均以此紀氏爲卽左莊四年傳「紀侯大去其國」之紀國者皆失之。

〔四〕何如璋云：「爲天下虜者，强本節用則穀多，多而上不能守，則價輕，爲人所泄，而穀流於天下。是我民力農而鄰國坐而食也。非奴虜而何？」

〔五〕元材案：此數語，又見《鹽鐵論·力耕篇》。惟《力耕篇》僅有「天下之下我高，天下之輕我重」兩句，本篇則於上述兩句之外，又增加「天下多我寡」一句。此點極重要。《力耕篇》所言「輕重」「高下」，皆只就原則言，本篇則進一步提出「多寡」二字，作爲實現此一原則之具體措施。如果說《國蓄篇》「散則輕，聚則重」二句，是對《史記·貨殖傳》計然學說之發展，則本篇「天下多我寡」一句乃是對《鹽鐵論·力耕篇》桑弘羊學說之發展。天下多我寡者，多則輕，寡則重，物重則至，輕則去，故天下多而我寡，亦所以致諸侯之穀而來天下之財之術也。惟寡之之法，並非將現有之穀與財物盡行消滅，但須由政府設法斂而藏之，勿使其在市場中流通，即可以達其目的矣。《山至數篇》所謂：「吾國歲非凶也。以幣藏之，故國穀倍重，故諸侯之穀至也。」義與此同。餘已詳《乘馬數篇》。

桓公曰：「寡人欲毋殺一士，毋頓一戟〔一〕，而辟方都二〔二〕，爲之有道乎？」

管子對曰：「涇水十二空，汶淵洙浩滿三之於〔三〕，乃請以令使九月種麥，日至日穫〔四〕，則時雨〔五〕未下而利農事矣。」

桓公曰：「諾。」

令以九月種麥，日至而穫。量其艾，一收之積中方都二〔六〕。故此所謂善因天時，辯於地利〔七〕而辟方都之道也。

管子入復〔八〕桓公曰：「終歲之租金四萬二千金〔九〕，請以一朝素賞軍士〔一〇〕。」

桓公曰：「諾。」

以令至鼓期於泰舟之野期軍士〔一一〕。桓公乃即壇〔一二〕而立，甯戚、鮑叔、隰朋、易牙、賓胥無皆差肩而立〔一三〕。管子執枹〔一四〕而揖軍士曰：「誰能陷陳破衆者，賜之百金〔一五〕。」三問不對。有一人秉劍而前，問曰：「幾何人之衆也？」

管子曰：「千人之衆。」

「千人之衆，臣能陷之〔一六〕。」賜之百金〔一七〕。

管子又曰：「兵接弩張，誰能得卒長者，賜之百金。

問曰：「幾何人卒之長也〔一八〕？」

管子曰：「千人之長。」

「千人之長，臣能得之。」賜之百金。

管子又曰：「誰能聽旌旗之所指，而得執將〔一九〕首者，賜之千金。」

言「能得者」壘千人〔二〇〕，賜之人千金。其餘言能外〔二一〕斬首者，賜之人十金。一朝素賞，四萬二千金廓然〔二二〕虛。

桓公惕然〔二三〕太息曰：「吾曷以識此〔二四〕？」

管子對曰：「君勿患。且使外爲名於其内，鄉爲功於其親，家爲德於其妻子〔二五〕。若此，則士必争名報德，無北〔二六〕之意矣。吾舉兵而攻，破其軍，并其地，則非特四萬二千金之利也。」

五子〔二七〕曰：「善。」

桓公曰：「諾。」乃誡大將曰：「百人之長，必爲之朝禮。千人之長，必拜而送之，降兩級〔二八〕。其有親戚者，必遺之酒四石，肉四鼎。其無親戚者，必遺其妻子酒三石，肉三鼎〔二九〕。」行教半歲，父教其子，兄教其弟〔三〇〕，妻諫其夫，曰：「見其若此其厚〔三一〕，而不死列陳，可以反於鄉乎〔三二〕！」

桓公衍終舉兵攻萊〔三三〕，戰於莒必市里〔三四〕。鼓旗未相望，衆少未相知，而萊人大遁。故遂破其軍，兼其地，而虜其將。故未列地而封〔三五〕，未出金而賞，破萊軍，并其地，擒其君〔三六〕。此素賞之計也。

〔一〕元材案：頓戟，解已見《地數篇》。

〔二〕元材案：辟與闢同，解已見《事語篇》。方，《博雅》云：「大也。」方都即大都。

〔三〕元材案：涇水，一曰涇河。有二源，皆出甘肅省境。南源出化平縣西南大關山麓，東北流合北源。北源出固原縣南笄頭山，東南流，經隆德、平凉二縣會南源。二源既合，東南流至涇川縣入陝西省境，再東南經邠、醴泉、涇陽諸縣，至高陵縣入渭水。空即《漢書·溝洫志》御史臨淮韓牧言「秦攻魏，決河灌其都，決處遂大，不可復補，宜卻徙完平處更開空」之空。顏師古注云：「空，猶穿也。」涇水十二空，疑謂涇水兩岸，穿有十二水門，利於灌溉，猶《後漢書·王景傳》之言「積十里立一水門，令更相洄注」矣。汶，汶水。洙，洙水。汶水源出山東省萊蕪縣東北原山，亦曰大汶河，經泰安縣東，蜿蜒西南流，至東平縣，合大小清河至汶上縣入運河。此水舊時在東平縣南入濟水。《漢書·地理志》所謂「泰山郡萊蕪縣原山，汶水出，西南入濟」是也。自明永樂時東平縣築壩阻其入濟，遂成爲今道。洙水亦在山東省境，爲泗水之支流。《漢書·地理志》云：「洙水出泰山郡蓋縣，臨樂子山，西北入泗。」其流有二，一出曲阜縣北，南合沂水入泗；一出費縣北，西流入泗。「浩」宋本作「沿」。「於」與「淤」同。此二語義不可通，當有訛誤，不可強解。

〔四〕豬飼彥博云：「日至，夏至也。下『日』字當作『而』。」載望云：「元本下『日』字作『而』。」元材案：作「而」字是。下文「日至而穫」即作「而」。又「日至」有二，一爲夏至，一爲冬至。此「日至」指夏至。《輕重丁篇》「日至百日」之「日至」，則指冬至。

〔五〕元材案：「時雨」，《孟子·盡心篇·朱注》：「及時之雨也。」又案：此文似是以漢代史實爲背景。《漢書·食貨志》董仲舒說上曰：「《春秋》他穀不書，至於麥禾不成則書之。以此見聖人於五穀，最重麥與禾也。今關中俗不好種麥，是歲失《春秋》之所重而損生民之具也。願陛下幸詔大司農使關中民益種宿麥，令毋後時。」此「九月種麥」之所自昉也。又《史記・平準書》云：「及楊可告緡錢，上林財物衆……乃分緡錢諸官，而水衡、少府、大農、太僕各置農官，往往卽郡縣比没入田田之。」又曰：「初置張掖、酒泉郡，而上郡、朔方、西河、河西開田官，斥塞，卒六十萬人戍田之。」又《鹽鐵論・園池篇》大夫云：「是以縣官開園池，總山海，致利以助貢賦；脩溝渠、立諸農，廣田牧（原作收，據《西域篇》校改，下同），盛苑囿。太僕、水衡、少府、大農歲課諸入田牧之利，池籞之假，及北邊置任田官以贍諸用而猶未足……」又文學云：「今縣官之多張苑囿、公田、池澤，公家有障假之名，而利歸權家。」可見漢武昭時，曾有國營農田之事。今此文言西自今陝西省境内之涇水，東至今山東省境内之汶水洙水等地方，均應於九月種麥，如果所指者不是國營農田，而爲民田，決無以命令統一行動之可能。本書各篇所言地名，大都以天下一統爲範圍，並不限於春秋時之齊國一地。張佩綸不明此理，乃謂「涇」當爲「淄」，必使其與管仲之齊地相强合，真未免「許子之不憚煩」矣！郭沫若以「涇水十二空」當爲「涇水上下控」，謂「涇水乃小水，小水因地形之高下加以控制，不使流失，汶淵洙沿之水量因而豐滿，可增加三倍」者，改字太多，亦不可從。

〔六〕丁士涵云：「『艾』與『刈』同。『收』當爲『畝』。『中方都二』之數雖不止一畝之積，要其所量可於一畝約知其數也。」于省吾云：「按丁氏改『收』爲『畝』，殊無可據。田有一歲二穫，此言一收，但就其一穫量之，已可抵方都二也。」元材案：「一收」謂一歲之收穫也。《漢書・食貨志》云：「一歲之收常過縵田晦一斛以上。」又《輕重甲篇》云：「一農之事終歲耕百畝，百畝之收不過二十鍾。」」皆其證。本篇下文所謂「終歲之租金四萬二千金」，卽此一歲之收之貨幣數字也。兩氏説皆非。

〔七〕元材案：「善因天時」，承「九月種麥，日至而穫」言。「辯於地利」，承「涇水十二空」云云言。

〔八〕元材案：「入復」二字又兩見《輕重丁篇》。復卽《管子·小問篇》「以復於管仲」之復。尹注：「復猶告也。」「入復」猶今言向上匯報。各本均以「管子入復桓公曰」，與上段隔開，别爲一節，殊屬不合。細玩「入復」二字及「終歲之租金」云云，卽知此本承上段而言。若别爲一節，則不僅所謂「終歲之租金」不知從何而來，卽「入復」二字亦無根據矣。

〔九〕元材案：租金卽上文種麥一歲之收穫。租而曰金，蓋指貨幣地租而言。貨幣地租，戰國時始有之。《國策·周策》：「綦母恢説魏王曰：『周君事秦而好小利。今王許戍三萬人，與温囿，周君必不合於秦。臣嘗聞温囿之利，歲八十金。周君得温囿，其以事王者歲百二十金。是上黨無患而贏四十金。』」高注：「温囿貢於魏王八十金耳。周君得之，則貢百二十金，故曰是贏四十金也。」又《莊子·外物篇》「莊周家貧，欲往貸粟於監河侯。監河侯曰：『諾，我將得邑金，將貸子三百金，可乎？』」是皆貨幣地租之例，在此以前無有也。至漢代田賦，亦以貨幣爲主。《漢書·昭紀》元鳳二年詔曰：「三輔太常郡得以菽粟當今年賦。」六年詔曰：「夫穀賤傷農。今三輔太常穀常賤，其令以菽粟當今年賦。」顏師古注云：「諸應出賦算租稅者皆聽以菽粟當錢物也。」此言租金四萬二千金，亦本文晚出之一證也。

〔一〇〕豬飼彦博云：「『素』，猶豫也。」洪頤煊云：「『素』古通作『索』。索，盡也。」安井衡云：「『素』，空也。無功而賞，故曰『素』。」戴望云：「『素』讀爲『索』。鄭注《檀弓》云：『索猶散也。』」張佩綸説同豬飼。于鬯、顔昌嶢説同安井。元材案：以素爲空，安井説是也。但此處素賞不僅指「無功而賞」而言，而且含有空頭支票之意。據下文云「故未列地而封，未出金而賞」，則上文所謂「賜之百金千金十金」者乃預許之詞，非真賞，乃空賞也，故謂之「素賞」。

〔一一〕王念孫云：「下『期』字當依《治要》作『朝』。言與軍士期於泰舟之野而朝之也。」張佩綸云：「《治要》作『朝』，涉上文『一朝』而誤。『以令至鼓期』句。『至』當爲『致』。『期』當爲『旗』。《論語》『巫馬期』，《史記・弟子傳》作『巫馬施字子旗』。《禮記・射義》『耄期』，《釋文》『本作旗』。是其證。《周禮・大司徒》『以旗致萬民』，《大司馬》『以旗致民』，注：『以旗者，立旗期民於其下也。』下文『期軍士』及『鼓旗未相望』，正承『鼓旗』言。」元材案：張説是也。「致」，《周禮・地官・遂人》「凡治野以下劑致甿」，注：「致猶會也。」猶今言召集。下「期」字，讀如《史記・項羽本紀》「乃與期洹水南殷墟上」之期。《説文》：「期，會也。」王説失之。

〔一二〕元材案：壇，築土爲臺，解已見《地數篇》。此處當作期會之所講，猶今日大會場中之主席臺。

〔一三〕王念孫云：「易牙二字，後人所加也。《小匡篇》云：『其相曰夷吾，大夫曰甯戚、隰朋、賓胥無、鮑叔牙。』易牙小臣，豈得與四大夫差肩而立乎？《藝文類聚・居處部》四引此無『易牙』二字，明是後人所加。下文『五子曰善』，『五子』本作『四子』。因增入易牙，故又改『四』爲『五』耳。」張文虎云：「『易』字衍。『牙』字當在『鮑叔』下，誤倒在『朋』字下，後人遂妄增『易』字耳。」元材案：此皆是著者就記憶中所及之齊桓公諸臣姓名，隨意列舉充數，非謂當日真有此事實也。王、張二氏説太迂。差肩，解已見《輕重甲篇》。

〔一四〕元材案：枹，《説文》：「擊鼓杖也。」即鼓搥。

〔一五〕孫星衍云：「『誰能陷陳破衆』云云，《史記・李牧傳・集解》引作『能破敵禽將者賞百金』。」

〔一六〕元材案：此又秉劍者之言也。

〔一七〕元材案：從下文「故未列地而封，未出金而賞」觀之，則當時並非真以百金賞之，祇是以命令預許之而已，故曰「此素賞之計也」。下仿此。

〔一八〕陶鴻慶云：「『卒』字衍。文本云『幾何人之長也』。與上文『問曰幾何人之衆也』句例同。」金廷桂説同。元材案：「卒」字不衍。當作「幾何人之卒長」。上文所問爲「誰能得卒長者」。可見「卒長」乃一官名。《周禮・大司馬》「卒長執鐃」，《尉繚子・兵教》「什長教成，合之卒長」，臨沂漢墓出土《孫子兵法》第一九四簡亦有「卒長之罪也」一語（見《文物》一九七四年第十二期《臨沂銀雀山漢墓出土孫子兵法・釋文》）。是其證。

〔一九〕俞樾云：「執將卽主將也。《淮南・説山訓》『執獄牢者無病』，高注：『執，主也。』」戴望説同。張佩綸云：「『得執將首』，當作『執將得首』。執，囚也。或生執其將，或得其將之首。」于省吾云：「『執』卽『執訊獲醜』之執。」許維遹云：「執將首，猶言獲甲首。《呂氏春秋・愛士篇》『皆先登而獲甲首』，《韓詩外傳》十『獲甲首而獻之』，《説苑・復思篇》亦有『獲甲首』語。」元材案：當以俞説爲是。此與上文「誰能得卒長者」，皆以「得」字爲動詞。故下文「言能得者」云云，亦承此「得」字言之。若如于、許説，則「得」字爲重出，如張説則下文爲不接矣。

〔二〇〕安井衡云：「『千』當爲『十』。」何如璋云：「『千人』當作『十人』。若『千人』，則四萬二千金不敷賞矣。」張佩綸、陶鴻慶、于鬯説同。元材案：此説是也。壘與纍同，解已見《輕重甲篇》。

〔二一〕安井衡云：「外，出列迫敵也。」張佩綸云：「外字涉下『外爲名』而衍。」郭沫若云：「『外』卽『能』字草書之誤。蓋原本作『能』，別本誤爲『外』，校書者不察而並存之。」元材案：安井説是。

〔二二〕元材案：廓然，又見《輕重丁篇》，空虛之貌。《漢書・東方朔傳》：「今世之處士魁然無徒，廓然獨居。」

〔二三〕元材案：惕然，驚懼貌。猶言爲之一驚。

〔二四〕安井衡云：「識，志也。吾何以記志此受賞者以責其成功哉？」戴望云：「識，職之借字。」顔昌嶢云：「戴説非也。此言上文所素賞之人各自誇其能者，吾何以識之以責其後效耶？」元材案：「識」卽《漢書・景紀》「朕既不敏，弗能勝識」之識，師古注曰：「勝識，盡知之。」卽了解之意。吾曷以識此，猶言我不解所謂。諸說皆非。

〔二五〕安井衡云：「『且使外爲名於其内，鄉爲功於其親』，『内鄉』當爲『鄉内』，誤倒耳。」吴志忠、陶鴻慶、金廷桂說皆同。郭沫若云：「『内鄉』二字並未誤倒。此『外』與『内』爲對，『鄉』與『親』爲對，『家』與『妻子』爲對。『内』可以包含鄉、親、家與妻子，蓋内之中又有内也。『外爲名於其内，鄉爲功於其親，家爲德於其妻子』者，言一人在外建立功名，則鄉黨增光，父母榮顯，妻子有德色也。」元材案：仍當以安井說爲是。外、内、家對文，鄉、親、妻子對文。

〔二六〕元材案：北即《呂氏春秋·權勛篇》「卒北」之北，高注云：「北，走也。」猶言臨陣脱逃。

〔二七〕元材案：五子指上文甯戚等五人而言。王念孫、何如璋删去「易牙」並改「五」爲「四」，未免多事！

〔二八〕安井衡云：「百人之長朝見，必爲之禮容，不得坐受之。千人之長則拜而送之，降階二等。」

〔二九〕元材案：親戚謂父母，解已見《揆度篇》。遺，餽贈也。

〔三〇〕元材案：行教之教，令也，解已見《地數篇》。「父教其子，兄教其弟」二語，又見《輕重丁篇》。此兩「教」字，皆作訓誨講。

〔三一〕王念孫云：「『見其』當依《羣書治要》作『見禮』。見禮二字總承上文而言。今本『禮』作『其』者，涉上下文諸『其』字而誤。」姚永概云：「『見其』之『其』當作『期』。《莊子·寓言》『以期年耆者』，注：『期，待也。』此『期』字脱其半而誤爲『其』。『見期如此其厚』，即見待如此其厚。」于省吾云：「上『其』字應讀作『期』，謂期待也。其、期古字通。《武梁祠畫像》『樊於其頭』，『其』同『期』。是其證。」許維遹云：「下『其』字猶『之』也。《治要》引删『其厚』非是。」郭沫若云：「上『其』字乃『共』字之誤，謂供養也。」元材案：當以姚、于説爲是。《治要》往往以意改古書，不可從。共養乃下對上之詞，郭説亦不合。

〔三二〕元材案：「可以反於鄉乎」，猶言必死。《商君書·畫策篇》云：「彊國之民，父教其子，兄遺其弟，妻遺其夫，皆曰：『不得，無返。』」義與此同。

〔三三〕戴望云：「宋本無『終』字。」許維遹云：「墨寶堂本無『終』字。此『衍』字蓋校者據别本無『終』字而注『衍』字於『終』旁，今本復混入正文，當删。」

〔三四〕元材案：必市里，莒地名。此亦假託之詞。

〔三五〕元材案：「列」同「裂」。「裂地而封」，解已見《山至數篇》。

〔三六〕張佩綸云：「齊桓公之世，無伐萊事。左氏襄四年傳：『齊靈公滅萊，王湫正輿子奔莒。』戰國之士因此附會之也。」元材案：此亦著者設爲此役以爲説明其所謂「素賞之計」之例。乃緊承上文「辟方都之道」而言。與《地數篇》之「武王有重泉之戍」《輕重甲篇》之「水豫」，《輕重丁篇》之「石璧謀」「菁茅謀」，及《輕重戊篇》之以輕重之筴征服魯、梁、趙、代、楚、衡山等國，同一性質。非謂武王與齊桓公真有此等事實也。

桓公曰：「曲防之戰〔一〕，民多假貸而給上事者。寡人欲爲之出賂〔二〕，爲之奈何？」管子對曰：「請以令令富商蓄賈百符而一馬，無有者取於公家〔三〕。若此，則馬必坐長而百倍其本矣。是公家之馬不離其牧皁〔四〕，而曲防之戰賂足矣。」

〔一〕元材案：曲防，地名，未詳所在。《孟子·告子篇》言齊桓公葵丘之會，「五命曰無曲防」。乃謂「不得曲爲隄防，壅泉激水以專小利，病鄰國」（用朱熹《集注》語），與此曲防無關。實亦著者假託之詞。

〔二〕何如璋云：「出賂，欲代民還所貸也。」元材案：猶言解除債務關係。

〔三〕安井衡云：「符，券也。貸財於人，符券及百者使之獻馬一匹，無有馬者買之公家。蓋五十符者二家一馬，二十五符者四家一馬，其獻不止百符也。」張佩綸云：「《韓詩外傳》六：『古者有命，民之能敬長憐孤取舍好讓居事力者告於其君，然後君命得乘飾車駢馬。未得命者不得乘飾車駢馬，皆有罰。』《尚書大傳》同。《史記·平準書》：『天下已平，高祖乃令賈人不得衣絲乘車，重租稅以困弱之。』漢制蓋準古命。管子此策，商賈有二百券者許之乘車，蓋傅古者取舍好讓之科，以一馬準百符，命民償之。其無馬者取諸公家。如此則賈人以得乘車爲榮，而公私均無償債之耗。雖若弛商賈之律，而實節官民之財。蓋古法馭商賈甚嚴，故能行一時權宜之計。後世富商大賈蹛財役貧，轉轂百數，則其策不直一吷矣。」郭沫若云：「張説大謬。此乃控制富商蓄賈之策。

凡有債券者必須登記，及百枚者獻馬一匹，無馬者則向公家購馬以獻。如此，則富商蓄賈必爭先購馬，故下言『馬必坐長』，而『公家之馬不離其牧皁』也。」元材案：安井及郭説非也。本書著者最主張「故見予之形，不見奪之理」者。若令貸財於人者無酬獻馬，是「廢其所宜得而斂其所强求」也。不僅與著者之主張不合，而且亦必不爲「財或累萬金而不佐國家之急」之富商蓄賈所歡迎，則豈能免於「囂號」之患乎？張氏以「百符一馬」爲政府特許商人乘車，其識甚卓。惟細按原文之意，乃謂商人持有借券百件者，即可自備一馬以爲駕車之用，無馬者得向公家備價請購，並非令民以馬償債也。且政府之所以特許商人乘車者，正欲借此提高馬價以爲代民還債之用也，若仍令人民購馬償債，則舊債未完，又須負馬價百倍之新債，豈得謂之「出路」耶？又案：賈人不得乘車，乃漢高祖之創制。此文作者乃欲利用商賈之虚榮心，大弛商賈之律，不僅要求高利貸者自動放棄債權，而且還可以使國家獲得馬價百倍其本之暴利。此與《輕重丁篇》所謂兩個「繆數」之或用「請罪」方法或用「旌表」方法，促使高利貸者自動放棄其高利剝削行徑者，蓋同爲不合實際之幻想而已。

〔四〕元材案：皁即《漢書·鄒陽傳》「與牛驥同皁」之皁，顏師古注：「皁，歷也。揚雄《方言》云：『梁宋齊楚燕之間謂歷曰皁。』」《史記·鄒陽傳·集解》引《漢書音義》云：「皁，食牛馬器也。以木作，如槽。」此言牧皁，即今言養馬槽。《輕重戊》「立帛牢」，「帛」即「皁」之誤。

桓公問於管子曰：「崇弟蔣弟丁惠〔一〕之功世吾歲罔〔二〕，寡人不得籍斗升焉。去菹菜鹹鹵斥澤山間堁壘不爲用之壤〔三〕，寡人不得籍斗升焉。去一。列稼緣封十五里之原，强耕而自以爲落〔四〕，其民，寡人不得籍斗升焉。則是寡人之國，五分而不能操其二〔五〕，是有萬乘之號而無千乘之用也。以是與天子提衡争秩於諸侯〔六〕，爲之有道乎？」

管子對曰：「唯籍於號令爲可耳。」

桓公曰：「行事奈何？」

管子對曰：「請以令發師置屯籍農〔七〕，十鍾之家不行，百鍾之家不行，千鍾之家不行。行者不能百之一，千之十，而囷窌之數皆見於上矣〔八〕。君案囷窌之數，令之曰：『國貧而用不足，請以平賈取之子，皆案囷窌而不能挹損〔九〕焉。』君直幣之輕重以決其數〔一〇〕，使無券契之責〔一一〕，則積藏囷窌之數皆歸於君矣。故九州無敵，竟上無患〔一二〕。」

令曰：「罷師歸農，無所用之〔一三〕。」

管子曰〔一四〕：「天下有兵，則積藏之粟足以備其糧。天下無兵，則以賜貧甿。若此，則菹菜鹹鹵斥澤山間堁壘之壤無不發草。此之謂籍於號令〔一五〕。」

〔一〕何如璋云：「崇、蔣二家無可考。丁當是丁公之後，惠當是桓公之後，惠公乃桓公子。足證此文後人所託也。」元材案：此亦著者假託之詞。且正因其丁惠並稱，與《輕重丁篇》之以丁惠高國並稱者，同足證明兩篇所述與當日之史實初無關係，蓋猶本篇上文之言「程諸侯」「狄諸侯」，《輕重甲篇》之言「癸乙」，《輕重丁篇》之言「癸度」及《輕重戊篇》之言「王邑」「王師北」矣。「功世」疑當作「功臣世家」，《輕重丁篇》「功臣世家」一語凡四見，可證。

〔二〕俞樾云：「『吾歲罔』者，卽吾歲無也。罔、無一聲之轉。《尚書・湯誓》『罔有攸赦』，《西伯戡黎》『罔敢知吉』，《微子》『乃罔恒獲』，《金縢》『王其罔害』，《史記》並易以『無』字，是其證。『歲無』卽『歲凶』。或疑『罔』爲『凶』字之誤，非是。」元材案：「吾歲罔」三字，疑有訛誤，依俞說亦與上下文不相銜接，仍以闕疑爲是。

〔三〕元材案：「去」字無義，疑衍，說見下。「菹菜」乃「菹萊」之訛，下同。「鹹鹵」，鹼地。「斥澤」，《漢書・刑法志》顏師古注云：「斥，鹹鹵之地。」山閒猶言山中。「堁壈」，安井衡云：「蓋峎𡾰之別字。峎𡾰，不平也。」今案《莊子・唐桑楚篇》作「畏壘」。《史記・老莊申韓傳》作「畏累」。「不爲用」，何如璋云：「言不可耕也。」

〔四〕元材案：「去一」二字疑衍，說見下。列卽本篇上文「立壤列」之列。稼，稼穡，此處指農田。緣，邊緣。封，封疆。原，平地。此謂靠近封疆邊緣寬達十五里之平地，皆爲無數大小不等之農田所布滿。此等農田皆爲强人所私墾而自成村落者，故下文云「其民寡人不得籍斗升」也。張佩綸謂「『列稼緣封』無義，『稼』當作『冡』，山頂曰冡，上所言『山閒』乃羣山，此則指泰山言」者非。

〔五〕俞樾云：「按此文凡三云『寡人不得籍斗升焉』，句下當並有『去一』兩字。言如此則是去其一分也。今第一句下有『去』字而奪『一』字，第二句下『去一』兩字俱存，而誤屬下讀，第三句下『去一』兩字俱奪矣，而句上有『其民』兩字，甚爲不詞，蓋『其民』卽『去一』之誤。古文『一』作『弌』，因誤爲『民』。弌誤爲民，因改『去』爲『其』，屬之句上，而義全失矣。『不能操其二』當作『不能操其三』。蓋上文三言『去一』，則是去其三分，故桓公言五分不能操其三也。如今本則皆不得其指矣。」元材案：此文訛誤甚多，不可强解。俞説甚辨，但增改字數太多，未免有削足適屨之嫌。且「其民」者，張佩綸云「言此等人寡人亦不得籍」，郭沫若云「言民在邊疆隙地，强力耕作，自爲部落而不納税籍」，文義皆順，何得謂爲「不詞」？竊意此文上「去」字下挩「一」字，「去一」與下「去一」皆是校者按照下文「五分而不能操其二」句而添注於「寡人不得籍斗升焉」句旁者，後人遂誤以入正文而又奪其「一」字耳。朱長春釋此文云：「其一，公族采地世禄，不入於公税也。其二，棄土不毛，不入於公税也。其三，近郊村落，自占土爲耕，不入於公税也。」亦以「其一」「其二」「其三」對原文進行分析，卽「去一」云云之義矣。「五分而不能操其二」句亦不必改。上述三種土地有大有小，並不是每一種皆等於五分之一。則此處五分之二，乃謂上述三種土地已占去公税五分之三以上也。張佩綸謂「五分當作四分，四分而去其三，故曰不能操二」者亦不可從。

〔六〕尹注云：「提，持也。合衆弱以事一强者謂之衡。秩，次也。」元材案「提衡」二字，《韓非子》書屢用之。《有度篇》云：「愚智提衡而立。」《八經篇》云：「大臣兩重，提衡而不踦者曰卷禍。」《飾邪篇》云：「自以爲與秦提衡。」又《漢書·杜周傳·贊》云：「張湯杜周俱有良子，爵位尊顯，繼世立朝，相與提衡。」臣瓚曰：「衡，平也。言二人齊也。」皆是並肩而立，不相上下之意。「衡」亦有作「珩」者。《鹽鐵論·論功篇》云：「七國之時，皆據萬乘，南面稱王，提珩爲敵國累世。」是也。張之象釋之云：「提，舉也。珩，佩玉也，所以飾行止也。行止之飾相同，故可以互相平行。」尹氏說非。此謂争秩一詞，又見《輕重丁篇》。謂争先後位次。如《左氏哀十三年傳》「吴晉争先」，是其例也。此謂與天子並駕馳驅，争先後位序於諸侯。張文虎謂「『子』疑當作『下』」者失之。

〔七〕尹注云：「屯，戍也。發師置屯，人有粟者則不行。」元材案：置屯即立戍。《地數篇》云「武王立重泉之戍」是也。籍農，謂登記農民藏穀之數。又案「發師置屯籍農」本爲一事，張佩綸乃分之爲三，謂「桓公所慮三端，管子以令答之」，穿鑿之至！

〔八〕陶鴻慶云：「『十鍾』當與『千鍾』互易。蓋初令止及『千鍾之家』，次及『百鍾』，又次及於『十鍾』。至十鍾之家亦不行，則當行者少。故曰『行者不能百之一，千之十，而困窌之數皆見於上也』。今本誤倒，則不通矣。」元材案：陶說大迂。此謂家有十鍾百鍾千鍾者皆可免役，並非分三次發令也。「困窌」，解已見《輕重甲篇》。「見」即《漢書·韓信傳》「情見力屈」之見，顔師古注云：「見，顯露也。」猶今言暴露。

〔九〕尹注云：「挹，猶謂減其數。」安井衡説同。何如璋云：「挹損猶言加減，謂必如其所存之數也。」元材案：《荀子·宥坐篇》云：「此所謂挹而損之之道也。」楊倞注：「挹亦退也。挹而損之，猶言損之又損。」與尹注合。然考《輕重甲篇》云「用若挹於河海」，則「挹」字實不能訓爲「退」或「減」。挹有取義。此處當訓爲益　挹損猶言益損，即《輕重甲篇》所謂「侈弇」之意。《荀子》上文云：「孔子曰：聰明聖智，守之以愚。功被天下，守之以讓。勇力撫世，守之以怯。富有四海，守之以謙。」正是上句言益，下句言損也。又《史記・十二諸侯年表・序》云：「七十子之徒口受其傳指，爲有所刺譏褒諱挹損之文辭不可以書見也。」亦作損益講。何說得之。

〔一〇〕尹注云：「直猶當也。謂決其積粟之數。」元材案：決謂解除債務關係，解已見《山至數篇》。

〔一一〕尹注云：「分之曰券，合之曰契。責讀曰債。使百姓皆稱貸於君，則無契券之債。」元材案：「使無券契之責」二語。又兩見《輕重丁篇》，唯此處券契與《丁篇》微有不同。《丁篇》券契指人民向稱貸之家借債而立之借據而言，此處則指政府定購存穀時所發出之穀價支款單據。使無券契之責，謂政府以現款按市價支付之，不再負債於藏穀之家也。尹謂「使百姓皆稱貸於君」，失其指矣。

〔一二〕元材案：九州有二，一爲大九州，鄒衍主之，見《史記・孟荀列傳》及《鹽鐵論・論鄒篇》。二爲中國境內之九州。此又有《禹貢》九州（冀、兗、青、徐、揚、荆、豫、梁、雍）《爾雅》九州（冀、幽、兗、營、徐、揚、荆、豫、雍）及《周禮》九州（冀、幽、并、兗、青、揚、荆、豫、雍）之分。（王莽九州從《禹貢》，見《漢書・王莽傳》。《漢書・地理志》從《周禮》。）漢人最喜以九州代表全國。僅《鹽鐵論》一書中，稱九州者，卽達八處之多。除《論鄒篇》之九州係指大九州而言者外，其餘則皆指中國國境以內之九州而言。此處及《輕重戊篇》之九州亦然。「九州無敵」者，猶《孟子》之言「天下無敵」矣。竟同境。此謂民間之穀既盡歸於政府，於是政府手中掌握有大量之穀，以攻則天下無敵，以守則境上無患。賈誼所謂「苟粟多而財有餘，何爲而不成？以攻則取，以守則固，以戰則勝，懷敵附遠，何招而不至」，意與此同。

〔一三〕張佩綸云：「『無所用之管子曰』，顯有脱爛字句。」元材案：「令曰」當作「公曰」。乃桓公於聽取上項陳述之後，追問管子之詞。「罷師歸農」對「發師置屯」而言。謂當發師置屯之初，假名國防，實則其本意祇在騙取民間之藏穀，今穀已盡歸於君，是騙取藏穀之目的已達，然則罷師歸農之後，此項藏穀究將何以用之耶？下文「管子曰」云云，即對答桓公此問者也。若作「令曰」，則「管子曰」三字爲重出矣。

〔一四〕豬飼彥博云：「『管子曰』三字衍。」何如璋、聞一多説同。元材案：此與上文「公曰」云云一問一答，何得謂爲衍文。唯「曰」字上當有「對」字。

〔一五〕元材案：「甿」字及「發草」之義，解已見《輕重甲篇》。「無兵則以賜貧甿」者，蓋假貸於貧民，使作爲耕發草萊之用，非徒賜之而已。此蓋對於桓公「罷師歸農，無所用之」之疑問加以解釋。謂積藏之穀，不僅戰時不可或缺，即平時亦有其必要也。《揆度篇》云：「彼輕重者，諸侯不服以出戰，諸侯賓服以行仁義。」又《鹽鐵論·力耕篇》云：「往者財用不足，戰士頗不得禄。而山東被災，齊趙大饑。賴均輸之富，倉廩之積，戰士以奉，饑民以賑。故均輸之物，府庫之財，非所以賈萬民而專奉兵師之用，亦所以賑困乏而備水旱之災也。」義與此同。

管子曰：「滕魯之粟釜百，則使吾國之粟釜千。滕魯之粟四流而歸我，若下深谷者，非歲凶而民飢也。辟之以號令，引之以徐疾，施平其歸我若流水。」〔一〕

〔一〕安井衡云：「辟，召也。『平』當爲『乎』。『施乎』，舒行貌。」俞樾云：「『施』乃『也』字之誤，『乎』上當有『粟』字。《輕重甲篇》曰：『故申之以號令，抗之以徐疾也，民乎其歸我若流水。』文法與此同。知此文是『粟乎』非『民乎』者，以本文是言粟事耳。」張佩綸說同。元材案：安井說是，俞、張說非也。施，《說文》：「旗貌。」徐鍇曰：「旗之逶迤。」施乎其歸我若流水，猶言滕魯之粟逶迤而來，如水之就下也。又案《山至數篇》：「彼諸侯之穀十，使吾國穀二十，則諸侯穀歸吾國矣。諸侯穀二十，吾國穀十，則吾國穀歸於諸侯矣。故善爲天下者，謹守重流而天下不吾洩矣。彼重之相歸，如水之就下。吾國歲非凶也，以幣藏之，故國穀倍重，故諸侯之穀至也。」文義與此略同。

桓公曰：「吾欲殺正商賈之利而益農夫之事〔一〕，爲此有道乎？」

管子對曰：「粟重而萬物輕，粟輕而萬物重，兩者不衡立〔二〕。故殺正商賈之利而益農夫之事，則請重粟之賈金三百〔三〕。若是則田野大辟〔四〕，而農夫勸其事矣。」

桓公曰：「重之有道乎？」

管子對曰：「請以令與大夫城藏〔五〕，使卿諸侯藏千鍾，令大夫藏五百鍾，列大夫藏百鍾，富商蓄賈藏五十鍾〔六〕。内可以爲國委，外可以益農夫之事〔七〕。」

桓公曰：「善。」

下令卿諸侯令大夫城藏。農夫辟其五穀〔八〕，三倍其賈。則正商失其事，而農夫有百倍之利〔九〕矣。

〔一〕何如璋云：「殺，減也。正謂世業商者。」張佩綸云：「《通典》無『正』字。蓋一本作『殺』，一本作『正』，校者據《通典》加『殺』字耳。『正商失其事』，『正』字衍。」許維遹云：「《通典·食貨》十二引無『正』字。『殺』猶甚也，其義爲多，今東齊猶存此遺語。『正』讀如『征』。征，税也。下文同。」聞一多云：「下文『則正商失其事』，許云『正當爲任』，是也。余謂此『正』亦『任』之譌，『商』下又衍『賈』字。下文『則正商失其事』，下無『賈』字，卽其證。殺，減也。殺任商之事，益農夫之事，文相偶。」郭沫若云：「『正』疑『巨』字之誤。下文兩『正商』同誤。」元材案：何説是，諸説皆非。殺《廣韻》、《集韻》、《韻會》並音鎩，降也，減削也。下文兩言「正商」，「正」字非衍非誤可知。又云「則正商失其事」，「正商」連文爲名詞，則「正」不讀「征」又可知。《史記·平準書》「諸賈人末作貰貸賣買居邑稽諸物及商以取利者，雖無市籍，各以其物自占。率緡錢二千而一算。」據此，則商賈有「有市籍」與「無市籍」之分。此言「正商賈」，卽有市籍之商賈，猶言正式商賈也。正商賈獲利多，故欲減削之以益農夫。下仿此。

〔二〕元材案：粟即穀。「穀重而萬物輕」二語，解已見《乘馬數篇》。「兩者不衡立」，即「兩者爲敵則不俱平」之意，解已見《輕重甲篇》。

〔三〕安井衡云：「古本『金』作『釜』。」丁士涵云：「元本作『釜三百』，是也。謂每釜加價三百。下文所謂『三倍其賈』也。」俞樾云：「按此言粟價而云『金三百』，義不可通。『金』乃『釜』之誤。『釜』字壞其上半，故成『金』字矣。據《輕重甲篇》云：『故善者重粟之賈釜四百，則是鍾四千也。十鍾四萬，二十鍾者八萬。』然則此文亦與彼同。『三百』當作『四百』。古書『四』字或作『亖』，因誤爲『三』耳。」元材案：「金」當爲「釜」，是矣。謂提高粟價爲每釜三百，下文所謂「三倍其賈」也。丁氏謂爲「每釜加價三百」，俞氏謂「三百當作四百」者皆非。

〔四〕元材案：辟即上文「辟方都二」之辟，解已見《事語篇》。《漢書·食貨志》云「田野益闢」，即「田野大辟」之義也。

〔五〕王引之云：「此當作『請以令與卿諸侯令大夫城藏』。城藏者，藏粟於城中也。下文曰『下令卿諸侯令大夫城藏』，正承此句言之。其曰『使卿諸侯藏千鍾，令大夫藏五百鍾，列大夫藏百鍾』，則分承此句言之也。今本『大夫』上脱『卿諸侯令』四字，則與下文不合。」何如璋云：「『令』下脱『卿諸侯』三字。卿，王朝之卿。城藏者，於城中築倉廩。『令』字貫卿諸侯大夫，謂號令也。」元材案：「令」下脱「卿諸侯」三字，何説是也。下文城藏者有四種人，此僅言卿諸侯與大夫者，概括言之也。下文「下令卿諸侯令大夫城藏」，例與此同。卿諸侯解已見《輕重甲篇》。城藏非藏粟於城中，亦非於城中築倉廩。此「城」字卽《周禮・考工記・匠人》「囷窌倉城」之城。注云：「地上爲之，圜曰囷，方曰倉。穿地曰窌。」謂之「城」者，猶楊倞《荀子・富國篇・注》所謂「垣，築牆四周以藏穀」之「垣」矣。一九六九年，洛陽市文物管理委員會發掘隋唐洛陽含嘉倉遺迹時，卽發現該倉周圍有城牆。牆基最寬處達十七米，城牆東西長六百一十二米，南北長七百五十米。倉城内有分布密集，排列整齊之地下儲粮倉窖，大小有數百座之多。倉窖結構大體相似，皆是口大底小之圓形土坑，坑底十分堅硬。（見一九七二年九月人民美術出版社出版，《文化大革命期間出土文物》三十五頁，《隋唐時期的洛陽含嘉倉》。）此處「圓形土坑」，卽《周禮・注》所謂「穿地曰窌」也。

〔六〕安井衡云：「古本『十』作『千』。」郭沫若云：「當依古本作『五千』。足證富商蓄賈之雄厚五倍於卿諸侯，此其所以爲『二君二王』也。」元材案：此文「城藏」者，從「卿諸侯」至「富商蓄賈」凡四種人，所應城藏之數，亦分四等，卽：「千鍾」「五百鍾」「百鍾」「五十鍾」，按級排列，秩序井然，似不當改「十」爲「千」。又「二君二王」，乃「二君之正」之誤，説已詳《輕重甲篇》。

〔七〕元材案：委，委積也。謂城藏之令一下，既可以增加國内之儲蓄，又因爲從卿諸侯至商賈皆争相買穀，而穀價必貴，故農夫得利必多也。

〔八〕元材案：「辟」卽上文「田野大辟」之辟，言農夫因受穀價高漲之刺激，争相開闢草萊，擴大耕地，以期增加五穀産量也。

〔九〕元材案：上言「三倍其賈」，此言「百倍之利」，乃著者故意誇大之詞。本書此類説法隨處皆是。予在《海王篇》已詳論之矣。

桓公問於管子曰：「衡有數〔一〕乎？」

管子對曰：「衡無數也。衡者使物壹高壹下，不得常固〔二〕。」

桓公曰：「然則衡數不可調耶？」

管子對曰：「不可調。調則澄〔三〕，澄則常，常則高下不貳〔四〕，高下不貳則萬物不可得而使固〔五〕。」

桓公曰：「然則何以守時〔六〕？」

管子對曰：「夫歲有四秋〔七〕，而分有四時〔八〕。故曰：農事且作〔九〕，請以什伍農夫賦耜鐵〔一〇〕，此之謂春之秋。大夏且至〔一一〕，絲纊之〔一二〕所作，此之謂夏之秋。而大秋成〔一三〕，五穀之所會，此之謂秋之秋。大冬營室中〔一四〕，女事紡績緝縷之所作也，此之謂冬之秋〔一五〕。故歲有四秋，而分有四時。已得四者之序，發號出令，物之輕重相什而相伯〔一六〕。故物不得有常固。故曰衡無數。」

〔一〕元材案：衡字之義，解已見《巨（筴）乘馬篇》。此處當作平準，即物價政策講。數謂「定數」。下文「衡無數」，即「輕重無數」之意，解已見《輕重甲篇》。

〔二〕王念孫云：「『固』當爲『調』。（下文兩固字並同。）『調』誤爲『周』，又誤爲『固』耳。下文『衡數不可調』，即承此句而言。《國蓄篇》云：『衡者使物一高一下，不得有調也。』（今本脱此文，説見《國蓄篇》。）是其證。」何如璋云：「輕重者物，使之高下者衡。固者滯也，固則滯而不通，權與準無所施矣。固與下、數音叶。王云『固乃調之誤』，非。」郭沫若云：「王校非也。『不得有調』即『不得常固』。如改『不得常固』爲『不得常調』，則是可以不常調而成爲『有調』矣。細審，衡乃物價之意，本書中常以横字爲之。何以天秤爲解，亦非。桓公問『衡有數乎』，管子答以『衡無數』，乃謂物價無定準。故申之以『衡者使物一高一下，不得常固』，而下文更云『物之輕重（貴賤）相什而相伯，故物不得有常固，故衡無數』。在舊社會中，物價不能經常固定，此乃常識。『調』是劃一物價之意。物價劃一則死，死則貨物不能購買。故云『不可調』，或『不得有調』；故云『調則澄，澄則常，常則高下不貳，高下不貳，則萬物不得而使用』。『澄』者静止也。『貳』，如字，不當改爲貣。『使用』，『用』字誤作『固』，當校改。」元材案：王、何説皆非，郭説近之。但釋「衡」爲「物價」，似不妥。若如所云，則「衡者使物一高一下」，乃爲「物價者使物（價）一高一下」，殊不詞。衡指平準政策言。此乃作者反對物價穩定之意。謂善於執行平準政策者只有使「物不得常固」，「物之輕重相什而相伯」，然後封建國家始能獲得最大之贏利，否則萬物即「不可得而使用」。（用原作「固」，誤，以意改，説詳下。）蓋物價之不穩定，乃私有制社會中價值規律自發作用之自然表現。但此文所論，却不是對此一客觀規律之有意識或無意識的認識，而只是作者主觀上有此種要求。胡寄窗以此爲作者要使「商品價格不斷繞一個中心而上下擺動的均衡運動」(見所著《中國經濟史》上册第三四六頁),未免估計過高。事實上,本書各篇所論之物價波動,根本無中心之可言,而且作者亦絶不要求「均衡」。上文云:「桓公曰:『天下之朝夕可定乎?』管子對曰:『終身不定』。」《輕重丁篇》亦云:「舉國而一則無貲,舉國而十則有百。」即其證矣。又調即調節或調劑,解已見《國蓄篇》。惟以前各篇「調」字凡十六見,皆極言「調」之重要,此獨標「衡數不可調」者,表面上似極爲矛盾,但實際上則並不矛盾。本書作者一方面爲維持封建秩序之穩定,必須適當限制地主及富商蓄賈借助於流通過程而進行商業兼併,因而要求調節商品流通,以縮小物價波動之幅度。但另一方面,爲儘可能擴充封建國家之財政收入,又要求人爲地製造供求關係之失調,通過物價之大幅度的波動,以便攫取最大限度之商業贏利。此兩種思想,在全書中隨處皆有所表現。然前者只處於次要從屬之地位,事實上則本書所提出之各種措施,只不過是一種單純爲封建國家追求最大限度商業利潤而服務之一種經濟理論而已!

〔三〕王引之云:「『澄』訓爲清,與調字常字義不相承,當是『憕』字之誤。《説文》:『憕,平也。』物之高者有時而下,下者有時而高,其數不能均平。調之則前後相等而高下平矣,故曰『調則憕』。平則高者常高,下者常下矣,故曰『憕則常』。」元材案:《增韻》:「澄,水静而清也。」然則澄本有静清二義。静即静止,亦即穩定。因物價一經以强力調劑,便將入於絶對穩定狀態之中。如此則無有變化,無有變化之謂常,不得云與調字常字義不相承也。王説失之。

〔四〕王念孫云：「貳當爲貣。貣音他得反。貣，善也。言衡數有常，則高下不善也。」元材案：此說亦非。貳即二，不二卽一也。蓋輕重之大利，原在物價之有高下。而高下之發生，有因地而起者，《揆度篇》所謂「守四方之高下」是也。有因時而起者，《山國軌篇》所謂「此物之高下之時也」，《輕重丁篇》所謂「王霸之不求於人，而求之終始，四時之高下，令之徐疾而已矣」是也。然此僅屬自然之高下，守之乘之尚不足以盡輕重之筴之能事。必也本無高下，而以人爲之力造成之，或則更進一步以人爲之力造成與自然高下相反之高下。上文所謂「衡者使物一高一下」，卽以人爲之力造成高下之義也。

〔五〕何如璋云：「『萬物』下衍『不』字。上下文可證。」聞一多云：「『固』當作『調』。」元材案：「固」當作「用」，字之誤也。《事語篇》云：「善者用非其有，使非其人。」《地數篇》云：「善者用非有，使非人。」《輕重甲篇》云：「故聖人善用非其有，使非其人。」《山至數篇》云：「彼善爲國者，不曰使之，使不得不使。不曰用之（原作貧之，誤，依王念孫校改），使不得不用。故使民無有不用不使者。」又《揆度篇》云：「夫天下者使之不使，用之不用。故善爲天下者，毋曰使之，使不得不使。毋曰用之，使不得不用也。」《輕重丁篇》云：「使用若河海。」皆以「使用」二字對言，與此正同。蓋謂萬物之能爲我使、能爲我用者，正以其有高下之分。若無高下之分，則不可得而使之用之矣。何、聞兩氏說皆非。郭沫若說與予同。

〔六〕元材案：守時，卽守物之高下之時。

〔七〕元材案：秋者成也，收也。四時皆有所收成，故曰「歲有四秋」也。

〔八〕王念孫云：「按此言以四秋分屬四時也。『分』下不當有『有』字。蓋涉上『有』字而衍。（下文同。）《太平御覽・時序部》二引此無『有』字。」何如璋云：「『分』乃分數之分，謂萬物之本數也。王欲去『分』下『有』字，解爲分屬四時，殊失本旨。」元材案：「分」即《國蓄篇》「分并財利而調民事」（《輕重甲篇》作「分并財」）之分，即財産再分配之意。時，指季節。「分有四時」，承「歲有四秋」而言。謂一年之中，有四個季節，皆「物之高下之時，民之所以相兼并之時」，亦即人民受物價規律自發調節作用支配而向貧富兩極分化之時。政府如欲實行財産再分配之政策，此蓋其最好時機，故曰「分有四時」也。王、何兩氏説皆失之。

〔九〕孫星衍云：「《太平御覽》十七引『且』作『既』。」戴望説同。何如璋云：「『農事且作』上脱『大春』二字，宜補，與下三句一例。」張佩綸云：「春非農事既成之時，當從今本。」聞一多云：「『曰』字衍，『農事』上當補『大春』二字。」郭沫若云：「『故』字亦當衍，『故曰』當即『大春』二字之蠹壞字。」元材案：何、張説是也。「農事且作」即《地數篇》「農事方作」及《輕重甲篇》「農事且起」之意。「故曰」二字不當衍。

〔一〇〕郭沫若云：「『什伍』作動詞用，猶言編制也。」元材案：僅言編制，意猶未盡。《史記・商君列傳》「令民爲什伍而相收司連坐」，《索隱》：「劉氏云：『五家爲保，十家相連也。』」《正義》：「或爲十保，或爲五保。」「以什伍農夫賦耜鐵」者，言令農夫什伍相保而貸之以農器也。耜鐵解已見《海王篇》。

〔一一〕聞一多云：「依前後文例，『大夏』下當有缺文。」郭沫若云：「『且至』乃『日至』之誤，謂日南至也。與『大冬營室中』同例，均就天象而言。」元材案：「且至」即將至之意，與下文「大秋成」同例。又下文「絲纊之所作」，即「大夏且至」之主要內容。即非錯字，亦無缺文。兩氏說皆非。

〔一二〕戴望云：「《御覽》『絲』作『蠶』。」郭沫若云：「當以作『絲』爲是，蠶事在春，不在夏也。」

〔一三〕王念孫云：「『而大秋成』，『而』字衍。」元材案：《御覽》無「而」字。成，成熟也。秋時萬物皆成熟，故曰「大秋成」也。

〔一四〕何如璋云：「營室，星名，北方之宿。此星昏中爲夏正十月，時可以營製宮室，故名營室。《鄘風》『定之方中，作於楚宮』，即此星也。」元材案：營室即室宿。在二十八宿中，爲北方玄武七宿之一。共有二星。陰曆十月黃昏時，於南方之正中見之。「大冬營室中」者，言大冬正營室星出現之時。以天文紀季候，猶《詩・豳風》之言「七月流火」，「九月繁霜」矣。

〔一五〕元材案：《漢書・食貨志》云：「冬民既入，婦人同巷相從夜績。女工一月得四十五日。必相從者，所以省費燎火，同巧拙而合習俗也。」女事成於冬，故曰「冬之秋」也。

〔一六〕元材案：「伯」，古本作「百」。相什謂十倍，相百謂百倍。《國蓄篇》云：「故民有相百倍之生也。」《漢書・枚乘傳》：「此其與秦，地相什而民相百。」顔師古注云：「地十倍於秦，衆百倍於秦。」是也。

桓公曰：「皮幹筋角竹箭羽毛齒革〔一〕不足，爲此有道乎？」

管子曰：「惟曲衡〔二〕之數爲可耳。」

桓公曰：「行事奈何？」

管子對曰：「請以令爲諸侯之商賈立客舍〔三〕，一乘者有食，三乘者有蒭菽，五乘者有伍養〔四〕，天下之商賈歸齊若流水。」

〔一〕元材案：皮幹筋角，解已見《輕重甲篇》。此等皆古代製造兵器之必需原料品，關係國防至爲重要，故著者再三提出討論之。

〔二〕何如璋云：「曲衡者非常數之謂。」郭沫若云：「據下文所解『爲諸侯之商賈立客舍，一乘者有食，三乘者有蒭菽，五乘者有伍養』，則所謂『曲衡之數』，即『將欲取之，必先予之』之意。《牧民篇》所謂『知予之爲取者，政之寶也』。」元材案：《易繫辭》「曲成萬物而不遺」，《疏》云：「屈曲委細。」曲衡者，猶言委曲求備矣。

〔三〕元材案：諸侯之商賈，即外國之商賈。客舍，即旅館。《史記·商君列傳》「商君亡至關下，欲舍客舍」是也。王莽時謂之「諹舍」。《漢書·食貨志》：「賈人坐肆列里區諹舍。」如淳注云：「諹舍，今之客舍也。」蓋商賈臨時居住並交易貨物之所，猶清代之廣州十三行矣。

〔四〕元材案：芻菽所以餵馬。養謂炊烹之人。《公羊宣十二年傳》「廝役扈養」，何休注：「艾草爲防者曰廝，汲水漿者曰役，養馬者曰扈，炊烹者曰養。」又《史記·儒林傳》云「兒寬常爲弟子都養」，《索隱》：「謂兒寬家貧，爲弟子造食也。」伍養者，謂有廝養之卒五人也。此言外商有貨車一乘者，則供給其飲食，三乘者兼供給其飼料，五乘者並供給其廝養之人，所以示優待廣招徠也。如此，則天下之商賈皆欲立於其市矣。胡寄窗云：「在中國古代，純粹從經濟觀點出發，公開鼓勵國際貿易者，還只有管子作者。」（見所著《中國經濟思想史》第十章第三五〇頁）最爲得之。

管子輕重十五——輕重丙(亡)

管子輕重十六——輕重丁

右石璧謀　右菁茅謀

元材案：本書各篇均無於正文後及標題下另加子目者，獨本篇有之而又不全。依現有二子目之例，則下文及《揆度》、《輕重甲》、《乙》與《戊》各篇每段皆應另加子目。至少本文所謂「峥丘之謀」者既與「陰里之謀」及「菁茅之謀」敍例全同，卽應取得同有子目之資格，而竟付之缺如，足證此二子目決非原書所本有。乃後之讀者見《管子》其他各篇，如《經言》中之《牧民》、《立政》、《乘馬》、《七法》、《幼官圖》及《雜篇》中之《九守》，皆有子目，故亦仿其例而以子目標注之。妄人不知，遂取以入正文耳。實則《牧民》等篇之子目是否原著書人之意，亦極可疑。觀《羣書治要》所引《牧民篇》卽無子目，與今本異，卽其證矣。

提要：全文共分十五段，亦是每段討論一個問題，亦可以說是每段一「謀」。段與段間皆無聯系，與《輕重甲、乙》等篇體例全同。

桓公曰：「寡人欲西朝天子而賀獻〔一〕不足，爲此有數乎？」

管子對曰：「請以令城陰里〔二〕，使其牆三重而門九襲〔三〕。因使玉人刻石而爲璧〔四〕，尺者萬泉〔五〕，八寸者八千，七寸者七千，珪中四千，瑗中五百〔六〕。」璧之數已具〔七〕，管子西見天子曰：「弊邑之君欲率諸侯而朝先王之廟，觀於周室〔八〕。請以令使天下諸侯朝先王之廟，觀於周室者，不得不以彤弓石璧〔九〕。不以彤弓石璧者，不得入朝。」

天子許之曰：「諾。」號令於天下。天下諸侯載黃金珠玉五穀文采布泉〔一〇〕輸齊以收石璧。石璧流而之天下，天下財物流而之齊，故國八歲而無籍。陰里之謀也。

右石璧謀。

〔一〕元材案：賀獻，解已見《輕重甲篇》。

〔二〕尹注云：「城者，築城也。陰里，齊地也。」張佩綸云：「陰里即《水經·淄水注》『又東北逕蕩陰里西』之蕩陰里。」元材案：此亦著者假託之詞，不必實有其地。張說太泥。

〔三〕尹注云：「襲亦重也。欲其事密而人不知，又先託築城。」

〔四〕尹注云：「刻石，刻其菑石。」元材案：「刻其菑石」，當作「刻其葘石」，說已詳《輕重甲篇》。

〔五〕元材案：本篇「泉」字凡十見，「錢」字只一見。其中除「天下諸侯載黃金珠玉五穀文采布泉輪齊」及「謹守泉布之謝物」兩「泉」字當爲「帛」字之誤外，其餘八「泉」字則皆作「錢」字講。《周禮・地官・泉府・疏》：「泉與錢，今古異名」是也。謂之泉者言其流行如泉。

〔六〕尹注云：「好倍肉曰瑗」。元材案：珪，古圭字，玉之剡上方下者。國有大事，執以爲瑞信之物，亦謂之圭璧，如「躬圭蒲璧」是也。瑗，大孔璧也。《爾雅》：「好倍肉謂之瑗。」言孔大於邊也。中，直也。謂一圭之價直四千錢，一瑗之價直五百錢也。

〔七〕元材案：璧之數，指上述五種之璧每種各若干之總數。

〔八〕安井衡云：「『觀』疑當爲『覲』。」元材案：「觀於周室」是漢武帝元鼎四年十一月幸洛陽時詔封周子南君詔中語（見《漢書・武紀》），不當改字。

〔九〕尹注云：「彤弓，朱弓也，非齊之所出。蓋不可獨言石璧，兼以彤弓者，猶藏其機。」張佩綸云：「彤弓當作彫弓。《荀子・大略篇》云：『天子彫弓，諸侯彤弓，大夫黑弓，禮也。』《公羊定四年傳》何注：『禮，天子彫弓，諸侯彤弓，大夫嬰弓，士盧弓。』據此則彤弓當作彫弓。形近而訛。」元材案：此言諸侯朝周時自佩之弓，仍以作「彤弓」爲是。

〔一〇〕王念孫云：「『泉』當爲『帛』。下文亦云：『有五穀菽粟布帛文采者。』《通典・食貨》十二引此正作『布帛』。」元材案：王説是也。《史記・貨殖傳》云：「齊帶山海，膏壤千里，宜桑麻，人民多文綵布帛魚鹽。」亦以「布帛」「文綵」連言。采、綵古通。

桓公曰：「天子之養不足，號令賦於天下則不信諸侯〔一〕，爲此有道乎？」

管子對曰：「江淮之間有一茅而三脊，母至其本〔二〕，名之曰菁茅〔三〕。請使天子之吏環封而守之。夫天子則封於太山，禪於梁父。號令天下諸侯曰：『諸〔四〕從天子封於太山，禪於梁父者，必抱菁茅一束以爲禪籍〔五〕。不如令者不得從。』天子下〔六〕諸侯載其黃金，争秩〔七〕而走。江淮之菁茅坐長而十倍，其賈一束而百金。故天子三日即位，天下之金四流而歸周若流水。故周天子七年不求賀獻者，菁茅之謀也。

右菁茅謀。〔八〕

〔一〕張佩綸云：「『號令賦於天下則不信諸侯』，當作『號令賦於天下諸侯則不信』。」元材案：此謂號令賦於天下，則不爲諸侯所信，猶言諸侯不肯服從也。張説非。

〔二〕俞樾云：「『母』當作『毌』，古貫字。貫者通也。謂茅之三脊，由其末梢以通至於本根也。」元材案：「母」元本作「每」，亦誤。俞説得之。

〔三〕元材案：《漢書·王莽傳》「陳菁茅四色之土，欽告於岱宗泰社」，顔師古注云：「《尚書·禹貢》：『苞匭菁茅。』儒者以爲菁，菜名也；茅，三脊茅也。而莽此言以菁茅爲一物，則是謂善茅爲菁茅也。」又《郊祀志》管子曰：「江淮間一茅三脊，所以爲籍也。」又云：「天子上泰山……江淮間一茅三脊爲神籍。」皆不言菁茅。此獨以「江淮間一茅三脊」與「菁茅」合而爲一，與王莽所云相同。

〔四〕許維遹云：「諸，猶凡也。」元材案：「封於太山，禪於梁父」二語，解已見《地數篇》。

〔五〕王念孫云：「『禪』字涉上『禪於梁父』而衍。『籍』當爲『藉』。藉，薦也。《史記·封禪書》：『江淮之間一茅三脊，所以爲藉也。』是其證。」元材案：爲禪而藉，故謂之禪藉。《封禪書》又云：「江淮間一茅三脊爲神藉。」神藉即禪藉也。禪字不衍。王説非。

〔六〕豬飼彥博云：「『下』上脱『天』字。」王引之云：「『不如令者不得從』爲句，『天下諸侯』連讀。其『子』字則因上文『從天子』而衍。」張佩綸説同豬飼。元材案：上文「不以彤弓石璧者不得入朝」，亦於「朝」字絶句，並不作「不得入朝天子之廟」。以彼例此，當以王説爲是。

〔七〕許維遹云：「『秩』疑當作『軼』。『軼』與『轍』通。」于省吾云：「按『秩』應讀作『程』。秩、程一聲之轉。程謂騁程。争程而走，猶言競程而走也。」元材案：《輕重乙篇》亦有「提衡争秩」之語。從兩處上下文詳繹之，秩仍當作秩。秩即次序。争秩，猶言争先恐後。于、許説皆非。

〔八〕元材案：以上二謀，似皆以漢武帝一代時事爲背景者。《史記·平準書》武帝元狩四年，「天子與公卿議更造錢幣以贍用，而摧抑浮淫并兼之徒。是時禁苑有白鹿而少府多銀錫。自孝文更造四銖錢至是歲四十餘年。從建元以來用少，縣官往往即多銅山而鑄錢。民亦間盜鑄錢，不可勝數。錢益多而輕，物益少而貴。有司言曰：『古者皮幣，諸侯以聘享。金有三等：黄金爲上，白金爲中，赤金爲下。今半兩錢法重四銖。而姦或盜摩錢裏取鋊，錢益輕薄而物貴，則遠方用幣煩費不省。』乃以白鹿皮方尺，緣以藻績，爲皮幣，直四十萬。王侯宗廟朝覲聘享必以皮幣薦璧然後得行。又造銀錫爲白金。以爲天用莫如龍，地用莫如馬，人用莫如龜。故白金三品，其一曰重八兩，圜之，其文龍，名曰白撰，直三千。二曰重差小，方之，其文馬，直五百。三曰復小，橢之，其文龜，直三百。」又曰：「上與張湯既造白鹿皮幣，問（顔）異。異曰：『今王侯朝賀以蒼璧直數千，而其皮薦反四十萬，本末不相稱。』天子不悦。」又《梁孝王世家》褚先生云：「諸侯王朝見天子，漢法：凡當四見。始到，入小見。到四月朔旦，奉皮幣薦璧玉，賀正月，法見。後三日，爲王置酒，賜金錢財物。後二日，復入小見，辭去。留長安不過二十日。」所謂漢法，應即張湯施行白鹿皮幣政策以後之法。試就以上所述比而觀之。所謂「不以彤弓石璧者不得入朝」，非即「王侯宗室朝覲聘享必以皮幣薦璧然後得行」之意耶？所謂「尺者萬泉，八寸者八千，七寸者七千，珪中四千，瑗中五百」，非即「白金三品，重八兩者直三千，差小者直五百，復小者直三百」之意耶？至「觀於周室」一語，則與《漢書·武紀》所載漢武帝元鼎四年洛陽詔文全同，其抄襲之迹，益爲顯明。此石璧謀之所自昉也。又據《史記·封禪書》，自古封禪之主，雖云有七十二君，而其有事實可考者，僅有秦始皇與漢武帝二人。而始皇之上太山，中阪，遇暴風雨未得上。故漢丁公云：「始皇帝不得上封。」然則實得上封者，武帝一人而已。故有司曰：「陛下建漢家封禪。」司馬遷亦曰：「今天子建漢家封禪，五年一修封。」明其爲武帝所初創，非古已有之也。且始皇時，諸齊魯之儒生博士七十人議封禪各乖異，難施用。漢武帝時，諸儒及方士言封禪亦人人殊，不經，難施行。然則封禪之事，於古無徵明矣。又始皇封禪，席用苴稭。稭者，應劭云：「禾稾也。去其皮以爲席。」苴者，晉灼云：「藉也。」至武帝始用江淮間一茅三脊爲禪藉，與始皇之席用苴稭者不同。《封禪書》上文雖有「管子曰江淮之間一茅三脊所以爲藉」之語，然此乃當日諸儒方士假託之詞，非真出自管仲之口。即令管仲真有此言，而據《封禪書》云，乃管子設事以難桓公者。不得謂在漢武帝以前，即有以茅爲藉之前例也。此菁茅謀之所自昉也。然兩謀雖皆從漢武帝時事演繹而來，但其以「菁茅」二字連文，則顯與王莽有關。然則本文之成，不得在王莽以前明矣！

桓公曰：「寡人多務〔一〕，令衡籍吾國之富商蓄賈稱貸家以利吾貧萌〔二〕，農夫不失其本事。反此有道乎〔三〕？」

管子對曰：「惟反之以號令爲可耳〔四〕。」

桓公曰：「行事奈何？」

管子對曰：「請使賓胥無馳而南，隰朋馳而北，甯戚馳而東，鮑叔馳而西。四子之行定，夷吾請號令謂四子曰：『子皆爲我君視四方稱貸之間〔五〕，其受息之氓〔六〕幾何千家，以報吾〔七〕。』」

鮑叔馳而西。反報曰：「西方之氓者〔八〕，帶濟負河，菹澤之萌也。漁獵取薪蒸而爲食〔九〕。其稱貸之家多者千鍾，少者六七百鍾〔一〇〕。其出之，鍾也一鍾〔一一〕。其受息之萌九百餘家。」

賓胥無馳而南。反報曰：「南方之萌者，山居谷處，登降之萌也〔一二〕。上斷輪軸，下采杼栗，田獵而爲食〔一三〕。其稱貸之家多者千萬，少者六七百萬。其出之，中伯伍也〔一四〕。其受息之萌八百餘家。」

甯戚馳而東。反報曰：「東方之萌，帶山負海，苦處，上斷福〔一五〕，漁獵之萌也。治葛縷〔一六〕而爲食。其稱貸之家下惠高國〔一七〕，多者五千鍾，少者三千鍾。其出之，中鍾五釜也〔一八〕。其受息之萌八九百家。」

隰朋馳而北。反報曰：「北方萌者，衍處負海，煮泲爲鹽〔一九〕，梁濟取魚之萌也〔二〇〕。薪食〔二一〕。其稱貸之家多者千萬，少者六七百萬。其出之，中伯二十也〔二二〕。受息之萌九百餘家。」

凡稱貸之家出泉參千萬，出粟參數千萬鍾。受子息民參萬家〔二三〕。

四子已報。

管子曰：「不棄〔二四〕我君之有萌，中一國而五君之正也〔二五〕，然欲國之無貧，兵之無弱，安可得哉？」

桓公曰：「爲此有道乎？」

管子曰：「惟反之以號令爲可。請以令賀獻者皆以鏤枝蘭鼓〔二六〕，則必坐長什倍其本矣。君之棧臺之職〔二七〕亦坐長什倍。請以令召稱貸之家，君因酌之酒，太宰〔二八〕行觴。桓公舉衣〔二九〕而問曰：『寡人多務，令衡籍吾國。聞子之假貸吾貧萌，使有以終其上令〔三〇〕。寡人有鏤枝蘭鼓，其賈中純萬泉也。願以爲吾貧萌決其子息之數，使無券契之責。』稱貸之家皆齊首而稽顙曰〔三一〕：『君之憂萌至於此！請再拜以獻堂下〔三二〕。』桓公曰：『不可。子使吾萌春有以傳耜，夏有以決芸〔三三〕。寡人之德子無所寵〔三四〕，若此而不受，寡人不得於心。』故稱貸之家曰：『皆再拜受。』〔三五〕所出棧臺之職未能參千純也，而決四方子息之數，使無券契之責〔三六〕。四方之萌聞之，父教其子，兄教其弟〔三七〕曰：『夫墾田發務，上之所急〔三八〕，可以無庶乎〔三九〕。君之憂我至於此！』此之謂反准〔四〇〕。」

〔一〕元材案：務，事務也。多務謂需要辦理之事務甚多。

〔二〕元材案：「衡」，主掌財政之官，解已見《巨(筴)乘馬篇》。稱貸謂舉債。《孟子·滕文公篇》云：「又稱貸而益之。」朱注：「稱，舉也。貸，借也。取物於人而出息以償之也。」稱貸家謂以放高利貸爲業者。猶《史記·貨殖傳》之言「子錢家」矣。萌字解已見《山國軌篇》。

〔三〕王念孫云：「『反此有道乎』當依上下文作『爲此有道乎』。今本『爲』作『反』者，涉下文『反之』而誤。」張佩綸云：「案此節後曰『反準』、『反之號令』，正承上『反此』而言，『反』字不誤。」郭沫若云：「此『反此』及下文『反之以號令』兩『反』字殆『發』字之誤，草書形近。」元材案：王、郭説非，張説是也。上言「令衡籍吾國之富商蓄賈稱貸家」，然則「反此」云者，乃「不籍」之意。下文管子言「反之以號令」，即所謂「反之有道」也。

〔四〕元材案：謂惟號令可以反之。即《國蓄篇》所謂「不求於萬民而籍於號令」之意。

〔五〕丁士涵云：「『閒』乃『閭』字誤。下文曰：『表稱貸之家，皆堊其門而高其閭』。」張佩綸云：「下文言『稱貸之家』，此處不得言閭。當作『稱貸之家，其閒受息之氓幾何家以報夷吾。』」元材案：視謂視察，猶言調查。閒者，泛指其處所之謂也。如言「行閒」「田閒」「人閒」等皆是。丁、張説皆非。

〔六〕郭沫若云：「『受』與『授』通，『授息之氓』即負債之家。」元材案：「受息之氓」與「稱貸之家」對文。後者指放債者，前者指借債者。借債須接受利息之條件，故曰「受息」。若釋「受」爲「授」，是反客爲主矣。郭説似可商。

〔七〕王念孫云：「『幾何千家』，當作『幾何家』。其『千』字則涉下文『千鍾』而衍。」元材案：「幾何」一詞，最早見於《左僖二十七年傳》「所獲幾何」，又《史記·孔子世家》亦有「孔子居魯得祿幾何」「人長幾何」語。《管子·問篇》，用之尤多。乃意未定而問之之詞，猶言多少。幾何千家即多少個千家也。今世統計數字，有以個爲單位者，亦有以百、千、萬、億或百萬、千萬……爲單位者。此蓋以「千家」爲單位，故曰「幾何千家」耳。下文云：「受子息民參萬家」，其數字之大可以想見。王說失之。「以報吾」當作「以報夷吾」，脱「夷」字。上文可證。

〔八〕元材案：氓與甿通。《詩·衞風》「氓之蚩蚩」，《石經注疏》作「甿」，即其證。甿字解已見《輕重甲篇》。

〔九〕元材案：漁獵取薪蒸而爲食者，《輕重甲篇》云：「山林菹澤草萊者，薪蒸之所出，犧牲之所起也。」西方之氓既爲帶濟負河菹澤之萌，故皆賴漁獵取薪蒸以爲食，極言其生活之艱苦也。

〔一〇〕元材案：稱貸之家即高利貸者。《史記·貨殖傳》謂之「子錢家」。千鍾、六七百鍾，謂稱貸之家所借出之穀數。

〔一一〕豬飼彦博云：「『鍾也一鍾』，疑當作『中鍾二釜也』。」洪頤煊云：「上『鍾』字當作『中』，下文『其出之中伯伍也』，『其出之中鍾五釜也』，『其出之中伯二十也』，字皆作『中』。此涉上『中』字而誤。」丁士涵云：「『也』字亦當在『一鍾』下。例見下文。」安井衡云：「鍾亦一鍾，歲收息與本同。」何如璋云：「『出之』下脱『中』字。中即息也。言所出中息，貸一鍾者還須加息一鍾。與下文一例。」張佩綸云：「洪説非也。『鍾也一鍾』，貸以一鍾，息亦一鍾。『中伯伍』者，貸百而息五十。『中鍾五釜』者，貸一鍾而息五釜。『伯二十』者，貸百而息二十。或倍息，或半息，或二分息。如洪所改，則中一鍾也，則幾何鍾而當一鍾歟？不可通矣。」于鬯云：「此本當作『其出之中鍾一釜也』。『也』字在句末。上『鍾』字不誤，而上脱一『中』字。下『鍾』字則當作『釜』。出者對入而言。入一鍾者，出則一鍾外又加一釜之息。故曰『其出之中鍾一釜也』。」姚永概云：「據下文云云，疑當作『其出之中鍾幾釜也』，但不可確知釜數耳。」」元材案：安井及張氏說是也。鍾也一鍾，即利率百分之百之意。

〔一二〕元材案：「山居谷處」四字，又見《鹽鐵論·輕重篇》。山居須登，谷處須降，故曰「登降之萌」。

〔一三〕元材案：「上斷輪軸」，「斷」，截斷。謂上山砍伐樹木以爲製造車輪及車軸之用也。「杍栗」即《莊子·徐無鬼篇》「先生居山林食芧栗」之芧栗，小栗也。南方之萌，或以製造車之輪軸爲生，或以採取芧栗及田獵爲生，其貧困與上述西方之萌蓋同。

〔一四〕安井衡云：「伯伍，貸百錢收息五錢也。與上下相比，爲數太少。且此以息重爲次，『伍』字下疑脫『什』字。」元材案：伯伍即百分之五十，上引張佩綸說已言之，不必改字。此與下文北方稱貸之家，其稱貸之對象，皆以錢計，與上文西方及下文東方之皆以穀計者不同。故南方北方皆曰「多者千萬，少者六七百萬」。西方東方則曰「多者千鍾，少者六七百鍾」及「多者五千鍾，少者三千鍾」，而下文總結亦必曰「凡稱貸之家出泉參千萬，出粟參數千萬鍾」也。又案中字除上、中、下及中間之中不計外，在本書中凡十八見。乃漢人常用語，即相當之意，解已見《山國軌篇》。何如璋謂「中即息」者失之。

〔一五〕豬飼彥博云：「『苦』當作『谷』。『福』當作『輻』。或云『苦處上斷福』五字衍。」王念孫云：「『苦處』當爲『谷處』。上文『山居谷處』，即其證。『上斷福』三字義不可通。案上文云：『上斲輪軸』，則此『上斷福』當是『上斲輻』之訛。上言『斲輪軸』，此言『斲輻』，若《詩》之言『伐輪伐輻』矣。」郭沫若云：「『苦處上斷福』涉上文『山居谷處』『上斷輪軸』而衍，『谷』又誤爲『苦』或『若』，『輪』又誤爲『福』耳。當刪。」元材案：上文已有「谷處」，此處不宜重出。《爾雅·釋言》：「鹹，苦也。」注：「苦即大鹹。」是「苦處」意爲土地鹹鹵，不生五穀。即《史記·貨殖傳》「地瀉鹵」之意，猶今言鹽鹼地也。「上斷福」即「上斷輻」。上文「山居谷處」「上斷輪軸」，是對「南方之萌」的生活之描寫，此「苦處，上斷輻」，則爲對「東方之萌」的生活之描寫。「苦處」承「負海」言，「上斷輻」承「帶山」言。既不須改字，更非衍文。

〔一六〕元材案：葛縷，以葛藤纖維爲線，織之爲衣屨。貧民所服。

〔一七〕元材案：「下惠」當爲「丁惠」之譌。解已詳《輕重乙篇》。高國即高子國子。《左氏襄十二年傳》「天子之二守國高在」是也。此亦假託之詞。

〔一八〕元材案：釜十則鍾，説已見《海王篇》。今貸出一鍾，而息五釜，是其利率亦爲百分之五十，與南方同矣。

〔一九〕元材案：「衍處負海」與上文「帶山負海」對文。此「衍」字與《山國軌篇》「梁渭陽瑣之牛馬滿齊衍」及《山至數篇》「伏尸滿衍」之衍不同。彼處「衍」字皆當訓爲原野，此處衍字則當作「澤」字講。《小爾雅》云「澤之廣者謂之衍」是也。「衍處」謂處於卑濕之地。猶《鹽鐵論·通有篇》之言「山居澤處」矣！煮沸爲鹽，解已見《地數篇》。

〔二〇〕元材案：梁，即《詩·小雅》「敝笱在梁」之梁。《傳》：「魚梁也。」即堰水爲關孔以捕魚之處。「梁濟取魚」者，言爲梁於濟水之中以捕取其魚也。張佩綸以「濟」爲「渡」者失之。

〔二一〕元材案：「薪食」即「取薪蒸而爲食」之意。《漢書·朱買臣傳》：「嘗艾薪樵賣以給食。」即其證。

〔二二〕元材案：「中伯二十」，言其利率相當於百分之二十。即《史記·貨殖列傳》所云「中什二」者也。

〔二三〕安井衡云：「古本無『數』字。據上所舉，四方受息之萌三千五百餘家。萬當作千。」元材案：古人臨文，對於數字本不十分講究，往往只言其大概，本書作者則更喜誇大。此例隨處而有，若必一一爲之校改，則過迂矣。茲爲易於明了起見，特製爲簡表如左：

齊國四方高利貸情況調查表

調查區域	地理環境	人民生活狀況	稱貸之對象及其數量	利率	受息者之約數	調查人
西方	帶濟負海，菹澤之萌。	漁獵取薪蒸而爲食。	粟多者千鍾，少者六七百鍾。	鍾也一鍾	九百餘家	鮑叔
南方	山居谷處，登降之民。	上斷輪軸，下採杼栗，田獵而爲食。	泉多者千萬，少者六七百萬。	中伯伍也	八百餘家	賓胥無

東方	帶山負海，苦處之民。	上斲輻，漁獵治葛縷以爲食。	粟多者五千鍾，少者三千鍾。	中鍾五釜	八九百家	甯戚
北方	衍處負海之民。	煮泲爲鹽，梁濟取魚，薪食。	泉多者千萬，少者六七百萬。	中伯二十	九百餘家	隰朋
總計			泉三千萬，粟三數千萬鍾。		三萬家	

〔三四〕吴志忠云：「『棄』乃『意』字誤。」姚永概云：「『棄』乃『幸』字之譌。」張佩綸云：「不棄蓋古人常語。《詩》『不我遐棄』是也。《史記·范雎傳》秦王曰：『寡人得受命於先生，是天所以幸先王，而不棄其孤也。』」元材案：張説牽附太甚，姚説亦無據，吴説近之。《漢書·嚴延年傳》：「我不意當老見壯子被刑戮也。」顔師古注云：「言素意不自謂如此也。」猶俗語之言「没有想到」矣。

〔三五〕丁士涵云：「『之正』二字當是『五王』二字之誤。五王猶五君也。《輕重甲篇》曰：『故爲人君而不審其號令，則中一國而二君二王也。』是其證。」元材案：《輕重甲篇》「二王」乃「之正」之誤，説已詳彼篇。此蓋言東西南北四方之民皆爲各區域稱貸家之高利貸所剥削，每年除對國家負担租税外，尚須負担從百分之二十至百分之百之高利貸的利息，是一國之民不啻同時有五君之正矣。丁氏説非。

〔三六〕何如璋云：「『鑣枝蘭鼓』，殆戟枝兵架之屬，上設此爲旌別而富民可以貲得者。《山權數》之樹表置高，猶此義也。」張佩綸云：「當作『鼓鑣枝蘭』。」并引證鼓鑣爲樂器，枝蘭爲兵器。而曰：「蓋稱貸之家皆卿大夫，賜以金石之樂，門列棨戟，以代償貧民子息。」元材案：下文云：「寡人有鑣枝蘭鼓，其賈中純萬泉也。」又曰：「所出棧臺之職未能參千純也，而決四方子息之數，使無券契之責。」是其物皆以「純」爲計算單位。純乃絲綿布帛等匹端之名，解已見《輕重甲篇》。樂器兵器從無以純言者。故鑣枝蘭鼓當是一種美錦之特有名稱。其取義之由或因其上織有象形「鑣枝蘭鼓」之花紋耳。何、張二氏說皆非。

〔三七〕豬飼彥博云：「『職』當作『藏』。下同。」吴志忠說同。何如璋云：「《山至數》『棧臺之錢』，此亦當作『錢』。下文『棧臺之職未能三千純也』，『純』當爲『緡』，聲之誤也。」許維遹云：「『職』乃『織』字之譌，下文同。織，布帛之總名。下文云『所出棧臺之職未能參千純也』，純即匹端名，是其證。《山至數篇》云『請散棧臺之錢』，錢帛以類相從也。」元材案：《史記·秦始皇本紀》「非博士官所職，天下敢有藏詩書百家語者，悉詣守尉雜燒之。」職者，主也，亦有藏義。原文不誤。

〔三八〕張佩綸云：「『太宰』當作『宰夫』，或衍『太』字。《儀禮》均言『膳宰』，無以太宰行觴者。」元材案：太宰，奉常屬官。《漢書百官公卿表》：「奉常屬官有太樂、太祝、太宰……六令丞。又有廱太宰、太祝令丞。」師古注云：「廱，右扶風之縣也。太宰，具食之官。」是太宰本爲具食之官。張說失之。

〔二九〕安井衡云：「古本『衣』作『哀』。」張文虎云：「哀疑裏字之譌。」張佩綸云：「『衣』『哀』均『辰』之誤。『𧣾』，古文『觶』。蓋『𧣾』省爲『辰』而壞爲『衣』，或作『哀』。《鄉飲酒禮》、《燕禮》、《特牲饋食禮》均有舉觶之禮。君當拜，不當舉裏也。」郭沫若云：「『衣』或『哀』殆『卮』字之訛。」元材案：作「衣」者是。舉者提也，猶攝也。「舉衣而問」即攝衣起立而問，所以示尊敬賓客之意。《管子・小稱篇》「管子攝衣冠起對曰」云云，即其證。兩張及郭氏說皆非。

〔三〇〕王壽同云：「『終』當爲『給』。下文『民多稱貸負子息以給上之急，度上之求。』是其證。」陶鴻慶說同。聞一多云：「『令』當作『今』，屬下讀。」元材案：王、陶說是，聞說非也。下文云：「吾聞子假貸吾貧民，使有以給寡人之急，度寡人之求，使吾萌春有以傳耜，夏有以決芸而給上事，子之力也。」此言「給其上令」，與「給寡人之急」「給上事」，句例正同。

〔三一〕張佩綸云：「『齊首而稽顙』，當作『拜手而稽首』。飲酒之禮無稽顙者。《儀禮》作『再拜稽首』。」元材案：下文亦有「齊首稽顙」之語，證明此乃著者習用術語，與古禮無關。齊首，首與地齊；稽首，以額叩地，乃封建社會中最恭敬之禮節。張說太拘。

〔三二〕元材案：堂下，堂陛之下，解已見《輕重甲篇》。不言獻君而言獻堂下者，敬君之詞。

〔三三〕元材案：「春有以傳耜」二語，又分見本篇下文及《輕重甲篇》，解已見《甲篇》。

〔三四〕丁士涵云：「『寵』疑『窮』字誤。」于省吾云：「按丁說謬。寵謂榮寵。《楚語》『其寵大矣』注：『寵，榮也。』此言寡人之德子而對於子無所榮寵也。」元材案：于說是也。《漢書・成紀》陽朔五年詔曰：「寵其强力。」師古注云：「謂優寵力田之人。」與此寵字用法正同。

〔三五〕豬飼彦博云：「『故』字『曰』字衍。」王念孫云：「衍『曰』字。」聞一多云：「『曰』『皆』二字互易。」元材案：聞説是也。

〔三六〕元材案：「使無券契之責」，解已見《輕重乙篇》。

〔三七〕元材案：「父教其子」二句，解已見《輕重乙篇》。

〔三八〕王引之云：「『發』下脱『草』字。《國蓄篇》曰：『耕田發草，上得其數矣。』《輕重甲篇》曰：『今君躬耕墾田，耕發草土。』又曰：『彊本趣耕，發草立幣而無止。』是也。『務』字屬下讀。務上之所急者，務農也。農者上之所急也。」元材案：此當以「夫墾田發務」爲句，「上之所急」爲句，「可以無庶乎」爲句。務與蓩同。《續漢郡國志》「弘農郡有務鄉」，《劉玄傳》「務鄉」作「蓩鄉」，即其證。蓩鄉者，李賢注云：「蓩音莫老反，《字林》云：『毒草也。』因以爲地名。」是發蓩即發草。以發草爲發蓩，當是著者採用某地方言爲文，猶《海王》《國蓄》兩篇之以「吾子」代「嬰兒」矣。王説失之。

〔三九〕張佩綸云：「『無庶』即『蕪曠』。庶從炗，黄亦從炗，形近而誤。」郭沫若云：「張説近是。蓋本作『無廣』，『無廣』即無曠也。《形勢篇》『怠倦者不及，無廣者疑神』。『廣』與『庶』形近而訛。」元材案：張、郭二氏説皆非。「無庶」二字不詞，「庶」當作「度」，形近而譌。度即下文「給上之急，度上之求」及「給寡人之急，度寡人之求」之度。「度上之求」「度寡人之求」，乃桓公自言。「上之所急，可以無度乎」，則受息之民之言。或曰「度求」，或曰「度急」，其義一也。

〔四〇〕安井衡云：「反准，償財以重物價也。」元材案：此説非是。准者，平也。平准之意，本欲調治貧富，平其不平。今乃先將某種物價特别提高，然後利用此高價之物，代人民償還其子息之數，然則反准云者，即提高物價以償民債之意。若如安井氏説，是倒果爲因矣。又案此文全係著者用管子口氣，説明其所謂「反准」政策之具體實施方法。文中桓公與稱貸之家之互相應對進退與四方之民之聞而父教其子，兄教其弟，亦爲管子假設之詞。謂如此則桓公當如何，稱貸之家當如何，四方之民聞之又當如何也。故文中「桓公舉衣而問」，「桓公曰不可」兩句中之「桓公」二字，皆當作「君」字講，使與上文「君之棧臺之職」、「君因酌之」二句用字相合。則此事全爲著者假託管子運籌帷幄之言，更爲彰明較著矣。此種文法，《戰國策》最常用之。《史記》記蒯通説范陽令事，亦與此同。

管子曰：「昔者癸度〔一〕居人之國，必四面望於天下〔二〕。下高亦高〔三〕。天下高，我獨下，必失其國於天下。」

桓公曰：「此若言曷謂也？」

管子對曰：「昔萊人善染，練茈之於萊純緇，緺綬之於萊亦純緇也〔四〕。其周，中十金〔五〕。萊人知之〔六〕，間纂茈空〔七〕。周且斂馬作見於萊人操之〔八〕，萊有推馬〔九〕。是自萊失纂茈而反准於馬也〔一〇〕。故可因者因之，乘者乘之，此因天下以制天下。此之謂國准〔二〕。」

〔一〕元材案：癸度之名，已見《輕重乙篇》，即武王所問者。與《輕重甲篇》桓公所迎之癸乙，皆爲著者所假託之「輕重之家」，而同以「癸」稱。《史記・律書》：「癸之爲言揆也。言萬物可揆度也，故曰癸。」蓋本無其人，故隨意命字。解已見《揆度篇》及《輕重乙篇》。

〔二〕元材案：四面望於天下，謂須隨時注意國內及國際之經濟情況。蓋經濟情況常因時因地而不同。故善爲國者，必須以極鋭敏之眼光，用極精密之調查統計，將國內外各種不同之經濟情況比較研究，以決定其因應變化之術。夫然後可以進行戰衡、戰準、戰權、戰流、戰勢乃至戰兵而無慮於敗。此白圭所以「樂觀時變」，而計然所以貴「睹萬物之情」也。《舊唐書・劉晏傳》載晏之理財「四方動靜，莫不先知」，作用正與此同。

〔三〕張佩綸云：「『下高亦高』當作『下亦下，高亦高』。《地數篇》：『天下高則高，天下下則下。天下高我下，則財利税於天下矣。』是其證。」聞一多云：「當作『天下高亦高，天下下亦下』。《地數篇》可證。」元材案：「下高亦高」上脱「天」字。此謂天下高我亦當與之同高。若天下高而我獨下，則我國之財利將流越而之天下，而我國必不免於滅亡矣。此數語又見《地數篇》。解已見《乘馬數篇》。張、聞二氏説非。

〔四〕元材案：此當以「昔萊人善染」爲句。善染者，謂擅長於染色之工藝也。練，《説文》：「厚繒也。」茈，茈草也。《山海經・西山經》「勞山多茈草」，《御覽》引《説文》作「紫草」。段玉裁云：「茈、紫同音。司馬彪注《上林賦》曰：『茈薑，紫色之薑。』知古茈紫通用。」綀茈卽染有紫色之繒。緺音媧，卽《史記・滑稽列傳》「佩青緺」之緺。綬，組也，卽絲條，以承受印環者。紫青色之綬，故曰緺綬。《後漢書・南匈奴傳》「詔賜單于冠帶衣裳黄金璽盭緺綬……」，注云：「盭音戾，草名。以戾草染綬，因以爲名。則漢諸侯王制，戾緑色。緺，古蛙反，《説文》曰：『紫青色也。』」綀茈、緺綬兩者蓋均爲萊人特産，而其價則極低廉，不過每純直金一鎰而已。純、鎰皆量名，解已見《輕重甲》及《輕重乙篇》。

〔五〕郭沫若云：「『其周中十金』，舊均以『周』爲周人。周與萊遠隔，於文亦難通。『周』當指萊人四周之鄰國，其中可包含齊魯。下『周』字亦同此解。」元材案：「郭氏以萊周遠隔，於文難通，乃從列國分立時言之耳。若在天下一統以後則有如《史記・貨殖傳》所云：『漢興，海内爲一，開關梁，弛山澤之禁，是以富商大賈周流天下，交易之物莫不通得其所欲。』雖遠在萬里，亦如在目前矣。「周」字在本書凡十六見（《國蓄》一、《山國軌》二、《山至數》一、《地數》一、《揆度》一、《國准》一、《輕重甲》一、《輕重乙》一、《輕重丁》五、《輕重戊》一），皆當作周王朝或周地講，説已詳《國蓄篇》。此「周」字及下「周」字，亦指周地而言。周地包括長安（西周）及洛陽（東周）在内。所謂「此皆距周七千八百里」係指長安之周。此處「周」字則似指洛陽之周而言。洛陽之周，俗喜以商賈爲業。《史記・貨殖傳》云：「洛陽東賈齊魯，南賈梁楚。」又云：「周人既纖，而師史尤甚。轉轂以百數，賈郡國無所不至。洛陽街居在齊、秦、楚、趙之中，貧人學事富家，相矜以久賈，數過邑不入門。設任此等，故師史能致七千萬。」《漢書·貨殖傳》亦云：「師史既衰，至成哀王莽時，雒陽張長叔、薛子仲，訾亦十千萬。」據此，則齊、秦、楚、趙、梁、魯，無不屬於周人活動之範圍，萊、周遠隔，又何患耶？「其」字下脱「於」字。「其於周中十金」者，謂練茈及緺綬在周地特爲貴重，每純可直黄金十斤，章炳麟所謂「在周則賈中十金」是也。郭説太拘。

〔六〕郭嵩燾云：「『萊人知之』者，言四面望於天下，高下至憭也。」元材案：萊人，萊國之商人。知之，謂知曉萊周兩地價格懸殊之情況也。

〔七〕何如璋云：「纂者集也。萊人知練與綬之價高，恐茈草不繼，乃斂以備染。」張佩綸云：「閒，少閒也。」元材案：何氏以纂爲集是也。惟此處茈字仍當作染織物講。上言練綬在周地純直十金，是周人所重者乃練與綬而非茈草，甚明。「閒」即《史記·貨殖列傳》「烏氏倮求奇繒物，閒獻遺戎王」之閒。《集解》：「徐廣曰：『閒一作奸。不以公正，謂之奸也。』」《索隱》：「閒獻猶私獻也。」「空」即《詩·小雅》「杼柚其空」之空，盡也。此謂萊國商人既知周國價貴，争以收集染織物爲事，故全國爲之一空也。

〔八〕朱長春云：「空則市難得，故以馬作現錢而易之。」張佩綸云：「周以重價致綦茈。及萊之綦茈既空，則以馬作直，易之萊人。」元材案：馬即《禮·投壺》「爲勝者立馬，一馬從二馬，三馬既立，請慶多馬」之馬，鄭注：「馬，勝籌也。」猶言籌碼。此處蓋指某種通行於國際間之臨時票據而言。作見即作證見，猶言抵押。操即《山至數篇》「常操國穀三分之一」之操，持也，亦據也，即佔有之意。蓋周人以此項染織物既已由萊人收集一空，因又以臨時票據爲抵押，從萊人手中全部轉購將其掌握於自己手中。朱、張二氏既誤籌碼之馬爲車騎之馬，又不知所謂「作見操之」者卽萊人所收集之染織物，蓋兩失之矣。

〔九〕安井衡云：「俗本『推』誤『准』。」王壽同云：「『推』乃『准』之誤，下文云云可證。」張佩綸云：「『有』讀爲『又』，又多以馬至萊反准其金，雖失之於綦茈而得之於馬。」郭沫若云：「『推』疑是賤價出售之意，如今言推銷也。『萊有（又）推馬』者，以四周之馬集中於萊，萊因馬多而賤，四周因馬少而貴，故萊人又將賤價之馬大量推銷。是則四周雖因購買萊人之綦茈有所損失，却反而求得平衡於馬之交易也。此兩番周轉，均以證明『天下高我獨下』之爲害。萊人本爲齊所滅者，雖未必卽因此而失國，頗足供作者借喻之便。」元材案：王說是，郭說非也。周卽周人，馬乃籌碼，「有」爲有無之有。「准馬」卽「以馬准幣」之意。「萊有准馬」者，謂貨由周操，馬歸萊有也。

〔一〇〕元材案：「是自萊失綦茈而反准於馬」，當作「是萊自失纂茈而反准於馬」。反准者，前爲以馬准幣，今則以幣准馬。謂通過周人以重價及准馬搶購之後，萊人遂自失其所收集之各種染織物，而所得者不過是以准馬向周人收回錢幣而已。

〔一一〕元材案：「乘者乘之」上亦當有「可」字，與上句同。此言善爲國者必能因其可因，乘其可乘，因天下以制天下，如周人之因萊人以制萊人，然後其國乃不爲天下所洩矣。此處「國准」二字，與《國准篇》及本篇下文之「國准」，義有內外廣狹之不同。後者對於國內而言，其義狹。前者則對於國際而言，其義廣。蓋猶今人之言國際貿易平衡矣。惟又有不可不知者，本書作者言國際貿易，與中世紀重商主義者完全不同。重商主義處於資本主義原始積累時期，故多以輸出貨物輸入金錢爲其主要之目標。而且認爲只有通過對外貿易，始能增加一國之貨幣財富。本書作者處於自然經濟占統治地位時期，故力主以高價吸收外國之貨物，而惟恐自國之貨物流於外國，爲天下所泄。此種思想貫穿於本書各篇中。本文所論周人不惜重價以籌碼套購萊人之纂茈，不過無數事例中之一例而已！

桓公曰：「齊西水潦而民飢，齊東豐庸〔一〕而糶賤。欲以東之賤被〔二〕西之貴，爲之有道乎？」

管子對曰：「今齊西之粟釜百泉，則鏂二十也〔三〕。齊東之粟釜十泉，則鏂二錢也。請以令籍人三十泉，得以五穀菽粟決其籍。若此，則齊西出三斗而決其籍，齊東出三釜而決其籍。然則釜十之粟〔四〕皆實於倉廩。西之民飢者得食，寒者得衣，無本者予之陳，無種者予之新〔五〕。若此，則東西之相被，遠近之准平矣〔六〕。」

〔一〕尹注云：「庸，用也。謂豐稔而足用。」俞樾云：「案『庸』乃『康』字之誤。《淮南·天文篇》『十二歲一康』，高注云：『康，盛也。』然則豐康者，豐盛也。尹注非。」郭沫若云：「庸者傭也，豐庸謂工價高。」元材案：郭説是也。惟此處工價，是指實際工資而言。由於穀價低落，傭工之名義工資不變，但工資之購買力提高，可以多買穀類，故曰豐庸也。馬克思在其所著《雇傭勞動與資本》一書中有云：「勞動的貨幣價格仍然未變，可是一切農産品和工業品由於使用新機器、年成好等等原因而降低了價格。這時工人拿同樣的貨幣可以買到更多的各種商品。所以他們的工資正因爲工資的貨幣價值仍然未變而提高了。」（《馬克思恩格斯選集》第一卷第三六八——三六九頁）俞氏不明此理，動自妄改古書，失之遠矣。

〔二〕元材案：被字解已見《山至數篇》。

〔三〕尹注云：「五鏂爲釜。斗二升八合曰鏂。」王念孫云：「齊西之粟三斗三十錢，則二斗二十錢，而鏂亦二十錢，則是二斗爲一鏂也。尹注失之。」張佩綸云：「案王説非也。《周禮·稟人》、《考工記》、《論語》『與之釜』馬融注均曰：『釜六斗四升。』按此文釜百鏂二十，釜十鏂二，五區爲釜剖之，正得斗二升八合爲鏂。王氏鏂二斗之説，實兼取昭三年杜注，以區爲二斗，釜則八斗。乃四區爲釜，非五區爲釜，與本篇不同。」元材案：本書豆、區、釜、鍾是按陳氏新制「四升爲豆，五豆爲區，五區爲釜，釜十則鍾」計算，與舊齊制之以「四升爲豆，各自其四以登於釜」者不同，説已詳《海王篇》。尹、張皆誤，王説得之。

〔四〕王念孫云：「『釜十之粟』，十當爲斗。『釜斗之粟』即承上『三斗』『三釜』而言。」俞樾云：「上云『齊西之粟釜百泉，齊東之粟釜十泉』，然則所謂『釜十之粟』者，乃一釜十泉之粟，指齊東而而言也。蓋齊西粟貴，齊東穀賤。故雖均是籍人三十泉，而齊西只以粟三斗當泉三十，齊東必以粟三釜當泉三十。于是齊西之粟所入無多，而齊東之粟皆實於倉廩矣。其下曰『西之民飢者得食，寒者得衣』，以此故也。管子因桓公欲以東之賤被西之貴，故爲此法。則其所注意者本在齊東一釜十泉之粟，故曰『然則釜十之粟皆實於倉廩』。王氏欲改『十』爲『斗』，則全失其義矣。」元材案：俞說是也。

〔五〕郭沫若云：「抄本《冊府元龜》引無此二句。又《揆度篇》作『無食者予之陳，無種者貸之新』，疑是該篇脱簡竄此。上文云：『齊西出三斗而決其籍』，民猶出三斗，則無所謂予陳貸新之可言。」元材案：郭氏斷定民出三斗，即無予陳貸新之可言，實則「民出三斗」之後，不一定家有餘財。而且有時，此三斗亦由借貸或賤賣財物而來。《漢書·食貨志》引晁錯云：「急政暴虐，賦斂不時，朝令而暮改，當具有者半賈而賣，無者取倍稱之息，於是有賣田宅鬻子孫以償債者矣。」又《鹽鐵論·未通篇》文學云：「什一者天下之中正也。田雖三十，而以頃畝出稅，樂歲粒米梁糲，而寡取之，兇年饑饉，而必求足。加之以口賦更繇之役，率一人之作中分其功，農夫悉其所得，或假貸而益之。是以百姓疾耕力作而饑寒遂及己也。」然則予陳貸新，未始無此必要明矣！

〔六〕尹注云：「君下令稅人三十錢，准以五穀，令齊西之人納三斗，東之人納三釜，以賑西之人，則東西俱平矣。管子智用無窮，以區區之齊一匡天下，本仁祖義，成其霸業。所行權術，因機而發，非爲常道，故別篇云『偏行而不盡也』。」

桓公曰：「衡數〔一〕吾已得聞之矣。請問國准。」

管子對曰：「孟春且至，溝瀆阮而不遂，谿谷報上之水不安於藏〔二〕，内毁室屋，壞牆垣，外傷田野，殘禾稼，故君謹守泉金之謝物，且爲之舉〔三〕。大夏，帷蓋衣幕之奉不給〔四〕，謹守泉布之謝物〔五〕，且爲之舉。大秋，甲兵求繕，弓弩求弦，謹絲麻之謝物〔六〕，且爲之舉。大冬，任甲兵〔七〕，糧食不給，黄金之賞不足，謹守五穀黄金之謝物，且爲之舉。已守其謝，富商蓄賈不得如故。此之謂國准。」

〔一〕元材案：衡數，解已見《輕重乙篇》。

〔二〕王引之云：「『阮』當爲『阸』，『報』當爲『鄣』，皆字之誤也。《立政篇》曰：『溝瀆不遂於隘，鄣水不安其藏。』又曰：『通溝瀆，修障防，安水藏。』『隘』與『阸』同，『鄣』與『障』同。」

〔三〕元材案：謝即《淮南·俶真篇》「代謝舛馳」之謝。「謝物」二字連文，謂代謝之物，即因新需要而謝去之舊物，猶科學家之言新陳代謝矣。舉即《史記·仲尼弟子列傳》「子貢好廢舉」之舉，《索隱》引劉氏云：「廢謂物貴而賣之，舉謂物賤而買之。」蓋政府賦斂不時，誅求不一。孟春興修水利，則需要金錢。大夏供奉帷蓋衣幕，則需要布帛。大秋修繕甲兵弓弩，則需要絲麻。大冬任甲兵，則需要五穀黄金。此等需要品又非人人所能應聲即可具備者，勢不得不向富商蓄賈重價購買。而欲重價購買，又非將自己家中所有其他生活必需品賤價出售或重利抵借不爲功。《揆度篇》云：「君朝令而夕求具，民肆其財物與其五穀爲讎，厭分而去。」《輕重甲篇》云：「且君朝令而夕求具，有者出其財，無有者賣其衣屨，農夫糶其五穀，三分賈而去。」上引《漢書・食貨志》晁錯云：「當具有者半賈而賣，亡者取倍稱之息。於是有賣田宅鬻子孫以償債者矣。」所謂「肆其財物與其五穀」，所謂「有者出其財，無有者賣其衣屨」，所謂「農夫糶其五穀」，所謂「當具有者半賈而賣」，即因供給此等新需要，而謝去之物也。政府於此，不僅應事先謹守其謝物而已，而且必須將此等謝物盡行收買，以免因一時急需而流入於富商蓄賈之手中。如此則富商蓄賈不得乘民之弊以牟取大利，如舊日之所爲矣。故下文特總之曰：「富商蓄賈不得如故」也。張佩綸以「『謝』當作『射』」，章炳麟以「『謝』讀爲『豫』」，郭沫若以「舉」爲即《周禮・地官・司門》「凡財物犯禁者舉之」之「舉」，謂即「舉發」者皆非。

〔四〕郭沫若云：「以下文『大秋甲兵求繕，弓弩求弦』例之，『不』字當是『求』之譌。又下『大冬任甲兵，糧食不給，黃金之賞不足』，兩『不』字亦當爲『求』。」元材案：「帷蓋」解已見《事語篇》。「幕」與「帷」不同。《周禮・天官・幕人・注》：「在旁曰帷，在上曰幕。帷幕皆以布爲之。」此四者——帷、蓋、衣、幕，皆軍用品，乃女工所織。《漢書・主父偃傳》：「女子紡績，不足於帷幕。」不足即不給。郭說失之。

〔五〕王念孫云：「『泉布』當爲『帛布』布帛或曰帛布。下文『帛布絲纊之賈』，即其證。此承上文『帷蓋衣幕之奉』而言，則當云『帛布』，不當云『泉布』。帛泉字相似，又涉上文『泉金』而誤也。」

〔六〕豬飼彦博云：「『謹』下脱『守』字。」丁士涵、何如璋、陶鴻慶説同。

〔七〕元材案：「任」疑是「作」字之誤。《漢書・燕王旦傳》：「旦遂招來郡國奸人，賦斂銅鐵，作甲兵。」《江都滿王非傳》：「遂作兵器。」《膠東康王寄傳》：「私作兵車鏃矢。」可證。或曰「任」即「賃」，意謂賃人操作，亦通。

龍門於馬謂之陽，牛山之陰〔一〕。

管子入復〔二〕於桓公曰：「天使使者臨君之郊，請使大夫初飭，左右玄服，天之使者乎〔三〕！天下聞之曰：『神哉齊桓公，天使使者臨其郊！』不待舉兵，而朝者八諸侯。此乘天威而動天下之道也。故智者役使鬼神而愚者信之〔四〕。」

〔一〕安井衡云：「古本『謂』作『請』。」張佩綸云：「『請』與『謂』皆『瀆』字之譌。『馬瀆』即馬車瀆也。」吴闓生云：「『於馬』五字疑衍文。」元材案：吴、張説無據。古本「謂」作「請」，亦不可通，當有訛誤。龍門，謂兩龍相鬥也。《左昭十九年傳》：「鄭大水，龍鬥於時門之外洧淵。」「馬謂之陽」未詳。牛山見《孟子・告子篇》。趙岐注云：「牛山，齊之東南山也。」此亦作者假託之詞。

〔二〕元材案：入復，猶言匯報，解已見《輕重乙篇》。

〔三〕顧千里云：「『初』是『袀』字之誤。『請使大夫袀飭』爲句。『服』下當脱一字。」陶鴻慶云：

「『飭』讀爲『飾』。『初』乃『袀』之誤字，本作『袗』。《説文》：『袗，玄服也。』《漢書·五行志》：『袀服振振。』僖五年《左傳》『以均爲之』，服注：『黑服也。』『大夫袀飾』與『左右玄服』，文異而義同。龍爲水族之長，故必黑服以將事也。『天之使者乎』上當有脱字。」金廷桂云：「『天之使者』上脱『祠』字，謂玄服以祠龍也。」元材案：以上各説皆是也。袀者，蔡邕《獨斷》云：「紺繒也。」班固《東都賦·注》云：「皂也。音鈞。」飾即《揆度篇》「卿大夫豹飾」之飾，尹注彼處云：「袖謂之飾。」張佩綸以「『初』當爲『祈』，『使大夫祈』爲句，『飭左右玄服』爲句」，許維遹以「『初飭』當作『袀服』」者皆失之。又案：《通志》十《器服略》一云：「秦滅禮學，郊祀服用皆以袀玄。漢興草創，仍秦之舊。」然則袀飾玄服，亦漢代之通制矣。

〔四〕元材案：「天下聞之曰」至「而愚者信之」，皆是著者假託管子之詞，文法與上文「計決四方子息之數」一節完全相同。又《漢書·翟方進傳》贊語云：「王莽之起，蓋乘天威。」「乘天威」亦漢人語也。

桓公終神〔一〕。

管子入復桓公曰：「地重投之哉兆，國有慟。風重投之哉兆〔二〕。國有槍星，其君必辱。國有篲星，必有流血〔三〕。浮丘之戰，篲之所出，必服天下之仇〔四〕。今篲星見於齊之分〔五〕，請以令朝功臣世家〔六〕，號令於國中曰：『篲星出，寡人恐服天下之仇。請有五穀收粟布帛文采者，皆勿敢左右〔七〕。國且有大事〔八〕，請以平賈取之。』功臣之家〔九〕、人民百姓〔一〇〕皆獻其穀〔一一〕菽粟泉金〔一二〕，歸其財物〔一三〕，以佐君之大事。此謂乘天菑而求民鄰財之道也〔一四〕。」

〔一〕安井衡云：「終，極也。」于省吾云：「按極神不詞。終神即崇神。終、崇古字通。」元材案：終，卒也。神者，祀神之事也。終神猶言祭神完竣，不必別有牽附。

〔二〕丁士涵云：「『哉』乃『栽』字誤。」安井衡云：「哉、栽通。《尚書·康誥》『乃惟眚災適爾』，《潛夫論》作『哉』。」何如璋云：「『地重』『風重』兩『重』字疑作『動』。」張佩綸云：「『重』當作『動』。『國有慟』句衍。『慟』涉上文兩『動』字，『國有』涉下文兩『國有』字而衍。」郭沫若云：「『重』乃『動』之假字，金文每以『童』爲『動』。又『投』乃『疫』之壞字。《說文》：『疫，人皆疾也。』《史記·天官書》：『氐爲天根，主疫。』此與地動兆疫或不無關係，蓋地動則天根爲之不寧也。」元材案：「地重」「風重」，疑屬卜筮之事，其義未詳。《管子·侈靡篇》有「地重人載，毀敝而養不足」之語，然亦不可通。「風重投之哉兆」下疑脱一句，與「國有慟」句互爲對文。下文「國有槍星」，宜屬下讀，與「國有篲星」互爲對文。然終嫌不可理解，闕疑可也。

〔三〕元材案：以觀察星宿爲判斷吉凶之根據，起源甚古，而漢人尤爲盛行。《史記·天官書》：「天槍長數丈，兩頭兑（鋭）。謹視其所見之國，不可舉事用兵。」《正義》：「天槍者長數丈，兩頭鋭，出西南方。其見不過三月，必有破國亂君，伏死其辜。」《天官書》又云：「三月生彗星，長二丈，類彗。」

《正義》：「天彗者一名掃星，本類星，末類彗。小者數寸長，長或竟天。而體無光，假日之光，故夕見則東指，晨見則西指。若日南北，皆隨日光而指。光芒所及爲災變。見則兵起。」流血，謂兵起而人血流也。《天官書》又云：「秦始皇之時，十五年，彗星四見。久者八十日，長者竟天。其後秦遂以兵滅六王，并中國，外攘四夷，死人如亂麻。因以張楚并起。三十年之間，兵相駘藉，不可勝數。」又云：「吳楚七國叛逆，彗星數丈。及兵起，遂伏尸流血其下。」又《淮南衡山王列傳》云：「先吳軍起時，彗星出，長數丈。然尚流血千里。」《漢書·天文志》於記述上列事實之後，又載：「元帝初元五年四月，彗星出西北。」「哀帝建平二年二月彗星出牽牛七十餘日。」并言兩事之後，皆有兵災。與此處所言略同。槍星即天槍，篲即彗。

〔四〕元材案：服即《書·舜典》「四罪而天下咸服」之服。疏：「天下皆服從之。」仇，指敵人。「服天下之仇」，謂征服天下之仇敵。

〔五〕元材案：分，分野也，謂星宿所當之區域。《漢書·地理志》云：「齊地，虛、危之分野也。」「見於齊之分」，謂彗星在齊國分野之内出現也。

〔六〕元材案：「世家」一詞，最早見於《史記》。其義有二，一指《史記》中記載諸侯王及功臣事蹟之諸篇而言，《史記》中有「世家」三十篇是也。一則指累世仕宦之家而言，如《史記·平準書》「世家子弟」，《集解》：「如淳曰：『世世有禄秩家。』」是也。又《史記·自序》云：「且余嘗掌其官，廢明聖盛德不載，滅功臣世家賢大夫之業不述，墮先人所言，罪莫大焉。」然則以「功臣世家」連言，亦漢人通用語矣。下文「功臣之家」凡三見，「之」字皆「世」字之誤。

〔七〕王念孫云：「『收』當爲『叔』，叔即菽字，見下文。《輕重甲篇》亦云：『子大夫有五穀菽粟者勿敢左右。』是其證。」安井衡説同。元材案：此説是也。「勿敢左右」，解已見《山國軌篇》。

〔八〕元材案：大事謂用兵。《左成十三年傳》：「國之大事，在祀與戎。」戎即兵也。

〔九〕元材案：「功臣之家」，「之」當作「世」，説詳上注。此蓋承上文「請以令功臣世家」句而言，下「人民百姓」四字則承「號令於國中」句而言。

〔一〇〕元材案：閻若璩《釋地・又續》云：「『百姓』義二。有指百官言者，《書》『百姓』與『黎民』對，《禮・大傳》『百姓』與『庶民』對是也。有指小民言者，不必夏代，亦始自唐虞之時，『百姓不親，五品不遜』是也。又《周語》富辰云：『百姓兆民』，《注》：『百姓，百官也。官有世功，受氏姓也。』」此處「人民百姓」並稱，則「百姓」亦指「百官」而言。下文「百姓萬民」仿此。

〔一一〕元材案：「穀」上脱「五」字，上文可證。

〔一二〕王念孫云：「『泉金』當爲『帛布』。上文作『五穀菽粟布帛文采』，是其證。」元材案：「泉金」二字又見上文，指黄金及錢幣而言。此言所獻者除實物外，尚有金錢也。不當改字。

〔一三〕元材案：「歸」即《論語・微子篇》「齊人歸女樂」之歸，與餽通。「歸其財物」，謂將所有財物，獻之封建國家也。

〔一四〕王念孫云：「『嗇』當爲『甾』，『甾』即『災』字。彗星，天災也。因彗星而斂財物，故曰『此乘天災而求民鄰財之道也』。」豬飼彦博、俞樾説同。元材案：此説是也。「求民鄰財」者，「鄰」即《尚書》「臣哉鄰哉」之鄰。《山國軌篇》亦有「民鄰縣四面皆橫」之語。「乘天災以求民鄰財」，與上文「乘天威而動天下」，皆所謂「知者役使鬼神，而愚者信之」之例也。《輕重甲篇》有「藉於鬼神」之法，義與此同。

桓公曰：「大夫多并其財而不出，腐朽五穀而不散〔一〕。」

管子對曰：「請以令召城陽〔二〕大夫而請之〔三〕。」

桓公曰：「何哉？」

管子對曰：「城陽大夫嬖寵被絺綌，鵝鶩含餘粖〔四〕，齊鍾鼓之聲，吹笙篪〔五〕，同姓不入〔六〕，伯叔父母遠近兄弟皆寒而不得衣，飢而不得食。子欲盡忠於寡人，能乎？故子毋復見寡人。」滅其位，杜其門而不出〔七〕。功臣之家〔八〕皆争發其積藏，出其資財，以予其遠近兄弟。以爲未足，又收國中之貧病孤獨老不能自食之萌，皆與得〔九〕焉。故桓公推仁立義，功臣之家兄弟相戚，〔一〇〕骨肉相親，國無飢民。此之謂繆數〔一一〕。」

〔一〕元材案：并與屏同，藏也，解已見《國蓄篇》。腐朽五穀者，穀久藏必致腐敗。《史記·平準書》云：「京師之錢累百鉅萬，貫朽而不可校。太倉之粟陳陳相因，充溢暴露於外，腐敗而不可食。」腐朽即腐敗之義。

〔二〕元材案：城陽地名，解已見《山至數篇》。

〔三〕王念孫云：「『請之』當爲『謫之』。下文『滅其位，杜其門』，是謫之之事也。今作『請之』者，涉上文『請以令』而誤。」張佩綸云：「《漢書·賈誼傳》：『盤水加劍，造請室而請罪耳。』應劭曰：『請室，請罪之室。』《史記·爰盎傳》『絳侯徵繫清室』，《漢書》作『請室』。『而請之』之請，即請罪之謂。不必改字。」元材案：張説是也。《漢書·高紀》七年，「令郎中有罪耐以上請之。」應劭云：「言耐罪已上皆當先請也。」《景紀》中六年詔：「三輔舉不如法令者，皆上丞相御史請之。」後二年詔：「其令二千石各修其職。不事官職耗亂者，丞相以聞，請其罪。」《王莽傳》：「敢有犯者，輒以名聞，請其罪。」又云：「輒捕繫，請其罪。」可見「請之」云者，即「請其罪」之謂，乃漢、新兩代常制矣。

〔四〕元材案：「繇」，「綌」之訛字，音隙。《五經文字》：「綌作繇，訛。」《詩·周南》「爲絺爲綌」，朱傳：「精曰絺，麤曰綌。」「粖」朱本作「秣」。金廷桂云：「或本作秣，然《説文》亦無秣字。《戰國策·齊策》：『而君鵝鶩有餘粒。』恐當作『粒』。」今案：粖，《五音集韻》「音末」。《博雅》：「饘也。」餘粖猶言剩飯。《史記·孟嘗君傳》：「今君後宮蹈綺縠，而士不得短褐。僕妾餘粱肉，而士不厭糟糠。」《平原君傳》：「君之後宮以百數，婢妾被綺縠，餘粱肉，而民褐衣不完，糟糠不厭。」語意與此略同。

〔五〕吴志忠云：「『笙篪』下奪『之風』二字。《輕重己篇》有。」張佩綸云：「按《己篇》云『吹埙篪之風，鑿動金石之音』，與此文不同，所奪未必是『之風』字。吴太武斷。」姚永概云：「脱『之音』二字。」元材案：「之風」「之音」皆可通，未知孰是。

〔六〕豬飼彦博云：「『不入』疑當作『之人』。」許維遹云：「入，猶得也。見《廣雅・釋詁》。」元材案：《輕重己篇》云：「天子祀於太宗，……同族者入原作人，誤。依王念孫校改。殊族者處。」今此云「同姓不入」，謂城陽大夫無宗族之情，在飲酒作樂時，即同一族姓之人亦不得參加也。兩氏說非。

〔七〕何如璋云：「謂杜塞其門不得出入也。《夏官・大司馬》『犯令陵政則杜之』，《史記・商君列傳》『公子虔杜門不出既八年矣』，義同。」元材案：「滅其位」，謂取消其在朝列應有之位次也。

〔八〕元材案：此「功臣之家」與下文「功臣之家」，兩「之」字均當依上文作「世」字。

〔九〕元材案：「與得」二字解已見《輕重甲篇》。

〔一〇〕元材案：戚，親也，解已見《山至數篇》。

〔一一〕張佩綸云：「『此之謂繆數』句衍。下文『惟繆數爲可耳』，故曰『此之謂繆數』。此句乃複衍之未删者。」元材案：此節所舉之事與下節所舉之事，皆各爲所謂「繆數」之一例。而下節則遥承此節而言，其意若曰，亦惟有以與此同樣之「繆數」應付之云爾。桓公已知「繆數」之意義，故但「諾」而行之，不再發爲「何爲繆數」之問，則此句之非衍文可知矣。繆數者，尹注下節云：「繆讀曰謬，假此術以陳其事也。」今案：繆即《漢書・司馬相如傳》「臨邛令繆爲恭敬」之繆，顔師古曰：「繆，詐也。」安井衡所謂「陽行義，而陰收其利，故名曰『繆數』」是也。猶言詐術。《通典》引此「繆」作「膠」，張佩綸謂「當作『膠』」。膠，固也。言以恩澤膠固之，故曰『繆數』」者非。又案「自城陽大夫」至「故子毋復見寡人」一段文字，皆管子教桓公「請罪」城陽大夫之詞。「滅其位」二句，則如王念孫氏所云「乃管子教桓公以謫之之事」。自此以下，仍是管子語。蓋謂如能以上述之詞及事罪之，則其所發生之效果，必可如此云云也。「故桓公推仁立義」之「桓公」，當作「公」字或「君」字看，與上文「計決四方子息」節中之「桓公」用法全同。

桓公曰：「峥丘之戰〔一〕，民多稱貸，負子息，以給上之急，度上之求。寡人欲復業產，此何以洽〔二〕？」

管子曰：「惟繆數爲可耳〔三〕。」

桓公曰：「諾。」

令左右州曰：「表〔四〕稱貸之家，皆堊白其門而高其閭〔五〕。」州通之師〔六〕執折篆曰：「君且使使者〔七〕。」桓公使八使者式璧而聘之，以給鹽菜之用〔八〕。稱貸之家皆齊首稽顙而問曰：「何以得此也？」使者曰：「君令曰：寡人聞之，《詩》曰：『愷悌君子，民之父母』也〔九〕。寡人有峥丘之戰。吾聞子假貸吾貧萌，使有以給寡人之急，度寡人之求。使吾民春有以傳耜，夏有以決芸，而給上事，子之力也。是以式璧而聘子，以給鹽菜之用。故子中民之父母也。」稱貸之家皆折其券而削其書〔一〇〕，發其積藏，出其財物，以振貧病，分其

故貲，故國中大給〔一一〕。崢丘之謀也。此之謂繆數〔一二〕。

〔一〕尹注云：「崢丘，地名。未聞。説即葵丘。」元材案：崢丘解已見《山國軌篇》，此亦著者假託之詞。

〔二〕尹注云：「業産者，本業也。洽，通也。言百姓爲戎事失其本業，今欲復之，何以通於此也。」王念孫云：「『洽』當爲『給』。下文云『國中大給』，即其證也。尹注非」。元材案：復業産即恢復生産。貧民因供應戰時賦税，以致破産，故欲代爲還清債務，恢復生産。

〔三〕元材案：著者於敍述上節「此之謂繆數」之後，又聯想及另一繆數之例，故又闢爲此節連類及之。此與上文因敍述「乘天威以動天下之道」，而又連類觸及另一「籍於鬼神」之法，即所謂「乘天㽉以求民鄰財之道」者，章法蓋同。

〔四〕尹注云：「旌，表也。」王念孫云：「『表』當依宋本作『旌』。故尹注云『旌，表也』。今作『表』者涉注文而誤。」張佩綸云：「本文作『表』，注作『表，旌也』亦通。」元材案：張説是。《通典·食貨》十二引即作「表，旌也」。表即《山權數篇》「樹表置高」之表，解已見該篇。

〔五〕尹注云：「亦所以貴重之。」元材案：堊，塗飾也。堊白其門，以白色塗飾其門也。閭即里門。高其閭，即將里門放高放大。《漢書·于定國傳》云：「始定國父于公，其門閭壞，父老方共治之。于公謂曰：『少高大閭門，令容駟馬高車。』」顔師古注云：「閭門，里門也。」

〔六〕元材案：師，鄉師也。《管子·立政篇》云：「分國以爲五鄉，鄉爲之師。分鄉以爲五州，州爲之長。」又《權修篇》云：「鄉置師以説道之。」「州通之師」者，通即向上級匯報，謂州長旌表既畢，乃以其事匯報於鄉師。猶《立政篇》之言「里尉以復於州長，州長以計於鄉師」矣。

〔七〕安井衡云：「『筞』當爲『篆』。折篆猶折簡也。」李哲明説同。元材案：折筞指官府命令。敦煌簡稱候官之令爲「官录」（《流沙》簿書·一二三），《建武三年候粟君所責寇恩事簡策》（一九七八年《文物》第一期）稱太守府之令爲「府录」，蓋猶後世之令牌。執折筞，謂從鄉師處取得令牌以通告稱貸之家。「君且使使者」，即通告之詞，不必改字。

〔八〕尹注云：「令使者賫石璧而與，仍存問之，謙言鹽菜之用。」元材案：八使者，謂使者共八人也。考漢代自武帝以來直至平帝，歷代皆有派遣使者循行天下之舉。計武帝元狩六年有博士大等六人，昭帝始元元年有故廷尉王平等五人，宣帝元康四年有大中大夫彊等十二人，五鳳四年有丞相御史椽二十四人，元帝初元元年有光禄大夫褒等十二人，建始四年有諫大夫博士賞等二十一人，成帝河平四年有光禄大夫博士嘉等十一人。其以八人同時出使者至平帝時始有之。《漢書·平紀》：「元始四年遣大僕王惲等八人置副假節分行天下覽觀風俗。」五年，「大僕王惲等八人使行風俗，宣明德化，萬國齊同，皆封爲列侯。」此兩事又見《王莽傳》，其五年之一次敘述特詳。原文云：「風俗使者八人還，言天下風俗齊同。詐爲郡國造歌謡頌功德，凡三萬言。莽奏定著令……陳崇等皆封爲列侯。」又《外戚恩澤侯表》，并將八使者姓名及封號户數詳爲記載。足見八使者同時分行天下，又同時封侯，在當日政治上確爲一最重大之事件，乃王莽篡漢陰謀前奏曲之一在此以前實無有也。此文言桓公「使八使者」，與漢平帝時事正相符合。此又本文晚出之一證也。

〔九〕元材案：「《詩》曰『愷悌君子，民之父母』」，是《史記·文紀》十三年《除肉刑詔》文中語。

〔一〇〕元材案：折券削書，解已見《山國軌篇》。

〔一一〕郭沫若云：「『分其故貲』，『貲』當是『舊』之誤。」元材案：分，散也。故貲，包括上文「積藏」及「財物」而言。故貲既散，萬人得受其流，故曰「國中大給」也。若如郭説，則當譯爲「分散他的故舊」，未免不通矣。

〔一二〕元材案：此節與上節所言，雖同爲「繆數」，但其内容則有消極與積極之分。上節以「請罪」爲主，此節則以「表揚」爲主。著者之意，蓋欲用請罪之法，促使功臣世家自願分出資財，振濟貧困，用表揚之法促使高利貸者自願放棄剥削行徑，既不使國家增加財政支出，又能使國無飢民及解除墮入高利貸網者之債務負担。在私有財産制社會中，此種所謂「繆數」者顯然是一種不可能實現之幻想。然亦實有其歷史背景。《漢書·哀紀》：「元始二年（公元二），郡國大旱蝗，青州尤甚，民流亡。安漢公、四輔、三公、張晏曰：王莽爲太傅，孔光爲太師，王舜爲太保，甄豐爲少傅，是爲四輔。莽復兼大司馬，馬宫爲司徒，王崇爲司空，是爲三公。卿大夫、吏民爲百姓困乏，獻其田宅者二百三十人，以口賦貧民。」又《王莽傳》：「莽欲以虚名説太后，白言親承前孝哀、丁、傅奢侈之後，百姓未贍者多，太后宜且衣繒練，頗損膳以視（與『示』通）天下。莽因上書，願出錢百萬，獻田三十頃，付大司農助給貧民。於是公卿皆慕效焉。」又載張敞孫竦爲大司徒司直陳崇草奏，稱莽功德，其中亦有「又上書歸孝哀皇帝所益封邑，入錢獻田，殫盡舊業，爲衆倡始。於是小大鄉和，承風從化。外則王公列侯，内則幃幄侍御，翕然同時，各竭所有，或入金錢，或獻田畝，以振貧窮，收贍不足」之語。此本王莽有意作假，以騙取元后之信用，即安井衡所謂「詐術」者。即此亦足以證明本書著者與王莽在立場上有一脈相通之處矣！

桓公曰：「四郊之民貧，商賈之民富。寡人欲殺商賈之民以益四郊之民〔一〕，爲之奈何？」

管子對曰：「請以令決瀍洛〔二〕之水，通之杭莊之間〔三〕。」

桓公曰：「諾。」

行令未能一歲，而郊之民殷然益富，商賈之民廓然益貧〔四〕。

桓公召管子而問曰：「此其故何也？」

管子對曰：「決瀍洛之水通之杭莊之間，則屠酤之汁肥流水〔五〕，則蝱虻〔六〕巨雄〔七〕、翡燕小鳥〔八〕皆歸之，宜昏飲〔九〕。此水上之樂也。賈人蓄物而賣爲讎，買爲取〔一〇〕。市未央畢，而委舍其守列〔一一〕，投〔一二〕蝱虻巨雄。新冠五尺〔一三〕請挾彈懷丸游水上，彈翡燕小鳥〔一四〕，被於暮〔一五〕。故賤賣而貴買。四郊之民賣賤，何爲不富哉？商賈之人何爲不貧乎〔一六〕？」

桓公曰：「善。」

〔一〕元材案：殺，削減。殺商賈之利，即削減商賈之利。此即《輕重乙篇》所謂「吾欲殺正商賈之利而益農夫之事」之意。因本文著者又有所謂「決濩洛」之筴，故復提出討論之。四郊之民即農民也。

〔二〕張佩綸云：「《說文》：『濩，雨流霤下貌。』《山海經·西山經》『有淫水，其清洛洛』，郭注：『洛洛，水流下貌也。』《莊子·逍遥遊》『剖之以爲瓠，則瓠落無所容』，司馬『瓠音護』，《注》云：『瓠，布濩也。落，零落也。言其形平而淺，受水則零落而不容也。』『瓠落』『濩洛』均雙聲，言霖潦無所容之水。」元材案：濩洛之水，猶言窪地之積水。

〔三〕王念孫云：「『杭』當爲『抗』，抗古讀若康，杭莊即康莊。」張佩綸云：「王說非也。《詩·河廣·傳》、《廣雅·釋詁》並云：『杭，渡也。』『杭莊之間』，猶《孟子》言『莊嶽之間』。莊嶽二里名。此杭莊亦當爲二里名。莊則近市，而杭本有舊渡，或如乾時之類。今以霖潦之水歸之，始能通舟，故百鳥翔集於此。若如王說，則水溢通衢，既不能舟，又不能車，其策不亦迂謬乎？」元材案：「杭」當作「抗」，王說是也。《史記·陸賈傳·索隱》引崔浩云：「抗，對也。」莊即左襄二十八年傳「得慶父之木百車於莊」之莊，註云：「莊，六軌之道。」《爾雅·釋宮》云：「六達謂之莊。」然則抗莊者即兩莊對立之意。故《事物異名録》云：「《管子》抗莊若雁翅。」若雁翅者，兩莊對立，如雁之有兩翅也。張氏說非。

〔四〕李哲明云：「『郊』上應脱『四』字。上下文『四郊之民』凡三見，此亦當有之。」郭沫若云：「『而』即『四』字之誤。」元材案：郭説是也。下文「行令未能一歲，五衢之民皆多衣帛完屨」，「五衢」上無「而」字，可證。殷然，盈滿之貌。廓然，解已見《輕重乙篇》。

〔五〕元材案：屠，屠户。酤一作沽，賣酒者也。《尸子》云「屠者割肉，知牛之多少，則沽者亦知酒之多少也」是也。汁肥流水，指兩莊中釀酒及宰殺猪羊時所遺之肥汁盡流入於水中。

〔六〕張佩綸云：「案『蝱虻』當作『蝱母』。《爾雅·釋鳥》『鶨，蝱母』，郭注：『似烏鸀而大，黄白雜文，鳴如鴿聲，今江東呼爲蚊母。俗説此鳥常吐蚊，因以名云。』」元材案：此説是也。蝱母即今之蚊母鳥，大如鷄，體灰白色，頸及背腹部有黑斑，尾黑褐色。夏日居於黑龍江等處，冬赴熱地。晝伏森林，夕則飛翔河邊。食蚊虻羽蟻。嘴小深裂，張之則成大口，食蚊無算，故爲益鳥。唐《國史補》：「江東有蚊母鳥，亦謂吐蚊鳥。夏則夜鳴，吐蚊於叢草間。」即此鳥也。

〔七〕丁士涵云：「『巨』、『渠』假字。『雄』當爲『庸』。《上林賦》有『庸渠』，水鳥也。《説文》：『鷛，鷛鳥。』」于省吾云：「丁謂『巨、渠假字』是也，以『巨雄』爲『庸渠』殊誤。『雄』乃『雒』之譌。《漢書·古今人表》『雒陶』，《尸子》作『雄陶』，是其證。『巨雒』即『渠略』。《詩·蜉蝣·傳》：『蜉蝣，渠略也。』雒、略並諧各聲。《爾雅·釋蟲》『蜉蝣，渠略』，《釋文》：『略或作蠫。』《説文》『蟝，巨蟝也。一曰蜉蝣，朝生暮死者。』《方言》十一『蜉蝣，秦晉之間謂之蟝蠫。』然則巨雄即渠略矣。」元材案：丁説非，于説亦不合。下文云：「投蟲母巨雄。」如係渠略，則如何投之？投之又有何用？仍當作「巨雄」。巨雄者，大鳥也，指蟲母而言。與下文「翡燕小鳥」互爲對文。

〔八〕元材案：翡即翡翠，屬鳥類鳴禽類。亦名赤鴗。形似魚狗，長九寸餘，體之上面呈赤褐色，臀部中央與上尾間有白色一條，又雜以青色斑紋。巢營於山中樹洞内，捕食昆蟲類。漢人最喜捕之。《鹽鐵論·通有篇》文學指摘當時風俗云：「今世俗壞而競於淫靡，女極於纖微，工極技巧。雕素樸而尚怪，鑽山石而求金銀，没深淵而求珠璣。設機陷求犀象，張網羅求翡翠。求蠻貉之物以眩中國，徙邛筰之貨致之東海。交萬里之財，曠日廢功，無益於用。」翡翠體小，不如蟲母之大，故曰「小鳥」也。

〔九〕元材案：昏飲即日落時飲酒之意。

〔一〇〕豬飼彦博云：「『賣爲讎，買爲取』，謂賣者速售，買者速取也。」

〔一一〕元材案：央者，半也。市未央畢，謂買賣尚未完成其半數也。委，棄也。舍，去也。委舍謂棄去之。《孟子·公孫丑篇》：「委而去之。」《後漢書·光武紀》李賢注：「委守，謂棄其所守也。」即其義矣。列即《漢書·食貨志》「商賈大者積貯倍息，小者坐列販賣」之列，顔師古注云：「列者若今市中賣物行也。」守列即坐列，猶今日之言「站櫃臺」矣。

〔一二〕張佩綸云：「《説文》：『投，擿也。』《漢書·蕭望之傳·注》：『射之言投射也。』以矢石擿之，皆可曰投。《禮》『投壺』，《左氏傳》『擿石以投人』，皆是。」

〔一三〕尹桐陽云：「年二十曰新冠。五尺謂五尺之童。」

〔一四〕吴志忠云：「『請』乃『諸』字誤。」許維遹云：「『請』當作『者』，因『者』誤爲『諸』，復誤爲『請』。」元材案：兩氏説非是。請者，安井衡云：「新冠少年，五尺童子皆請其父兄，挾彈懷丸彈小鳥於水上，以及昏暮」是也。

〔一五〕安井衡云：「被，及也。」

〔一六〕豬飼彦博云：「『賣賤』二字衍。」王念孫云：「『賣賤』當作『買賤』，言四郊之民多買賤物，所以致富也。」陶鴻慶云：「原文當作『賣貴而買賤』。此與上文商賈之人『賤賣而貴買』事正相因。奪三字則文義不完。」元材案：三説皆可通。此蓋謂於兩莊之間，決水通之，使市中屠酤所遺肥汁流入水中，則百鳥翔集，遊人衆多，商賈與少年童子，競相以彈射飛鳥爲樂，而委棄其用貴價購買而來之貨物於守列而不顧。及至天色既暮，祇有賤價拋售，迅速收場而已，故四郊農民得以賤價收買。如此，則農民自富，商賈自貧矣。此事在今日觀之，未免幼稚可笑，然實亦以漢代社會之實際情況爲背景者，初非毫無根據之談也。考挾彈懷丸，遨遊山上，不務正業，在漢代確爲一時風氣。其事蓋起于戰國之時。《國策・楚策》：「左挾彈，右攝丸。」《莊子》：「以隨侯之珠彈千仞之雀，所用者重，所要者輕。」《吕氏春秋・貴生篇》亦有此言。及於漢代，其風益熾。焦氏《易林》：「公子王孫，把彈攝丸。」《西京雜記》：「韓嫣好彈，嘗以金爲丸，所失者日有十餘。長安爲之語曰：『苦飢寒，逐金丸。』」又云：「長安五陵人以柘木爲彈，真珠爲丸，以彈鳥雀。」下至東漢，仍未有已。王符

《潛夫論·侈靡篇》云：「丁夫不扶犂鋤，而懷丸挾彈，携手上山遨遊。」又《北堂書鈔》一百二十四引《東觀漢記·詔》曰：「三輔皆好彈。一大老從旁舉身曰：『噫嘻哉！』」其中尤以韓嫣與五陵人爲最可注意。韓嫣乃武帝倖臣，至乃以金爲丸。五陵人則以金珠爲丸。當日社會人士崇尚此種遊樂之狂熱，實可想見。本篇及《輕重戊篇》均以此事爲言。雖後者以「沐涂樹之枝」直接禁止之，與此處之以決水致鳥而示提倡者用意不盡相同，然無論禁止或提倡，概皆社會現實生活之反映。此如在舊日軍閥時代之廣東，賭番攤之風盛行，而統治者亦有時禁止，有時開放。若在內地各省，本不知賭番攤爲何事，則統治者自無禁止與開放之需要，其理蓋甚明也。

桓公曰：「五衢之民衰然〔一〕多衣弊而屨穿。寡人欲使帛布絲纊之賈賤，爲之有道乎？」

管子曰：「請以令沐途旁之樹枝，使無尺寸之陰〔二〕。」

桓公曰：「諾。」

行令未能一歲，五衢之民皆多衣帛完屨〔三〕。

桓公召管子而問曰：「此其何故也〔四〕？」

管子對曰：「途旁之樹未沐之時，五衢之民男女相好〔五〕，往來之市者罷市相睹〔六〕樹下，談語終日不歸。男女當壯〔七〕，扶輦推輿，相睹樹下，戲笑超距〔八〕，終日不歸。父兄相睹樹下，論議玄語〔九〕，終日不歸。是以田不發〔一〇〕，五穀不播，桑麻不種，蠒縷不治〔一一〕。內嚴〔一二〕一家而三不歸〔一三〕，則帛布絲纊之賈安得不貴？」

桓公曰：「善。」

〔一〕元材案：五衢，解已見《巨(筴)》乘馬篇》。「衰」卽《史記·平準書》「財賂衰耗而不贍」之衰。衰然，衰耗之貌，猶言窮困也。

〔二〕黃震云：「沐，去樹枝也。沐途旁之樹枝以絕遊息，農人皆務本業而農以富。」安井衡云：「沐猶洗也。樹枝在上，猶髮在頭上，故不言洗而言沐。」元材案：《禮·檀弓》「沐椁」，鄭注：「沐，治也。」此云沐者，亦謂修治而去其枝也。陰通蔭，木景也。《荀子·勸學篇》：「樹成蔭而衆鳥息焉」是也。

〔三〕元材案：完，《說文》：「全也。」「完屨」與「屨穿」對文。

〔四〕王念孫云：「『此其何故也』當作『此其故何也』。下文同。」

〔五〕元材案：男女相好，卽男女相愛。猶今人之言互相戀愛矣。

〔六〕元材案：《說文》：「睹，見也。」「睹」與「相睹」皆漢人通用語。《鹽鐵論》「覩」字凡十七見。又《世務篇》大夫云：「宋華元、楚司馬子反之相覩也，符契內合，誠有以相信也。」卽相會、相晤之意。猶廣州人之言「相睇」矣。

〔七〕元材案：當壯卽丁壯，解已見《揆度篇》。

〔八〕元材案：戲笑謂遊戲。超距，《史記·廉頗傳》「方投石超距」，《索隱》：「超距，猶跳躍也。」此處當係指男女舞蹈互相遊戲而言。今西南各兄弟民族中尚存此俗。

〔九〕張文虎云：「『玄』當爲『互』字之誤。舊書往往相亂。」姚永概云：「管子時安得有『玄語』？『玄語』當作『立語』。」元材案：玄即《老子》「玄之又玄，衆妙之門」之玄，謂理之微妙者也。猶言說話不切實際。揚雄《解嘲》所謂作「大玄五千文，支葉扶疏，獨說十餘萬言。深者入黄泉，高者出蒼天，大者含元氣，纖者入無倫」者是也。張、姚二氏說皆非。

〔一〇〕陶鴻慶云：「『田』下當有『草』字。『田草不發』與下『五穀不播』等句句法一律。《國蓄篇》云：『耕田發草，上得其數矣。』《輕重甲篇》云：『强本趣耕，發草立幣而無止。』皆其證。」

〔一一〕元材案：「蠒」，《廣韻》：「卽『繭』之俗字。」繭承桑言，縷承麻言。

〔一二〕丁士涵云：「『嚴』乃『瞰』之借字。《廣雅》：『瞰，視也。』《孟子·離婁篇·注》曰：『瞰，視也。』《音義》：『矙或作瞰，同。』《説文》作『闞』，云『望也』。《集韻》有『矙』字，云『與瞰同，視也』。」張佩綸云：「『嚴』當作『闞』，字之誤也。《説文》：『闞，望也。』或作『瞰』，趙注《孟子》：『瞰，視也。』《集韻》作『矙』。」元材案：嚴卽矙字之借，不必改字。

〔一三〕元材案：此文《輕重戊篇》亦有之。細繹其意，似皆是竊取《史記·貨殖傳》「管子亦有三歸」之說而附會之，所謂三歸究何所指，歷來説者不一。然若果如著者所言，以「三歸」爲卽上文所述之「歸其三不歸」，則與孔子所謂「焉得儉」者有何關係？惟所述「三不歸」之事實，當亦爲漢代本有此種風俗，與上節之「挾彈懷丸遨遊山上」者相同。然依賴修剪道旁樹枝，破壞自然風景，促使所謂「三不歸」之人皆歸而從事生產勞動，此與電影「半夜雞叫」中周扒皮所用陰謀，殆全相似。作者對勞動人民之搾取，真可謂無所不至其極矣。

桓公曰：「糴賤，寡人恐五穀之歸於諸侯。寡人欲爲百姓萬民〔一〕藏之，爲此有道乎？」

管子曰：「今者夷吾過市，有新成囷京者〔二〕二家。君請式璧而聘之〔三〕。」

桓公曰：「諾。」

行令半歲，萬民聞之，舍其作業〔四〕而爲囷京以藏菽粟五穀者過半。

桓公問管子曰：「此其何故也？」

管子曰：「成囷京者二家，君式璧而聘之，名顯於國中，國中莫不聞。是民上則無功顯名〔五〕於百姓也，功立而名成，下則實其囷京，上以給上爲君，壹舉而名實俱在也〔六〕。民何爲也〔七〕？」

〔一〕元材案：「百姓萬民」解已見上。

〔二〕尹注云：「大囷曰京。」元材案：「囷」字解已見《輕重甲篇》。「京」即《史記·倉公傳》「見建家京下之石」之京，《集解》引徐廣曰：「京者，倉廩之屬也。」京囷連文，乃漢人常用語。《鹽鐵論·

孝養篇》文學云：「京囷而以養，非孝也。」《急就篇》云：「門户井竈廡囷京。」惟《鹽鐵論》「京」誤爲「涼」，俞樾已言之。

〔三〕元材案：「式璧而聘」一語，解已見《輕重甲篇》。

〔四〕元材案：「作業」一詞，蓋漢人常用語。《史記·平準書》云：「漢興，接秦之弊，丈夫從軍旅，老弱轉糧饟，作業劇而財匱。」《鹽鐵論·散不足篇》云：「作業墮怠。」《水旱篇》云：「不棄作業。」《漢書·溝洫志》云：「民常罷於救水，半失作業。」又《蕭望之傳》云：「今有西邊之民，民失作業。」皆指本業或職業而言。

〔五〕丁士涵云：「『無』疑『垂』字誤。」元材案：成囷京以藏穀，乃人民自己之事，非有功於國家，而政府奬勵之，使之名揚於百姓，故曰「無功顯名」也。丁説非。

〔六〕張佩綸云：「『功立而名成』，『上爲君』，皆注文闌入者。『上以給』，『上』亦羨字。上則無功而顯名，下則實其囷京以給，故曰『名實俱在』。」元材案：「上則無功顯名於百姓也，功立而名成」二句，與「下則實其囷京，上以給上爲君」二句，互爲對文。前二句屬於名，後二句屬於實。「壹舉」者，指成囷京以藏穀而言。文義甚明，何必多所臆改？張説失之。

〔七〕戴望云：「『民何爲也』當作『民何不爲也』，脱『不』字。」何如璋云：「民之聞者不爲此而何爲乎？反言以決其必爲也。」元材案：當以何説爲是。《鹽鐵論·錯幣篇》云：「禁御之法立而奸僞息，奸僞息則民不期於妄得，而各務其職，不反本，何爲？」句法與此略同。不必加字。

桓公問管子曰：「請問王數之守終始〔一〕，可得聞乎？」

管子曰：「正月之朝〔二〕，穀始也。日至百日，黍秫之始也〔三〕。九月斂實，平麥之始也〔四〕。」

〔一〕豬飼彦博云：「『王數』當作『五穀』。」元材案：王數即帝王之政策，解已見《國准篇》。「王數之守終始」，即「王國守始」之意，解已見《乘馬數篇》。豬飼説非。

〔二〕元材案：朝，旦也。《洪范五行傳》云：「平旦至食時爲日之朝。上旬爲月之朝。自正月至四月爲歲之朝。」此言「正月之朝」，謂正月上旬也。《巨（筴）乘馬篇》云：「謂百畝之夫：『子之筴率二十七日爲子之春事。』」《山國軌篇》云：「春十日不害農事。」《輕重甲篇》云：「春日倳耜。」皆指種穀而言。故曰「正月之朝，穀始也」。

〔三〕元材案：日至謂冬至。黍秫即黍稷。《巨（筴）乘馬篇》云：「日至六十日而陽凍釋，七十日而陰凍釋，陰凍釋而藝稷。百日不藝稷。故春事二十五日之内耳也。」與此所言「日至百日黍秫之始」正同。

〔四〕何如璋云：「『平麥』當作『牟麥』，以形近而譌。」張佩綸、李哲明説同。元材案：牟與麰通。《孟子·告子篇》云：「今夫麰麥，播種而耰之。」注：「麰麥，大麥也。」麥之播種，多在秋收之後，故曰「九月斂實，麰麥之始也」。《輕重乙篇》云：「請以令使九月種麥。」與此正合。又案：此文大意，蓋謂以上三始，乃農民開始生産之時，亦卽青黃不接之時。政府於此，應事先守之以筴，使農民所需要之耒耜械器種饟糧食，皆取贍於政府，以免爲富商蓄賈所乘，則民無廢事，而國無失利矣。《揆度篇》云：「其在穀者守之春秋。」義與此同。

管子問於桓公曰：「敢問齊方于〔一〕幾何里？」

桓公曰：「方五百里。」

管子曰：「陰雍長城之地〔二〕，其於齊國三分之一，非穀之所生也。洴、龍夏，其於齊國四分之一也〔三〕。朝夕外之，所壖齊地者五分之一，非穀之所生也〔四〕。然則吾非託食之主〔五〕耶？」

桓公遽然〔六〕起曰：「然則爲之奈何？」

管子對曰：「動之以言，潰〔七〕之以辭，可以爲國基〔八〕。且君幣籍而務，則賈人獨操國趣。君穀籍而務，則農人獨操國固〔九〕。君動言操辭〔一〇〕，左右之流君獨因之〔一一〕。」「物之始吾已見之矣。物之終吾已見之矣。物之賈吾已見之矣。」〔一二〕

管子曰：「長城之陽，魯也。長城之陰，齊也〔一三〕。三敗殺君二重臣定社稷者，吾此皆以狐突之地封者也。故山地者山也，水地者澤也，薪芻之所生者斥也〔一四〕。」

公曰：「託食之主及吾地〔一五〕亦有道乎？」

管子對曰：「守其三原〔一六〕。」

公曰：「何謂三原？」

管子對曰：「君守布則籍於麻，十倍其賈，布五十倍其賈，此數也〔一七〕。君以織籍籍於糸。未爲系，籍系撫織，再十倍其賈。如此，則云五穀之籍〔一八〕。是故籍於布則撫之系，籍於穀則撫之山，籍於六畜則撫之術〔一九〕。籍於物之終始而善御以言〔二〇〕。」

公曰：「善。」

管子曰：「以國一籍臣右守布萬兩而右麻籍四十倍其賈，衍布五十倍其賈〔二一〕。公以重布決諸侯賈，如此而有二十齊之故〔二二〕。是故輕軼於賈穀制畜者則物軼於四時之輔〔二三〕。善爲國者守其國之財〔二四〕，湯之以高下，注之以徐疾〔二五〕，一可以爲百〔二六〕。未嘗籍求於民，而使用若河海〔二七〕，終則有始〔二八〕。此謂守物而御天下也。」

公曰：「然則無可以爲有乎？貧可以爲富乎〔二九〕？」

管子對曰：「物之生未有刑，而王霸立其功焉〔三〇〕。是故以人求人，則人重矣。以數求物，則物重矣〔三一〕。」

公曰：「此若言何謂也？」

管子對曰：「舉國而一則無貲，舉國而十則有百〔三二〕。然則吾將以徐疾御之，若左之授右，若右之授左，是以外内不踐，終身無咎。王霸之不求於人而求之終始，四時之高下，令之徐疾而已矣〔三三〕。源泉有竭，鬼神有歇。守物之終始，身不竭〔三四〕。此謂源究〔三五〕。」

〔一〕豬飼彦博云：「『于』字衍。」丁士涵云：「『于』即『方』字之誤而衍者。」于省吾云：「案丁説非是。『于』應讀作『宇』，『方于』即『方宇』。《左氏昭四年傳》『失其守宇』，注：『國四方曰宇』是也。」郭沫若云：「『方于』當讀爲『方輿』。《易·説卦》『坤爲大輿』，《淮南·原道》『以地爲輿』，宋玉《大言賦》『方地爲輿，圓天爲蓋』。《史記·三王世家》『御史奏輿地圖』，《索隱》：『天地有覆載之德，故謂天爲蓋，謂地爲輿。』天圓地方，故地即稱『方輿』。輕重諸篇乃漢人所作，特變言爲『方于』，以顯示其高古耳。」元材案：于説是也。惟「方于」二字應互倒。孔穎達《正義》：「于屋則簷邊爲宇，于國則四垂爲宇。」此處齊桓公是問齊國之宇共方多少里，故下文答云「方五百里」，不再以「方于」二字連言，可證。

〔二〕元材案：陰指平陰。雍即《周禮·秋官·司寇》「雍氏」之雍，《注》：「謂隄防止水者也。」《釋文》：「雍，於勇反。」《史記·蘇秦傳》燕王曰：「吾聞齊有清濟濁河可以爲固，長城鉅防足以爲塞。」《集解》徐廣曰：「濟北盧縣有防門。又有長城，東至海。」《正義》：「長城西頭在濟州平陰縣界。」《水經·濟水注》云：「濟水自臨邑縣東，又北逕平陰城西。」京相璠曰：『平陰齊地，在濟北盧縣故城西南十里。南有長城，東至海，西至濟。河道所由名防門，去平陰三里。齊侯塹防門，即此也。」然則陰雍長城，即指從平陰之防門沿河而東經泰山所築之長城鉅防而言。據《泰山記》載「太山西有長城，緣河，經太山一千餘里至琅邪臺入海。」所佔土地甚多，故曰「其於齊國三分之一」也。

〔三〕洪頤煊云：「《山至數篇》：『龍夏以北至於海莊，禽獸牛羊之地也。』此『洋』字本『海莊』二字訛并作一字。」王念孫云：「洪說是也。俗書『莊』字作『庄』，因訛而『庠』。加『氵』則爲『洋』矣。」丁士涵云：「『四分之一也』，『也』字上亦當有『非穀之所生也』五字，與上下文一例。」元材案：兩說皆是。龍夏，解已見《山國軌篇》。

〔四〕安井衡云：「『朝夕』讀爲『潮汐』。『外之』，遶其外也。」元材案：此說是也。壖即《楚辭》「舉霓旌之壖翳」之壖，遮蓋之意。謂除陰雍長城佔地三分之一，海莊龍夏佔地四分之一外，此爲包遶其外之潮汐所遮蓋者又居齊地五分之一也。此三地者皆不能生產五穀。下文所謂「山地者山，水地者澤，薪芻之所生者斥也」，即承此而言。

〔五〕俞樾云：「『吾』字乃『君』字之誤。管子謂桓公爲託食之主，故桓公遽然起曰『然則爲之奈何』也。」戴望說同。

〔六〕元材案：遽然，惶懼之貌。

〔七〕元材案：潰即《詩·邶風·谷風》「有洸有潰」之潰，《注》：「潰，怒也。」言辭指號令言，潰之以辭，即《輕重甲篇》「朝令一怒」之意。何如璋謂「潰當作讀」，李哲明謂「潰當爲潰」，聞一多謂「潰爲淫之誤」，郭沫若謂「潰乃續字之誤」者皆非。

〔八〕元材案：國基者，立國之基礎也。《管子・四時篇》云：「惟聖人知四時。不知四時，乃失國之基。」《左昭十三年傳》：「仲尼謂子産於是行也，足以爲國基矣。」《鹽鐵論・非鞅篇》文學云：「善鑿者建周而不疲(拔)，善基者致高而不蹷。伊尹以堯舜之道爲殷國基，子孫紹位，百代不絶。商鞅以重刑峭法爲秦國基，故二世而奪。」又《輕重篇》文學云：「禮義者國之基也。」義與此同。

〔九〕元材案：「而務」卽爲務。《荀子・王霸篇》云：「若夫論一相以兼率之，使臣下百吏莫不宿道向方而務。」楊倞注云：「臣下皆以宿道向方爲務，不敢姦詐也。」是也。此言「幣籍而務」、「穀籍而務」者，謂以斂幣爲務，斂穀爲務也。國趣，謂國家旨趣，猶言國家經濟計劃。《史記・酷吏傳》：「上問湯曰：『吾所爲，賈人輒先知之，益居其物。是類有以吾謀告之者。』」所謂「吾所爲」，所謂「吾謀」，卽「國趣」之義也。「賈人輒先知之，益居其物」，則「賈人獨操國趣」之義也。農人指地主言。國固解已見《山權數篇》。此謂政府如專以籍取五穀爲務，則人民之無穀者亦將盡其所有之貨幣或財物以與地主實行交易，如此則穀貴而萬物賤，而人民之司命，國家之根本，乃全爲地主所把持，而政府無有事焉。所謂「農人獨操國固」，卽此意也。

〔一〇〕王引之云：「『操』當作『摇』，『摇辭』卽『動言』，古人自有複語耳。《輕重甲篇》云：『動言摇辭，萬民可得而親。』是其證。」郭沫若云：「『操』、『藻』字之誤。因藻或作繰，故誤爲操。《輕重甲篇》之『動言摇辭』，則又由『操』誤爲『摇』耳。王氏據『摇』而改『操』，適得其反。」元材案：操摇可以互用，亦猶「制上下之用」、「利上下之用」，「利」「制」互用；「託用於其重」、「各用於其重」、「度用於其重」，「託」「各」「度」互用，乃本書各篇常見之例。何必據彼改此耶？動言操辭，卽發號施令之意，解已詳《揆度篇》。

〔一一〕元材案：「左右之流君獨因之」者，卽《山權數篇》所謂「置四限，高下令之徐疾，毆屏萬物，守之以筴」及《揆度篇》「守四方之高下」之意。謂如能籍於號令，而不求於人，則左右四方皆在政府掌握之中，無所逃於天地之間也。《山至數篇》所謂「謹守重流」，亦卽此意。

〔一二〕尹桐陽云：「此均桓公詞。」元材案：尹說是也。其上當有「桓公曰」三字。見者，知也，謂三者吾皆已知之也。下文「管子曰」云云，乃再答桓公之詞。蓋管子之意，以爲不但齊地非穀之所生者太多，故齊爲託食之君，爲不可不注意之問題，實則尚有「戰敗削壤」之事亦爲一大問題。如此則前後文方可聯爲一氣。若如今本，則下文「管子曰」三字爲重出矣。

〔一三〕元材案：長城卽齊長城，解已見上。長城横貫東西，魯在其南，齊在其北，故曰長城之陽爲魯，長城之陰爲齊也。《史記·貨殖傳》云：「泰山之陽則魯，其陰則齊。」與此正同。因長城在泰山北岡，山南曰陽，山北曰陰，故曰云云也。

〔一四〕吴汝綸云：「此當作『三敗殺君二』爲句，『重臣定社稷者吾』爲句。『吾』當爲『五』。」張佩綸云：「『三敗殺君二重臣』，三敗謂曹沫三敗，殺君謂子般閔公，二重臣謂叔牙、慶父。『定社稷者吾』謂使高子將南陽之甲立僖公而城魯。」元材案：此句顯有訛奪，不可强解。「孤突」宋本作「狐突」。《木華賦》云：「魚則橫海之鯨，突扤孤遊。」則所謂孤突之地者乃孤立突出之地，如鯨魚之突扤孤遊於海面者然。《鹽鐵論·地廣篇》所謂「斗辟之縣」者是也。仍以作「孤突」爲合。此謂齊魯毗連，不時發生戰事，魯人雖三敗於齊，但齊亦折兵損將，結果割地以和，如《左傳》所云「齊人還我汶陽之田」者，是直與吾國以地封敵國之人等也。如此，每有戰爭，輒以吾地封敵國之人，則齊國所存者仍只是原有陰雍長城等非五穀之所生之地，非所謂「山地者山，水地者澤，薪芻之所生者斥」耶？又案此處所論與上文不是一事。上文以齊地「非穀之所生」者太多，故以「齊爲託食之君」爲主題。此處則以戰敗壤削爲主題，故下文桓公即以「託食之主及吾地亦有道乎」合併提出討論也。

〔一五〕丁士涵云：「『及』乃『反』字誤。」元材案：此分承上文二事而言，故曰「託食之主及吾地」。丁說失之。

〔一六〕元材案：「原」即《史記·貨殖傳》「此四者民所衣食之原，原大則饒，原小則鮮，上則富國，下則富家」之原。原者源也，亦始也。三原者指下文「絲」、「山」、「術」三者而言。

〔一七〕元材案：「十倍其賈」上脱「麻」字。謂政府如欲據守布疋，則必先從據守麻枲作起。據守麻枲之初，假設其價爲十倍，則績麻成布之後可獲得漲價五十倍之利。「此數也」者，即「此乃一定之理」之意。

〔一八〕元材案：織即絲織物，解已見《巨(筴)乘馬篇》。系當作糸。《說文》：「糸，細絲也。」「則云五穀之籍」，劉績云：「『云』疑當作『去』。」其説是也。此謂依守布籍麻之例，政府據守絲織物，亦必先從據守絲繭作起。若能更早在絲繭未成之前卽開始進行，如《輕重甲篇》所謂「請取君之游財而邑里布積之，陽春蠶桑且至，請以給其口食篹曲之彊」者，則「絓絲之籍去分而斂」，及其織成絲織物，當亦不難獲得漲價再十倍之利。布與絲織物之贏利既皆提高，則政府之收入，已足爲一切國用之開支，五穀之籍，便無保留之必要，所謂「不加賦而國用饒」，然則齊國雖非五穀之所生，亦非致命傷之問題矣。

〔一九〕元材案：術通遂，郊外地也。《禮·學記》「術有序」，《注》：「術當爲遂。《周禮》『萬二千五百家爲遂』。遂在遠郊之外。」此言欲籍於布（包括絲織物在內，下同），則當先據其絲（包括麻在內，下同）；欲籍於穀，則當先據之於山；欲籍於六畜，則當先據之於術。蓋絲爲布之所出，山長蠶桑爲織之所出。籍絲撫織，則可以去五穀之籍，故又相當於穀之所出。術則爲六畜之所出。此如《揆度篇》所謂「人君操本，民不得操末。人君操始，民不得操卒」。下文所謂「物之生未有形，而王霸立其功」者，此之謂也。

〔二〇〕元材案：言，號令也。善御以言，卽《輕重甲篇》「審其號令」之意。審其號令，則事至而不妄。事至而不妄，則可以立爲天下王矣。

〔二一〕丁士涵云：「『以國一籍五』云云，當讀『以國一籍五』句，『臣』乃『五』字誤。『君守布萬兩』句，『右』乃『君』字誤。上文云『君守布』，是其證。『而后籍麻』句。『麻十倍其賈』句。『布五十倍其賈』句。今本『籍麻』二字誤乙，又脫『麻』字，衍『四』字。『術』字宋本作『衍』，『衍』字係校語孱入。上文云：『君守布則籍於麻，麻十倍其賈，布五十倍其賈。』是其證。」元材案：如丁氏說，「君守布萬兩，而后籍麻」，是守布在先，籍麻反在後矣，與上文「君守布則籍於麻」之程序不合。換言之，即與「守其三原」之原則不合。況「以國一籍五」，文義亦不順乎？此數句顯有脫誤，仍以闕疑爲宜。

〔二二〕丁士涵云：「『如此而有二十齊之故』，朱本『二十』作『也』，蓋『廿』字誤。『故』乃『數』之誤。」吴汝綸云：「『二十齊之故』，言視齊之舊日加二十倍也。」元材案：丁說非，吴說是也。以重布決諸侯賈者，謂以重賈五十倍之布，決去所買諸侯萬物之賈。《輕重甲篇》所謂「伊尹以薄之游女工文繡纂組，一純得粟百鍾于桀之國」者也。「故」「古」字通，《漢書·西域傳》師古注「故謂舊時也」是也。謂所得贏利，二十倍於齊之舊有收入也。《漢書·食貨志》董仲舒云：「力役二十倍於古，田租口賦鹽鐵之利二十倍於古。」文法與此蓋同。

〔二三〕元材案：『是故輕軼於賈』云云共十八字，必有脫誤，不可强解。

〔二四〕元材案：「守國財」，解已見《地數篇》。

〔二五〕王念孫云：「『湯』讀若『蕩』。」安井衡說同。元材案：《鹽鐵論·力耕篇》大夫曰：「故善爲國者，天下之下我高，天下之輕我重。以末易其本，以虛蕩其實。」即「蕩之以高下」之義。蕩之以高下，猶言「使物一高一下，不得常固」也。注即《漢書·溝洫志》「注填閼之水溉舄鹵之地」之注，顔師古注云：「注，引也。」《輕重乙篇》即作「引之以徐疾」。

〔二六〕王念孫云：「『一可以爲百』，當作『一可以爲十，十可以爲百』。《山權數篇》云：『徐疾之數，輕重之筴，一可以爲十，十可以爲百。』是其證。」何如璋云：「一可爲百，言輕重相因，而究其極也。《山權數》：『一可爲十，十可爲百。』蓋一者數之始，十者數之終，百者數之重。言一及百，十在其中，殆省文見義也。」元材案：各篇所用數字，多不相同，不必强與《山權數篇》相比。王説太拘。

〔二七〕元材案：「使用若河海」，即《輕重甲篇》「用若挹於河海」之意，言取之不盡，用之不竭。蓋極言其獲利之大也。

〔二八〕元材案：「終則有始」，「有」與「又」同，解已見《輕重乙篇》。

〔二九〕元材案：此就上「一可爲百」，更推進一層言之。

〔三〇〕戴望云：「朱本『刑』作『形』。」何如璋云：「『刑』讀如『形』。物之生，其形未著，乃物之原也。能守其原，則王霸之功立焉。」吴汝綸云：「『刑』當爲『形』。」江瀚云：「『刑』與『形』同。」尹桐陽云：「『刑』，法也。」郭沫若云：「諸家均在『刑』字上咀嚼，似於原語並未得其確解。《輕重篇》所言乃經濟範圍内事。『物之生』者謂貨物之生産或貨物之經營。『生』乃『治生』之生，非生死之生。《史記·貨殖傳》引白圭曰：『吾治生，（生下本有産字，據《漢書》删。）猶伊尹吕尚之謀，孫吴用兵，商鞅行法是也。故智不足與權變，勇不足以決斷，仁不足以取予，彊不能有守，雖欲學吾術，終不告也。』又言『蓋天下言治生者祖白圭』。知此，則可知『物之生未有刑』之確解。刑當讀爲型，言治生之道貴通權變，本無定型。顧雖無定型，能通權變者則能掌握之，故曰『而王霸立其功焉』。『伊尹呂尚之謀，孫吳用兵，商鞅行法』，用於治生則爲富商蓄賈；用於治國則爲『王霸』。小大不同，其術則一。」元材案：何説是也。此言物之初生，尚無形象，正王霸立功之時。如上文守布籍麻，籍糸撫織，麻尚未形成爲布，而糸亦尚未形成爲織也。《山國軌篇》云：「國軌布於未形，據其已成。」《山權數篇》亦云：「動於未形，而守事已成。」義與此同。郭説失之。

〔三一〕郭沫若云：「上『人』字當爲『仁』，與下句『數』字對文。人爲財物生産之要素，故須求之以仁，而貴重之。」元材案：此説非是。以人求人則人重者，謂直接籍求於人，則可不可之權在人手中，是人反爲主，而政府乃爲客矣。《山至數篇》所謂「天子以客行令以時出，故失其權」者也。數即《山國軌篇》「軌守其數」、《山權數篇》「以數行」及《揆度篇》「人君以數制之」之數，此處指輕重之筴而言。即運用輕重之筴以籍求之於萬物，則無可爲有，貧可爲富，萬物之利百倍歸於上，人雖不欲，而亦無以避之矣。

〔三二〕郭沫若云：「『舉國而一』剋就求人言，謂舉國如一，則獲利不可計量。『無貲』者如《山權數篇》北郭之龜名『無貲』之寶。『舉國而十』剋就求物言，謂生産繁榮，經營多方也。」元材案：此説亦非。一，劃一也，即「高下不貳」之意。言物價以變化爲宜，若舉國一致，皆無高下之分，則無餘利可圖，故曰「舉國而一則無貲」也。反之，若國内物價，各地不同，甚至於有十倍之差，則可以從中獲得百倍之利。此觀於上文所舉齊東齊西相被之例，即可知之，故曰「舉國而十則有百」也。

〔三三〕豬飼彦博云：「蹺，屈也。」何如璋云：「『蹺』當作『倦』，『外內不倦』，是能通其變也。」張佩綸説同。郭沫若云：「豬飼説得之。『外內不蹺』，卽對內對外均無虧損，不當破字。」元材案：《玉篇》：「蹺，跼不伸也。」此言善爲國者，最重要之措施，卽在能以號令之徐疾，對物價實行操縱，使其一高一下，不得常固。然後賤則買之，貴卽賣之，爲所欲爲，若取之左右逢其源，對內對外皆可舒展自如，永無束手束脚之患矣。此王霸之君之所以必求之於萬物之終始，四時之高下，與號令之徐疾，而不求於人也。《國蓄篇》云：「故不求於萬民而籍於號令也。」義與此同。

〔三四〕王念孫云：「『身』上當有『終』字。上文『終身無咎』，卽其證。」陳奐云：「『終始』二字互倒。『守物之始，終身不竭』，四字爲句。」元材案：篇首本言「王數之守終始」，此處以「守物之終始」作結，正合首尾相應章法。當以王説爲是。此言源泉、鬼神亦各有竭盡歇止之時，惟能守物之終始，則可以生生不已，與天地同其久長。與《山至數篇》所謂「財終則有始，與四時廢起。聖人理之以徐疾，守之以決塞，奪之以輕重，行之以仁義，故與天壤同數」者，凡皆極力誇張所謂輕重之筴所獲利益之無窮無盡，非其他尋常事物所可比儗而已。

〔三五〕元材案：源，根源。究，究竟。源究卽《易·繫辭》「原始要終」之意，《疏》：「言《易》之爲書原窮其事之初始。《乾初九》『潛龍勿用』是原始也。又要會其事之終末。若《上九》『亢龍有悔』，是要終也。」原始要終，卽「求之終始」之義矣。

管子輕重十七——輕重戊

元材案：本篇亦係雜記體，與《揆度》及《輕重甲》、《乙》、《丁》等篇相同。惟本篇言古史傳説不僅與《揆度》及《國准》所言大異，而且與《管子·封禪篇》及其他古籍所言亦不一致。《封禪篇》言伏羲、神農、炎帝、黄帝，而不及燧人。《風俗通義》引《禮含文嘉》列燧人於神農之前，《尚書大傳》則列燧人於伏羲之前。《禮疏》引《六藝論》及《易緯·鄭注》亦均以燧人在伏羲之前。《白虎通》言三皇則有兩説。一説：「三皇者何也？謂伏羲、神農、燧人也。」又一説：「或曰伏羲、神農、祝融也。」本篇所言三皇，與《白虎通》第一説正合。此當是西漢經師晚出之説，故本篇著者與《白虎通》皆得採用之也。

提要：全文共分七段。第一段論三皇五帝各有其輕重之策，當今則應以弱强繼絶爲務。第三段論歸其三不歸，與《丁篇》重複，當是一事兩傳，不一定有抄襲關係。其餘二、四、五、六、七等五段，則皆是運用所謂輕重之筴以征服鄰國之陰謀之具體舉例。

桓公問於管子曰：「輕重安施〔一〕？」

管子對曰：「自理國虙戲〔二〕以來，未有不以輕重而能成其王者也。」

公曰：「何謂？」

管子對曰：「虙戲作〔三〕，造六峑〔四〕以迎陰陽，作九九之數〔五〕以合天道，而天下化之。神農作，樹五穀淇山之陽〔六〕，九州之民乃知穀食，而天下化之。黄帝作〔七〕，鑽燧生火，以熟葷臊〔八〕，民食之，無茲胃之病〔九〕，而天下化之。黄帝之王，童山竭澤〔一〇〕。有虞之王，燒曾藪，斬羣害以爲民利〔一一〕，封土爲社，置木爲閭〔一二〕，始民知禮也〔一三〕。當是其時〔一四〕，民無慍惡不服〔一五〕，而天下化之。夏人之王，外鑿二十䖟〔一六〕，韘十七湛〔一七〕，疏三江，鑿五湖，道四涇〔一八〕之水，以商九州之高〔一九〕，以治九藪〔二〇〕，民乃知城郭門閭室屋之築，而天下化之。殷人之王，立帛牢〔二一〕，服牛馬以爲民利，而天下化之。周人之王，循六峑〔二二〕，合陰陽，而天下化之。」

公曰：「然則當世之王者何行而可？」

管子對曰：「並用而勿俱盡也〔二三〕。」

公曰：「何謂？」

管子對曰：「帝王之道〔二四〕備矣，不可加也。公其行義而已矣。」

公曰：「其行義奈何？」

管子對曰：「天子幼弱，諸侯亢强，聘享不上。公其弱强繼絶，率諸侯以起周室之祀〔三五〕。」

公曰：「善。」

〔一〕元材案：安，何也。施，施行。下文云：「然則當世之王者何行而可？」「安施」即「何行」也。

〔二〕元材案：理國當在虙戲下。《鹽鐵論·輕重篇》御史云：「夫理國之道，除穢鋤豪，然後百姓均平，各安其宇。」理國即治國。虙戲即伏羲。

〔三〕元材案：作即《易·繫辭》「包犧氏没，神農氏作」之作，興起也。下同。

〔四〕洪頤煊云：「『峑』當作『佱』。『佱』，古文『法』字。」莊述祖云：「『峑』當作『佱』，古『法』字，亦通『政』。《大戴禮·盛德篇》有『六政』，疑即『六佱』。」俞正燮云：「下有『九九之數』，則『峑』、『計』字也。」何如璋云：「按八卦始於虙戲。六峑者六氣，即陰陽風雨晦明也，故云『以迎陰陽』。造者作爲推測之器以驗之。《莊子·逍遥遊》『乘天地之正而御六氣之變』，即此義也。虙戲法日月而作《易》，觀天象以造曆，演九九以作數，天道明焉，人文啓焉。」張佩綸云：「明十行無注本此『六峑』作『大陸』，『大陸』乃『八卦』二字之誤。周『循六崟』，乃『六爻』之誤。」元材案：此二字顯有訛誤，各家解者甚多，然皆猜測之詞，不可盡信。仍以闕疑爲是。

〔五〕元材案：九九，算法名。《漢書·梅福傳》云：「臣聞齊桓之時，有以九九見者。桓公不逆，欲以致大也。」顔師古注云：「九九算術，若今九章五曹之輩。」

〔六〕元材案：淇山，未詳。《路史·炎帝紀·注》引此，「樹」作「種」，「穀」下有「於」字。

〔七〕張佩綸云：「『黄帝作』當作『燧人作』，涉下『黄帝之王』而誤。句容陳立《白虎通疏證》亦以管書誤遂人爲黄帝。」元材案：張説是也。《路史後紀》三注引此文曰：「此正言炎燧改火事，字誤爲黄帝。下乃言『黄帝之王，童山竭澤』云云，可見。」

〔八〕元材案：葷臊，《荀子·富國篇》：「然後葷菜百疏以澤量。」楊倞注云：「葷，辛菜也。」又《哀公篇》：「志不在於食葷。」楊倞注云：「葷，葱薤之屬也。」《説文》：「臊，豕膏臭也。」《正韻》：「大膏也。」又凡肉之腥者皆曰臊。《史記·晉世家》：「犯肉腥臊何足食？」此蓋兼蔬菜及肉食二者而言。《路史》引作「腥臊」者非。

〔九〕孫星衍云：「《北堂書鈔》一百四十二、《太平御覽》七十九引，『兹胃』作『腸胃』。《集韻》：『胃，古文作胃。』」戴望云：「《路史·注》引作『無腥胃之疾』。」張佩綸云：「『兹胃』當作『兹胃』。《説文》：『兹，草木多益。』引申之，凡物之多益皆曰兹。《説文》曰：『滋，益也。』『兹』，『滋』省，經典『滋』多作『兹』。《吕氏春秋·重己篇》：『味衆珍則胃充，胃充則中大鞔，中大鞔而氣不達。以此長生不得也。』『胃充』，即此『兹胃之疾』也。」聞一多云：「『兹』當爲『胘』，字之誤也。《廣雅·釋親》：『胃謂之胘。』《類篇》引《通俗文》：『有角曰胘，無角曰肚。一曰胃之厚肉爲胘。』《字鏡》：『胘，肚也。』《萬象名義》：『胘，胃厚。』胘胃之病，即胃疾耳。」元材案：「兹」當作「兹」。兹兹二字書傳雜出而實不同。《説文·艸部》云：「兹，草木多益也。從艸，絲省聲。」《玄部》云：「兹，黑也。從二玄。《春秋傳》曰：『何故使吾水兹。』」朱駿聲《通訓定聲》以「兹」隸頤部，以「兹」隸坤部，則二字並不得假借。

此字乃訓黑之「兹」，非訓草木多益之「兹」。許引《春秋傳》，見《左襄八年傳》，陸釋本亦誤作「兹」，孔義本並加水旁作「滋」。然杜解云：「滋，濁也。」《玉篇・玄部》云：「兹，濁也，黑也。」明傳文本作「兹」，許引必不誤。《管子・禁藏篇》云：「所以去兹毒也。」「兹」亦「兹」之誤。兹訓黑，又訓濁，則與「毒」義相類，故「兹毒」二字連文。尹注謂「滋長之毒」，則誤以「兹」爲「兹」矣。然則所謂「兹腈之病」，乃指食物中毒而言甚明。以上各説皆失之。

〔一〇〕元材案：《揆度篇》及《國准篇》均言「黄帝之王謹逃其爪牙」，又《國准篇》言「有虞之王枯澤童山」，與此以「童山竭澤」屬之黄帝者不同。

〔一一〕元材案：《揆度篇》以「燒山林，破增藪，焚沛澤，逐禽獸，實以益人」爲黄帝事，《國准篇》則以「燒增藪，焚沛澤，不益民之利」爲夏后事，與此處以「燒曾藪，斬羣害以爲民利」爲有虞事者亦皆不同。曾藪即增藪，解已見《揆度篇》。

〔一二〕元材案：社，土地神主也。《白虎通》云：「人非土不立。封土立社，示有土也。」閭，里門，解已見《輕重丁篇》。

〔一三〕吴汝綸云：「『始民知禮也』，『始民』當互倒。」

〔一四〕元材案：「當是其時」，「其」猶「之」也。

〔一五〕吴汝綸云：「『民無慍惡不服』，『慍』當爲『藴』。」元材案：慍，怨恨。惡，凶惡。不必改字。

〔一六〕元材案：外即《孟子・滕文公篇》「禹八年於外」之外。鑿，開也。宦，鄒漢勛《讀書偶識》

云：「同㐬。《説文》『㐬，水廣也。』」

〔一七〕豬飼彦博云：「『轢』當作『渫』，通也。」何如璋云：「『轢』當作『渫』。《荀子·成相》：『北決九河，通十二渚，疏三江。』《呂覽·長攻》：『若燕、秦、齊、晉山處陸居，豈能踰五湖九江越十七阨而有吴哉。』『湛』或是『阨』之譌，又疑『渚』之譌。」章炳麟云：「『轢』借爲『渫』。《易井·九三》『井渫』，向注：『浚治去泥濁也。』『湛』者，《文選·注》引《倉頡篇》云：『湛，水不流也。』」元材案：章氏説是也。《呂氏春秋·慎人篇》云：「禹周於天下以求賢者，事利黔首，水潦山澤之湛滯壅塞可通者禹盡爲之。」又《文選·海賦》「百川潛渫」注引《周書》云：「禹渫十七川，大利天下。」然則渫十七湛者，謂禹除去其湛滯壅塞者而通之，凡十有七處也。

〔一八〕張佩綸云：「『四涇』當作『四瀆』。」元材案：涇即《莊子·秋水篇》「涇流之大」之涇，司馬彪云：「涇，通也。」今蘇州稱溝瀆曰某涇某涇。道四涇之水，謂導四通之水而入之於河海也。

〔一九〕戴望云：「朱本『商』作『敵』。涇當爲瀆，『商』當作『奠』，皆字之誤。」俞樾云：「『商』當爲『障』。古音商與章近。《尚書·粊誓篇》『我商賚女』，《釋文》曰『商，徐邈音章』是也。障從章聲，故得以商爲之。《呂氏春秋·勿躬篇》『臣不如弦章』，《韓非子·外儲説》作『弦商』。然則以商爲障，猶以商爲章矣。」張佩綸云：「《説文》：『商，從外知内也。』《廣雅·釋詁》：『商，度也。』商度九州之高以順其就下之性。朱本作敵，非。」郭沫若云：「依古本、劉本及朱本『商』作『敵』推之，原本當作『啇』。啇者，厚也，大也。作爲動詞用時，則爲使之厚大。」元材案：戴、俞、郭説皆非，張説是也。

《史記・夏本紀》："禹左準繩，右規矩，載四時，以開九州，通九道，陂九澤，度九山。"《河渠書》亦有"以別九州，……通九道，陂九澤，度九山"語。《集解》云："言於地所宜，商而度之，以制貢賦。"又顔師古注《漢書・溝洫志》云："言通九州之道，及障遏其澤，商度其山也。"然則"商九州之高"，即"商度九州之山"之意矣。

〔三〇〕元材案：九藪者，據《周禮・夏官・職方氏》，揚州曰具區，荆州曰雲夢，豫州曰圃田，青州曰孟諸，兖州曰泰壄，雍州曰弦蒲，幽州曰豯養，冀州曰揚舒，并州曰昭餘祁。此外《吕氏春秋・有始覽》及《淮南・地形篇》亦有關於"九藪"之記載，而其名與《周禮》又各有不同。《説文》及《漢書・地理志》從《周禮》，《爾雅・釋地》則作十藪。

〔三一〕王念孫云："『帛』當爲『皁』，字之誤也。皁以養馬，牢以養牛，故曰『立皁牢，服牛馬』。"何如璋云："《國准篇》『殷人之王，諸侯無牛馬之牢，不利其器』，與此文異。足徵戰國時學術不明，言古事者各習所聞，家異而户不同也。"張佩綸云："王説非也。《公羊桓公八年傳》注：『牛羊豕凡三牲曰太牢，羊豕凡二牲曰少牢。』此言帛牢，猶他書言牲幣耳。《周禮・肆師職》：『立大祀用玉帛牲牷，立次祀用牲牷，立小祀用牲。』立帛牢，立祭祀之禮，殷人尚鬼也。服牛馬，乘殷之輅也。立帛牢以爲民利，《左氏傳》季梁所謂『上思利民，先成民而後致力於神』是也。服牛馬以爲民利，《易》所謂『服牛乘馬引重致遠以利天下』是也。殷制最善，故管氏獨舉之。猶孔子之稱殷輅。若如王説，殷人但立養馬之皁，養牛之牢，以爲王天下之基，不亦戾於理乎？"元材案：何、張説非，此處仍當以王説爲是。《國准篇》云：「殷人之王，諸侯無牛馬之牢，不利其器。」又曰：「諸侯無牛馬之牢，不利其器者，固淫器而一民心者也。」即皆僅言牛馬之牢，而不言所謂「牲幣」。蓋殷代爲中國古代史上畜牧業極發達之時代，而據《山海經》所載，服牛乘馬又皆爲殷人祖先之所發明，則牛馬乃當日社會之主要業産。著者固主張國家壟斷經濟者，故謂殷代不以立皁牢之權分之諸侯。此即所謂「國之利器不可以示人」之意。惟本文所述各代之經濟措施，與《國准篇》不盡相同。《國准篇》所述，只黄帝、虞、夏、商、周五家，本文則於五家之外，又增加虙戲、神農、燧人三家，合爲八家。此其一。《國准篇》「枯澤童山」係有虞事，「燒增藪」係夏后事。本文則以前者屬之黄帝，後者屬之有虞。此其二。《國准篇》言「燒增藪，不益民之利」，又言「殷人之王，諸侯無牛馬之牢，不利其器」，本文則言「燒曾藪，立皁牢，服牛馬，皆所以爲民利」。此其三。《國准篇》言「周人之王，官能以備物」，全在人事上立論。本文則言「周人之王，循六崟，合陰陽」，所重乃在陰陽。此其四。然兩者表面上雖似互相矛盾，實際上則相反相成，各有發揮。蓋《國准篇》所注重者在「塞民之羨，隘其利途」，使國利盡歸於君，而無爲富商蓄賈所乘。本文所注重者，則在去民之害，使人民皆能從事生産，則民財足而君亦可賦斂而不窮。即以立皁牢一事觀之，《國准篇》只是不許諸侯有牛馬之牢耳，並未言殷王亦不能自立之也。然則本文之立皁牢，服牛馬，乃謂殷王自立之，與《國准篇》之不許諸侯立之者，豈非一事之兩方面耶？

〔三三〕元材案：「六崟」二字亦未詳。

〔二三〕元材案：「並用」，《國准篇》作「兼用」。「毋俱盡」即「俱毋盡」之意。《國蓄篇》云：「五者不可畢用，故王者徧行而不盡也。」義與此同。何如璋謂「『俱』字衍」者非。

〔二四〕元材案：戰國末葉以前之人無言及帝道者。孔子但言王道，《孟子》始創爲王霸之説，荀子亦有《王霸篇》。《韓非子》始以帝與王並稱。至漢代則「帝王之道」一語乃成爲常用之口頭語。《鹽鐵論·相刺篇》及《擊之篇》此語凡兩見。《漢書·王莽傳》王莽策命中亦有之。此又本書成於漢代之一證也。

〔二五〕元材案：亢，過也，又極也。强之極者曰亢强。聘，問也。享，獻也。《禮·曲禮》「五官致貢曰享」，孔安國云：「奉上之謂享。」起，與也。考桓公之時，周天子雖弱，但無甚年幼者，桓公生於周莊王十二年，卒於襄王九年。莊王立十五年卒，子釐王立。釐王立三年，桓公始霸。釐王立五年卒，子惠王立。惠王立二十五年卒，子襄王立。襄王有弟曰叔帶。襄王即位時，叔帶與王争立，幾次逐王於外。賴晉文公納王而誅叔帶，大難始平。以上各王，有子有弟，皆非幼主可知。依照本書各篇所反映之歷史事實，已證實爲漢人作品。則此處所謂「天子幼弱」者必係著者於無意中以漢事攙入，與其他各處之牽涉漢事者情形蓋完全相同。漢代共十三帝，幼主凡三：一爲昭帝，即位時年僅八歲。二爲平帝，即位時亦僅九歲。三爲孺子嬰，即位時年纔二歲。平帝時，無「諸侯亢强，聘享不上」之事。惟昭帝時，燕王旦與上官桀等有與昭帝争位之行爲。孺子嬰時，亦有安衆侯劉崇與其相張紹等百餘人起兵攻宛及東郡太守翟義立嚴鄉侯劉信爲天子，移檄郡國，共起誅莽之舉。然昭帝時，武帝有子甚多，天子雖云幼弱，但不得言「繼絶」。惟哀帝死後，確有「大統幾絶」情事。《漢書·王莽傳》云：「哀帝崩，無子。太皇太后即日駕之未央宫，遣使者馳召莽，拜莽爲大司馬，與議立嗣。莽白以安陽侯王舜爲車騎將軍，使迎中山王奉成帝後，是爲孝平皇帝。帝年九歲，太后臨朝稱制，委政於莽。」又云：「張竦爲劉嘉作奏曰：『建平元壽之間，大統幾絶，宗室幾棄。賴蒙陛下聖德，扶服振救，遮扞匡衛，國命復延。』」可見此文内容，必係暗指王莽居攝時而言，實甚顯明。此本篇成於漢末王莽時之又一證也。

桓公曰：「魯梁之於齊也，千穀也〔一〕，蠭螫也〔二〕，齒之有脣也。今吾欲下魯梁，何行而可？」

管子對曰：「魯梁之民俗爲綈〔三〕。公服綈，令左右服之，民從而服之。公因令齊勿敢爲，必仰〔四〕於魯梁，則是魯梁釋其農事而作綈矣〔五〕。」

桓公曰：「諾。」

即爲服於泰山之陽〔六〕，十日而服之。

管子告魯梁之賈人曰：「子爲我致綈千匹，賜子金三百斤。什至而金三千斤。」則是魯梁不賦於民，財用足也。魯梁之君聞之，則教其民爲綈。十三月，而管子令人之魯梁〔七〕。

魯梁郭中之民道路揚塵，十步不相見，紲繑而踵相隨〔八〕，車轂齺，騎連伍而行〔九〕。

管子曰：「魯梁可下矣〔一〇〕。」

公曰：「奈何？」

管子對曰：「公宜服帛，率民去綈〔一一〕。閉關，毋與魯梁通使〔一二〕。」

公曰：「諾。」

後十月，管子令人之魯梁。魯梁之民餓餒相及〔一三〕，應聲之正無以給上〔一四〕。魯梁之君卽令其民去綈修農〔一五〕。穀不可以三月而得。魯梁之人糴十百，齊糴十錢〔一六〕。二十四月〔一七〕，魯梁之民歸齊者十分之六。三年，魯梁之君請服〔一八〕。

〔一〕朱長春云：「『千』卽『阡』。阡之穀兩畔争食之，比於鄰界也。」俞樾云：「按『千』字一本作『子』，當從之。『子穀』蓋穀之不成者，猶言『童蓈』矣。《説文·艸部》蓈篆下云：『禾粟之采（音穗）生而不成者，謂之童蓈。』子穀、童蓈，其義一也。」王紹蘭云：「『千穀』蓋『干黻』之譌。《説文》黻繫連文，引《周書》云『黻乃干』。此言干不可無黻，蜂不可無螫，齒不可無脣，以況齊不可無魯梁。因欲服而下之，以爲齊有矣。」金廷桂云：「按文義『千穀』疑作『車轂』，如車之有轂也。三句言其利害關係之切。」郭沫若云：「『千穀』卽『蜂螫』二字之壞殘，蓋一本壞爲『千穀』，一本作『蜂螫』，後人乃並録之。」元材案：「千穀」無義，各家所釋亦不可通，疑原文確有訛誤，不可强解。

〔二〕尹注云：「『蠭』，古『蜂』字。螫音尸亦反。言魯梁二國常爲齊患也。」何如璋云：「《通典》引此只『蠭螫』二字。『千穀』字無義，『脣齒』之喻不一類。尋注僅釋『蠭螫』，是『千穀』『齒唇』二句或唐以後所加，當據《通典》删去。」聞一多云：「尹注云『言魯梁二國常爲齊患』，是『齒之有脣』當作『齒之有𤘘』。《説文》：『𤘘，齒蠹也。』重文作齲。淺人習聞脣齒相依之喻，因改𤘘爲脣，失其義矣。」郭沫若云：「『齒之有脣也』不誤。蜂去螫則死，齒無脣則寒，故連類而及。《通典》無齒脣句者，乃因誤解蜂螫爲患害而删去之。」元材案：蠭螫齒脣，是從兩方面分析齊與魯梁之關係。前者指國交破裂時期而言，後者則指國交和睦時期而言。謂國交破裂則常爲齊患，國交和睦則兩相依靠也。尹注是，何、聞説失之。郭以蜂螫爲非患害，亦有未照。

〔三〕尹注云：「綈，徒奚反。繒之厚者謂之綈。」元材案「綈」，漢人常用之衣服原料。《史記·文紀》：「上常衣綈衣。」《集解》如淳云：「賈誼云：『身衣皂綈』。」是其證。

〔四〕元材案：仰即「宮室器械非山無所仰」之仰，解已見《山國軌篇》。

〔五〕元材案：釋，《廣韻》：「舍也。」《漢書·食貨志》「釋其耒耜」，義與此同。此言魯梁見綈之利大，故皆舍其農事而從事綈之生産也。

〔六〕尹注云：「魯梁二國在泰山之南，故爲服於此，近其境也。欲魯梁人速知之。」安井衡云：「春秋有梁，地近秦，秦伯城之。《輕重》諸篇固不足信，然至地理，必不以近秦之梁爲近在泰山之陽。此梁蓋魯邑之近齊境者，下文因稱其長爲魯梁之君，非魯梁二國也。」張佩綸云：「魯梁二國，地不相接。春秋時，梁國近秦。《漢志》『左馮翊夏陽地』，《左氏傳》襄公十八年『楚銳師侵鄭費滑，獻於雍梁』，三十三年『鄭伯有奔雍梁』，江永謂『雍即雍氏。梁者，漢河南郡之梁縣』。哀四年『楚爲一昔之期，襲梁及霍』，杜注『梁，河南梁縣西南故城』。《漢志》『河南郡梁縣罳狐聚，秦滅西周，遷其君於此』，亦與齊魯甚遠。惟《漢志》『東平國，故梁國，治無鹽，莽曰有鹽』，屬兗州，在今泰安府東平州東三十里。所謂故梁國者，乃漢之梁孝王故國，非春秋梁國。此節卽漢人僞託管子，不應並漢郡國不知而疏舛若此。」金廷桂云：「春秋之梁，周平王少子康所封國，在夏陽，西近秦，國小而遠於齊，何足爲齊患。《地數篇》並言梁趙，蓋指三晉之魏趙言，當管子時未爲國也。殆傅玄所謂好事者爲之。」元材案：以上各說拘甚。本書著者只是任意借用其所能記憶之國名人名以爲說明其所謂輕重之筴之實例耳。至於所借用之地名人名，爲古爲今爲遠爲近，皆不在其考慮之列，予在以前各篇中固已數數論之矣。蓋齊桓公時，齊魯附近無梁國。至戰國魏都大梁，始以梁名。漢人喜以梁鄭齊魯連稱。如《史記·貨殖傳》云：「鄭衛俗與趙相類，然近梁魯。」又云：「洛陽東賈齊魯，南賈梁鄭。」又云：「故秦夏梁魯好農而重民。」此文亦以魯梁連稱。又《地數篇》及《輕重甲篇》皆有「梁趙宋衛濮陽」之語，不僅梁爲桓公以後之國，卽趙亦爲桓公以後之國，卽其證矣。惟張氏以梁爲漢梁孝王故國，則極爲有見。考《漢書·文三王傳》：「梁孝王武以孝文二年與太原王參、梁王揖同日立，武爲代王。四年，徙爲淮陽王。十二年徙梁。」又云：「漢立太子（案在漢景帝四年），梁王最親有功，又爲大國，居天下膏腴。北界泰山，西至高陽，四十餘城，多大縣。」又《賈誼傳》：「梁王勝死，誼上疏曰：『臣之愚計，願舉淮南地以益淮陽，而爲梁王立後。割淮陽北邊二三列城與東郡以益梁。不可者可徙代王而都睢陽。梁起於新郪以北著之河，淮陽包陳以南捷之江。則大諸侯之有異心者破胆而不敢謀。梁足以捍齊趙，淮陽足以禁吳楚。陛下高枕，終無山東之憂矣。』文帝於是從誼計。乃徙淮陽王武爲梁王，北界泰山，西至高陽，得大縣四十餘城。」據此，是「北界泰山」之梁，至漢文帝十二年用賈誼言始有之 今此文言梁與魯既皆在泰山之陽，更足證其所謂梁者，不僅爲近齊之梁而非近秦之梁，而且確爲漢文帝時「割淮陽北邊二三列城與東郡以益梁，而起於新郪以北著之河」以後「北界泰山」之梁。然則本篇之作，至早不得在漢文帝十二年徙淮陽王武爲梁王以前，不亦彰明較著耶？

〔七〕元材案：「令人之魯梁」，謂派人前往魯梁二國，密探其國內之情況也。下仿此。

〔八〕尹注云：「絏繑謂連續也。絏，息列反。繑，丘喬反。」豬飼彦博云：「『絏繑』與『曳屩』同。屩，履也。」王念孫云：「『繑』與『屩』同（《集韻》：『屩或作繑』）。『絏』當作『曳』。曳，引也。言引屩而踵相隨也。今作『絏』者，因『繑』字而誤加糸耳。尹注非。」元材案：兩氏說是也。《禮·玉藻》：「執龜玉，舉前曳踵，蹜蹜如也。」《疏》：「踵謂足後跟。謂將行之時，初舉足前，後曳足跟，行不離地，舉足狹數也。」「曳屩而踵相隨」與「舉前曳踵」意義略同。蓋謂魯梁郭中道路擁擠，行人但能緩步而前，足不舉踵也。

〔九〕尹注云：「齺，齧也，士角反。言其車轂往來相齧，而騎東西連而行，皆趨綈利耳。」安井衡云：「騎始於趙武靈王胡服。然宣十二年邲之戰，趙穿以其良馬二濟其兄與叔父，則古未必無騎法。但如『騎連伍』，春秋之時恐未有焉。」桂馥云：「案《説文》云：『齺，齰也。』『齰，齧也。』注與齰義合。但『齧騎』未安。《説文》又云：『齺，一曰馬口中橜也。』『齺騎』言馬連伍受橜。司馬相如諫獵書云：『猶時有銜橜之變。』張揖曰：『橜，騑馬口長銜也。』」元材案：此當作「車轂齺」句，「騎連伍」句，二句互爲對文。與《史記·蘇秦傳》所謂「臨淄之塗車轂擊，人肩摩」者，語法相同。齺卽擊也。《蘇秦傳》又云：「車不得方軌，騎不得比行。」《漢書·韓延壽傳》：「五騎爲伍。」「騎比行」，「五騎爲伍」，皆「騎連伍」之義也。桂説失之。

〔一〇〕元材案：「可下」猶言可以征服。謂根據上述情報分析，魯梁之民皆趨綈利，農事必廢，故曰「可下」也。

〔一一〕元材案：《韓非子·外儲説左上》云：「齊桓公好服紫，一國盡服紫。當是時也，五素不一紫。桓公患之，謂管仲曰：『寡人好服紫，貴甚。一國百姓好服紫不已。寡人奈何？』管仲曰：『君欲，何不試勿衣紫也？謂左右曰：吾甚惡紫之臭。於是左右適有衣紫而進者，公必曰少卻，吾惡紫臭。』公曰：『諾。』於是日，郎中莫衣紫。其明日，國中莫衣紫。三日，境内莫衣紫也。」此文言「服帛去綈」之法，與此略同。

〔一二〕元材案：此「閉關不與通使」一語，關係頗爲重要。下文云：「魯梁之糴十百，齊糶十錢。」是魯梁之穀價高而齊之穀價下。然而齊之穀不流越而歸於魯梁者，賴有此耳。下文下楚與制衡山二段，亦皆有「閉關不與通使」一語，足證古人行文用心之密。

〔一三〕尹注云：「相及，猶相繼也。」

〔一四〕尹注云：「應聲之正，謂急速之賦。正音征。」李哲明云：「『聲』疑當作『穀』。緣俗書『穀』或爲『榖』，與『聲』字形近，因誤。」郭沫若云：「『應聲之正』本篇中凡三見。尹謂『急速之賦』，意指爲額外税，於理不合。蓋魯梁之民既『餓餒相及』，即正規税亦應無以付矣，何能付及額外哉？余謂『聲』假爲『程』，『應程之正』即法定之正規税也。古『聲』字或假爲『聖』，『聖』從壬聲，程從呈聲而呈從壬聲。故『聲』既可假爲『聖』，亦可假爲『程』矣。（古程字亦逕作呈。）」元材案「應聲」一語，乃古籍中常用語。《管子·任法篇》云：「然故下之事上也，如響之應聲也。臣之事主也，如影之從形也。」《心術上篇》云：「若影之象形，響之應聲也。」又《荀子·彊國篇》云：「夫下之和上，譬之猶響之應聲，影之像形。」《吕氏春秋·貴卒篇》云：「所爲貴鏃矢者，爲其應聲而至。終日而至，則與無至同。」應聲之義蓋如此。本篇「應聲之正」一語凡三見，蓋謂平時不待終日而至之正常賦税，猶《國蓄篇》之言『朝令而夕具』也。李、郭説皆非。

〔一五〕元材案：去綈修農，謂停止綈業生産，重新修治農事。

〔一六〕尹注云：「糴十百，穀斗千錢。糴十錢，穀斗十錢。」郭沫若云：「正文有誤。『糴十百』，當爲『糴石百』，如此方近情理。」元材案：尹注二「斗」字當作「石」字，下文「趙糴十五，隰朋取之石五十」，即以「石」言，是其證。謂之十百者，極言其貴也。郭説非。

〔一七〕孫星衍云：「『二十四月』，《通典》十二引作『周月』。」元材案：下文有「二十八月」、「三月」、「二十四月」、「十七月」等語，此「二十四月」不誤。

〔一八〕元材案：服即降服之意，謂魯梁之君自願降服於齊爲齊之屬國也。此與以下服萊莒、服楚、服代、服衡山等段，均是以輕重之筴滅亡人國之具體說教，而其中心思想，則只是一個陰謀，即運用「天下下我高」之原則，將某種外國特產之國內價格提高到比出產國更高之辦法，使其變成單一經濟之殖民地或半殖民地而已。

桓公問管子曰：「民飢而無食，寒而無衣，應聲之正無以給上，室屋漏而不居〔一〕，牆垣壞而不築，爲之奈何？」

管子對曰：「沐涂樹之枝也〔二〕。」

桓公曰：「諾。」

令謂左右伯〔三〕沐涂樹之枝。左右伯受沐涂樹之枝闊〔四〕。其年，民被白布〔五〕，清中而濁〔六〕，應聲之正有以給上，室屋漏者得居，牆垣壞者得築。

公召管子問曰：「此何故也？」

管子對曰：「齊者，夷萊之國〔七〕也。一樹而百乘息其下者〔八〕，以其不捎〔九〕也。衆鳥居其上，丁壯者胡〔一〇〕丸操彈居其下，終日不歸。父老柎枝〔一一〕而論，終日不歸。歸市〔一二〕亦惰倪〔一三〕，終日不歸。今吾沐涂樹之枝，日中無尺寸之陰，出入者長時〔一四〕，行者疾走，父老歸而治生，丁壯者歸而薄業〔一五〕。彼臣歸其三不歸，此以鄉不資也〔一六〕。」

〔一〕王念孫云：「居當爲治，字之誤也。《齊民要術》一、《太平御覽·木部》一引此並作『治』。下文『室屋漏者得居』，二書『居』亦作『治』。」元材案：「居」無治義，亦無由誤爲「治」字。疑是「㞮」字之誤。《玉篇》：「㞮，茲力反，音卽，理也。」理，卽治也。

〔二〕沐字解已見《輕重丁篇》。涂樹之枝卽道路兩旁樹木之枝。《丁篇》正作「涂旁之樹枝」。

〔三〕元材案：關於左右伯，余在本書第三稿中，曾根據《漢書·王莽傳》始建國三年用甄豐子尋言：「新室當分陝立二伯，以豐爲右伯，太傅平晏爲左伯，如周召故事」，拜豐爲右伯，認爲此文所述，卽王莽時作品的證據。但沐涂樹之枝，乃一小事，而竟命大司徒及大司空爲之，未免與其職位殊不相稱。後閱李學勤同志《戰國題銘概述（上）》（見一九五九年《文物》第七期）一文《齊國題銘》一節中引用有關於左右伯者若干條：「尾鄙，陳懥，左敀，𥇖均釜」（方清霖拓本）；「……右敀，均亳釜」（簠齋藏陶一一，一八，四〔陶量〕）；「輤鄙右敀」（周秦古璽精華一一二）；「戰倈左敀」（尊古齋古璽集林二，一，一八）；「右敀郣鄙尚畢里季點」；「右敀郣鄙蔄里□衆□（季木藏陶八〇，七）；「王卒左敀城陽柤里土」（古陶瑣萃一，六）；「王卒左〔敀〕城陽□里人曰得」（季木藏陶六〇，一〇）；「王卒左敀□陽北里五」（鐵雲藏陶一，四）；「王卒左敀甘里攴」（古陶瑣萃三，六）。案「敀」與「伯」通，見《說文》。由此可以得出結論：一、此等左右伯均爲王卒，卽軍隊編制中的成員。二、但既名曰「伯」，似又是軍隊中的官長，與普通一兵的身份微有不同。三、此等王卒在戰時是兵士，但同時又可以被使用於陶器生産。據此，左右伯既可以被使用於陶器生産，當然亦可以被使用於「沐涂樹之枝」。可見此文所謂之左右伯，乃指此等王卒中的左右伯而言，與《王制》及《王莽傳》中之左右伯實不可等同。本書雖是王莽時人所作，但既僞託爲管子書，則雜用齊制，亦屬當然之事，不足異也。

〔四〕安井衡云：「潤，疏也。枝既沐，故疏。」俞樾云：「『潤』字無義，乃『閱』字之誤。『其』讀如『朞』，古字通用也。此當以『閱朞年』三字爲句。尹氏以『潤』字屬上讀，注云：『潤，洽也。』非是。」元材案：「其」讀如「朞」，俞說是也。潤字應屬上讀，安井說得之。潤卽《漢書·溝洫志》「所以潤無大害」之潤，顏師古注云：「潤，稀也。」蓋謂沐後情景，潤然稀疏。卽下文所謂「日中無尺寸之陰」者也。又案今本無尹氏注，不識俞說何據。

〔五〕戴望云：「白，帛假字。」張佩綸云：「白，帛。」元材案：《齊民要術》卷一引此正作「民被布帛」。又《輕重丁篇》云：「五衢之民皆多衣帛完屨。」又云：「則帛布絲纊之賈安得不貴。」字亦作「帛」。

〔六〕王紹蘭云：「按『濁』當爲『潤』。以形近，且涉上文『清中』而譌也。白布中清而外潤。猶《凡將篇》說『蜀布』云『黃潤鮮美宜製禪』矣。」

〔七〕元材案：《史記·齊太公世家》：「武王已平商而王天下，封師尚父於齊營邱。東就國，……

萊侯來伐，與之爭營邱。營邱邊萊。萊人，夷也。會紂之亂，而周初定，未能集遠方，是以與太公爭國。」故謂「齊者夷萊之國」也。

〔八〕元材案：「一樹而百乘息其下」，言樹木之大，枝葉之多，故所蔭者廣也。《莊子·人間世篇》云：「南郭子綦遊乎商之丘，見大木焉，有異。結駟千乘，隱將芘其所藾。」義與此同。

〔九〕戴望云：「宋本『埇』作『捎』。」宋翔鳳云：「『埇』字字書所無，作『捎』是也。《說文》：『捎，自關以西凡取物之上者爲撟捎。』則『捎』謂芟其上枝，不能密陰。不捎則不芟也。」元材案：俞樾、何如璋說與此略同。捎，《廣韻》：「芟也。」《史記·龜策列傳》：「以夜捎菟絲去之。」王念孫以「『埇』當爲『俏』，『俏』與『肖』同，言此息於樹下者皆游惰之民」，未免曲解。

〔一〇〕戴望云：「『胡』乃『懷』字誤。《輕重丁篇》正作『懷』。」張佩綸云：「『胡』『懷』形聲俱不近。疑『胡丸』當作『攝丸』。『攝』俗作『挕』，與『胡』形近而誤。《楚策》：『左挾彈，右攝丸。』《易林》：『公子王孫，把彈攝丸。』」元材案：「胡」卽「衚」之假字。《廣雅》：「袺謂之衚。襭謂之褱。」王氏《疏證》引此云：「胡與衚通。」馬瑞辰《毛詩傳箋通釋》云：「衚蓋亦懷意。」《輕重丁篇》卽作「挾彈懷丸」，是其證。戴、張二氏說皆失之。

〔一一〕元材案：「柎」當依古本作「拊」。《集韻》：「拊，方遇切，音付，以手著物也。或作捬。」拊枝，謂扳枝也。

〔一二〕王念孫云：「『歸市』下當有『者』字。『歸市者』對上文『丁壯者』及『父老』而言。」郭沫若云：

「『歸市』二字，當是『婦女』之訛。《輕重丁篇》沐涂樹節言『男女相好』或『男女當壯』，此言『丁壯者胡丸操彈居其下』，『胡丸操彈』非婦女所爲，故別出之。」元材案：兩處皆以「父老」「丁壯」及「市民」三種人並言，此處「歸市者」即《輕重丁篇》之「往來之市者」，與今人之言趕集者性質相同。此蓋本書著者對管子「三歸」之解釋，故兩處所言内容略同，不必改字。

〔一三〕何如璋云：「『俔』當作『睨』。謂惰歸坐樹下，睨而相視也。」元材案：惰俔二字又見《管子·正世篇》，其言曰：「力罷則不能無墮俔。」墮即惰字之誤，俔即睨字之誤。謂人民之歸市者過此大樹之下，亦有力罷思睡之意，故欲在此休息，不肯離去也。《吕氏春秋·壹行篇》云：「今行者見大樹，必解衣懸冠倚劍而寢其下。」即其義矣。

〔一四〕張佩綸云：「長時，《詩·文王》『永言配命』《箋》：『長，猶常也。』《廣雅·釋詁》：『長，常也。』言出入有常時也。」郭沫若云：「長謂尚也，重也。《侈靡篇》『好獵之君，長虎豹之皮』，同例。」元材案：郭説是也。長字乃漢人常用語，説已見《山國軌篇》。「出入者長時」，言日中無尺寸之陰，出入之人無處可以休息，故皆重視時間，争取提前回家，與下文「行者疾走」意義相同。

〔一五〕安井衡云：「薄，勉也。」李哲明云：「疑當作『摶業』。摶讀專，本書屢見，形近誤薄耳。」元材案：薄，《方言》：「勉也。秦晉曰釗，或曰薄。故其鄙語曰『薄努』。猶『勉努』也。」薄業謂勉力於作業也。李説失之。

〔一六〕張佩綸云：「『彼臣』當作『彼民』。」聞一多云：「『臣』爲『目』之譌。『彼以』與『此以』對舉。」

元材案：「彼」即下文「彼金錢人之所重也」之彼，義與「夫」字相同，乃語助詞。臣，管子自稱。鄉者，《漢書·鄒陽傳》顏師古注云：「鄉讀曰嚮。」《正字通》云：「鄉，昔也，曩也。往者在前，來者從後，故往者謂之鄉者，往日謂之鄉日。」資，澹之誤，説已詳《巨（筴）乘馬篇》。此言臣之所以必歸其三不歸者，乃由於見其曩昔不歸時多有不澹故也。兩氏説皆非。又案何如璋云：「沐樹枝之説既見《輕重丁篇》，此乃襲其意而敷衍者，重複當删。」張佩綸云：「自魯梁以下六節，均與首節不相應，明是後人竄入。而此節又與五節不相應，乃《丁篇》複文，大同小異，宜隸之《丁篇》爲類，而五節自爲一類。」今案《揆度》及《甲》、《乙》等數篇，多以雜事若干段彙集成篇，每段均自爲起訖，雖皆爲闡發與輕重有關之理論，而並非全篇貫通一氣呵成者可比。此本爲各篇之通行體例，與《韓非子·內外儲説》及《説林》之性質殆全相同。何、張二氏不明此理，必欲以後世古文家家法權衡古書之是非，則古書之可讀者，幾希矣！

桓公問於管子曰：「萊莒與柴田相并〔一〕，爲之奈何？」

管子對曰：「萊莒之山生柴。君其率白徒〔二〕之卒鑄莊山〔三〕之金以爲幣，重萊之柴賈。」萊君聞之，告左右曰：「金幣者，人之所重也。柴者，吾國之奇出〔四〕也。以吾國之奇出，盡齊之重寶，則齊可并也。」萊卽釋其耕農而治柴。管子卽令隰朋反農〔五〕。二年，桓公止柴，萊莒之糴三百七十〔六〕，齊糶十錢，萊莒之民降齊者十分之七。二十八月〔七〕，萊莒之君請服。

〔一〕安井衡云：「莒大邑，故與萊並稱。『與柴田相并』者，并有柴與田也，言其力強。一説：并，合也。萊多薪，莒多田，以柴田之利相合以防齊，故桓公憂而問之。」王紹蘭云：「『與』通『以』。『柴』者『茈』之假字。《輕重丁篇》：『昔萊人善染，練茈於萊純錙。』其證也。」郭沫若云：「疑當作『柴與田相并』。鑄幣需柴，故重柴價以誘萊莒，使其田輟耕。柴字不得誤爲茈，王説誤。」元材案：安井及郭氏説非，王説是也。蓋萊莒皆産茈，既有茈，又有田，其國人特以治茈與耕田二事並重爲利。桓公欲使其專營治茈之業，而廢其耕田之事，以便制而服之，故提出討論之。下五「柴」字皆仿此。若如安井及郭説，讀爲柴薪之柴，則他國皆有柴，萊君何以云「柴乃吾國之奇出」？且治柴亦何至釋其耕農乎？

〔二〕元材案：白徒二字，又見《管子・乘馬篇》及《七法篇》。尹注《七法篇》云：「白徒，謂不練之卒，無武藝。」又《吕氏春秋・決勝篇》「厮輿白徒」，高注云：「白衣之徒。」《漢書・鄒陽傳》「驅白徒之衆」，顔師古注云：「白徒言素非軍旅之人，若今言白丁矣。」蓋指未經過軍事訓練之人而言。

〔三〕元材案：莊山解已見《山權數篇》。張佩綸謂「齊無莊山，疑爲莊嶽之誤」者非。

〔四〕豬飼彦博云：「奇，餘也。」元材案：奇，特也。出，出産也。「奇出」猶今言特産。

〔五〕安井衡云：「『反農』，反鑄金之卒於農也。」

〔六〕安井衡云：「萊言糴，齊言糶，互文。」郭沫若云：「『三百七十』當是『石百七十』之誤。」元材案：糴三百七十，言每石糴價三百七十錢也。《漢書·食貨志》云：「元帝二年齊地飢，穀石三百餘，民多餓死。」是穀價固有石三百餘者。凡是數目字，如無確證，似以不改爲宜。

〔七〕俞樾云：「『二十八月』當作『二十四月』。上文曰：『二十四月，魯梁之民歸齊者十分之六。』此文亦必與彼同。蓋二十四月者，質言之則二年也。若作『二十八月』，於義無取，故知其非。」于鬯云：「此當存本文。上文自『二十四月』，此自『二十八月』，兩異何害？俞云：『二十四月，質言之則二年，若二十八月於義無取』，然則上文言『十三月而管子令人之魯梁。』，『十三月』義何取乎？」元材案：此乃著者任意假託之數字，原無關於重要。俞氏必欲使其與上文同，迂拘可笑。于說得之。

桓公問於管子曰：「楚者山東之强國也〔一〕，其人民習戰鬥之道。舉兵伐之，恐力不能過，兵弊於楚，功不成於周。爲之奈何？」

管子對曰：「即以戰鬥〔二〕之道與〔三〕之矣。」

公曰：「何謂也？」

管子對曰：「公貴買其鹿〔四〕。」

桓公即爲百里之城〔五〕，使人之楚買生鹿。楚生鹿當一而八萬〔六〕。管子即令桓公與民通輕重，藏穀什之六〔七〕。令左司馬伯公將白徒而鑄錢於莊山。令中大夫王邑〔八〕載錢二千萬〔九〕，求生鹿於楚。

楚王聞之，告其相曰〔一〇〕：「彼金錢，人之所重也，國之所以存，明主之所以賞有功。禽獸者羣害也，明主之所棄逐也。今齊以其重寶貴買吾羣害，則是楚之福也。天且以齊私楚也。子告吾民急求生鹿，以盡齊之寶。」楚人卽釋其耕農而田鹿〔一一〕。

管子告楚之賈人曰：「子爲我致生鹿二十，賜子金百斤。什至而金千斤也。」則是楚不賦於民而財用足也。楚之男子居外，女子居涂〔一二〕。隰朋教民藏粟五倍。楚以生鹿藏錢五倍。

管子曰：「楚可下矣。」

公曰：「奈何？」

管子對曰：「楚錢五倍，其君且自得而修穀〔一三〕。錢五倍，是楚強也〔一四〕。」

桓公曰：「諾。」

因令人閉關，不與楚通使。楚王果自得而修穀。穀不可三月而得也，楚糴四百。齊因令人載粟處芊之南〔一五〕，楚人降齊者十分之四。三年而楚服。

〔一〕何如璋云：「楚地以太行計，在汝漢之南，不得言山東，由齊而計，亦不當言山東，殆秦人人語耳。僞託無疑。」張佩綸云：「春秋時以太行界，秦晉皆山西，而楚亦可稱山東。」元材案：山東謂函谷關以東，乃秦漢時常用之語，漢人尤喜言之。《鹽鐵論》中大夫及賢良文學言及山東者卽達九次之多。（《力耕》、《錯幣》、《晁錯》、《備胡》、《大論》、《西域》各一見，《國病》三見。）其他見於《史記》、《漢書》者更不可勝數。又齊桓公不應稱楚爲山東之強國，此亦著者身在長安，無意中露出之一破綻。與《山國軌篇》之以「梁、渭陽、瑣之牛馬滿齊衍」，《輕重甲篇》之以「東車五乘，迎癸乙於周下原」者情形正同。張說非，何說近之。

〔二〕元材案：此處戰鬥之道，指經濟競争言，與上文桓公所問之指兵争而言者不同。《輕重甲篇》云：「戰衡、戰准、戰流、戰權、戰勢，此所謂五戰而至於兵者也。」然則固不必以兵相對，始可謂之戰鬥矣。

〔三〕陶鴻慶云：「『與』，當也，亦敵也。襄二十五年《左傳》『一與一』，《莊子·天下篇》『惠施曰：以其知與人之辯』，義並同。」元材案：「與之」，卽《史記·高紀》「吾知所以與之」之「與之」，《漢書·高紀》作「吾知與之矣」，顔師古注云：「與，如也，言能如之何也。」猶今言「對付」。

〔四〕元材案：漢時楚地產鹿，從長沙馬王堆漢墓出土物中亦可得到證明。據高耀亭在其所著《馬王堆一號漢墓隨葬品中供食用的獸類》一文中云：「梅花鹿一種。計出土的鹿骨，有右側盆骨、肋骨四十四條，膝蓋骨及後肢骨等。其中有一個竹笥，全爲鹿肋骨。在四十四條肋骨中，左側爲二十八根，而梅花鹿一側的肋骨僅十三根。以此計算，原隨葬時，約用了三隻成體梅花鹿。記載哺乳動物的竹簡共五十餘片，牛、豬最多，鹿次之，竟有八片。可見當時食鹿並非罕見之事。現在野生梅花鹿在華南一帶有分佈記録的省份，像江西、廣東北部、廣西省皆鄰近湖南省。而湖南本省，現在似已無野生梅花鹿。長沙馬王堆一號漢墓爲我們提供了漢代湖南省有梅花鹿的記載。據此分析，在漢代，長沙一帶，當有一定數量的梅花鹿，爲當時狩獵、捕捉、飼養提供自然畜源。只是由於後來對梅花鹿長期獵捕，以致數量稀少……。」（一九七三年《文物》第九期）湖南、江西、廣東、廣西等省皆楚國故地。此一發現，可作爲此段文字之實物的説明。因鹿爲楚國之特産，故特貴其價而買之。

〔五〕安井衡云：「城非所以置鹿，『城』當是『囿』字誤。」于鬯云：「『城』疑『域』字形似之誤。域者，界限之而已，未必爲城也。安井説『城』爲『囿』字之誤，然形太遠。」許維遹云：「『城』『囿』形不近，無緣致誤。疑『城』當作『域』，二形相近，古書往往互譌。《楚語》『王在靈囿』，韋注：『囿，域也。』則域亦囿也。《詩·靈臺·傳》：『囿者所以域養鳥獸也。』」元材案：《輕重乙篇》云：「請以令與大夫城藏。」所謂城者當是指築有圍牆之區域而言，不必作城郭之城講。原文不誤，三氏説皆非。

〔六〕俞樾云：「此本作『楚生鹿一而當八萬』，言一鹿直八萬泉也。傳寫者誤移『當』字於『一而』之上，義不可通。又下文曰：『子爲我致生鹿二十，賜子金百斤。』是一鹿直金五斤也。而當八萬泉，則金一斤直泉一萬六千。蓋金一兩而泉一千也。《漢書·食貨志》曰：『黄金重一斤，直錢萬。』是春秋時金價貴於漢也。」郭沫若云：「『二十鹿賜金百斤』，以『金賈四千』計之，則一鹿之價二萬。既爲『貴買』，則『當一而八萬』當有誤。蓋本作『當一而八百』。『百』字與簡書『万』字形近，故譌爲『萬』也。原價八百而以二萬買之，是提高二十五倍。」元材案：「楚生鹿當一而八萬」，乃楚國原有之市價。「二十鹿賜金百斤」，則爲特高其價而致之，即所謂「貴買其鹿」者，不得謂金五斤即當八萬泉也。又本書金價原無一定，有「黄金一斤直食八石」者（《山權數》），有「金之賈萬」者（《揆度》），有「黄金之重一爲四（萬）」者（《揆度》），有「金坐長而百倍」者（《輕重甲》），亦有「金賈四千」者（《輕重甲》）。可見「金賈四千」，不過本書中假託金價之一例，郭氏據此折算，似不妥。但既云「貴買」，則此處金賈必指假託價中之最高者而言。如按黄金之重一爲四，則一鹿之價爲二十萬，恰爲原價八萬之二倍半。如此則與「當一而八萬」不相矛盾矣。俞、郭二氏説皆非。

〔七〕元材案：與民通輕重，藏穀什之六者，謂運用輕重之筴，將民間之穀之十分之六斂而藏之以備用也。

〔八〕元材案：伯公、王邑，皆著者任意假託之人名。張佩綸以伯公即《論語》「奪伯氏駢邑三百」之伯氏，王邑即《左成十八年傳》「王湫」、《昭十年傳》「王黑」及《孟子》「王驩」之後，牽附可笑！

〔九〕郭沫若云：「『管子即令桓公與民通輕重』至『鑄錢於莊山』，當爲上文『萊莒與柴田相並』節之脱簡，應在『重萊之柴賈』下，『萊君聞之』之上。又『桓公』當爲『隰朋』，下文『管子即令隰朋反農』可證。『管子即令桓公』殊爲不辭。」元材案：本文所述，即闡明所謂「以戰鬥之道與之」之具體辦法，計分四方面進行。一、「爲百里之城」；二、藏穀備用；三、鑄錢；四、令王邑求生鹿於楚。部署井然，有條不紊。若將此段文字移入上文，則不僅此處缺少兩個重要環節，以致「王邑載錢二千萬」及「令人載粟處芊之南」之錢與粟，皆無所自出，而且又與上文「君其率白徒之卒鑄莊山之金以爲幣」等語互相重複矣！又「管子令桓公」即「管子請桓公」之意，猶《事語篇》之言「泰奢教我」及《山至數篇》之言「特命我」也，亦不必改字。

〔一〇〕元材案：「楚王聞之告其相曰」與下文「代王聞之告其相曰」及「衡山之君告其相曰」，三「相」字，皆指諸侯王國之相而言。《漢書·百官公卿表》云：「景帝中五年，令諸侯王不得復治國，天子爲置吏，改丞相曰相。」本篇所列諸侯國名，如魯、梁、楚、代、衡山、燕、趙、齊等九國，集中分見於《史記·景紀》及《惠景間侯者年表》中，證明皆爲漢初所建國，以此推之，則此三「相」字，必爲景帝改制以後之相，而非「張儀相秦」之相明矣。

〔一一〕元材案：田鹿之田卽《易·恆卦》「田無禽」之田，《疏》：「田者，田獵也。」

〔一二〕戴望云：「『涂』上一本有『内』字。疑《管子》本或作『内』，或作『涂』，而校者合之耳。」元材案：此言楚人無論男女皆爲求生鹿而奔走，當以居涂爲合。「女子居涂」，猶《輕重己篇》之言「室無處女」矣。

〔一三〕安井衡云：「『修』，理也，謂糴之。」吴汝綸云：「『修』當讀爲『蓄』。」郭沫若云：「吴說非也。上文魯梁節云『魯梁之君卽令其民去綈修農，穀不可三月而得』云云，與本節後文『楚王果自得而修穀，穀不可三月而得也』，文例全同。是則此言『修穀』，卽彼言『修農』耳。兩『自得』，『得』字義難通，當是『復』字之誤。」元材案：郭以「修穀」卽「修農」，甚是。惟「自得」不必改爲「自復」。「自得者」，卽自鳴得意之意，猶言驕傲自滿矣。

〔一四〕郭沫若云：「『錢五倍，是楚強也』，此七字當在上文『公曰奈何』『曰』字下。」元材案：此乃管子用以説明「其君且自得而修穀」之原因，謂楚王以「藏錢五倍」爲楚國富強之象徵，故有自鳴得意之心也。郭説失之。

〔一五〕戴望云：「元本、朱本『芊』作『楚』。」張佩綸云：「芊，楚姓。然齊不能處楚之南。」聞一多云：「芊不知何字之誤，當是齊地之近楚者。」元材案：此與下文「魯削衡山之南」，及上文以「楚爲山東之強國」，皆是著者就所能記憶之古今地名任意排列，原不能以實際方界位置純之，予在上文已詳論之矣。芊字不誤。

桓公問於管子曰：「代國之出，何有〔一〕？」

管子對曰：「代之出，狐白之皮〔二〕。公其貴買之。」

管子曰〔三〕：「狐白應陰陽之變，六月而壹見〔四〕。公貴買之，代人忘其難得，喜其貴買〔五〕，必相率而求之。則是齊金錢不必出，代民必去其本〔六〕而居山林之中。離枝〔七〕聞之，必侵其北。離枝侵其北，代必歸於齊。公因令〔八〕齊載金錢而往。」

桓公曰：「諾。」

卽令中大夫王師北〔九〕將人徒載金錢之代谷之上，求狐白之皮。代王聞之，卽告其相曰：「代之所以弱於離枝者，以無金錢也。今齊乃以金錢求狐白之皮，是代之福也。子急令民求狐白之皮以致齊之幣，寡人將以來離枝之民。」代人果去其本，處山林之中，求狐白之皮。二十四月而不得一〔一〇〕。離枝聞之，則侵其北。代王聞之，大恐，則將其士卒葆〔一一〕於代谷之上。離枝遂侵其〔一二〕北，王即將其士卒願以下齊〔一三〕。齊未亡一錢幣，修使三年而代服。

〔一〕吳汝綸曰：「代，戰國時始見。《史記》趙襄子殺代王。」何如璋云：「代在晉北，與齊相隔甚遠，殊失事實。」張佩綸云：「《漢書·地理志》：『代郡，代，莽曰厭狄亭。』應劭曰：『故代國代谷。』趙始滅代，春秋之齊不與代境相接，明是戰國僞託。」元材案：漢初亦有代國，文帝所封。景帝時亦有之，說已見上注。出，出產。此處仍指奇出即特產而言。

〔二〕元材案：「代之出，狐白之皮」，謂代之奇出爲狐白之皮也。此出字與上文出字皆作名詞用。《藝文類聚》五十九，又九十五及《太平御覽·獸部》二十一引此並無「之」字，則作動詞用矣。狐白之皮者，謂集狐腋之白毛而成之皮，所以爲製裘之用也。其物極貴，故古人多重之。《禮·玉藻》：「君衣狐白裘。」《晏子春秋》：「齊景公賜晏子狐白裘，晏子不受。」《史記·孟嘗君傳》：「孟嘗君有一狐白裘，直千金，天下無雙。」《集解》韋昭曰：「以狐之白毛爲裘，謂集狐腋之毛，言美而難得也。」《呂氏春秋·用衆篇》云：「天下無粹白之狐而有粹白之裘，取之衆白也。」高誘注云：「粹，純也。」《淮南子・説山篇》云：「狐白之裘，天子被之而坐廟堂。」《説苑》：「趙簡子乘敝車瘦馬，衣羖皮裘。其宰進諫曰：『車輕則安，馬肥則往來疾，狐白之裘温其輕。』」又《鹽鐵論・散不足篇》賢良云：「今富者鼲鼦狐白鳧翥。」《漢書・匡衡傳》云：「是有狐白之裘而反衣之也。」顏師古注云：「狐白，謂狐腋下之皮，其毛純白，集以爲裘，輕柔難得，故貴也。」是也。

〔三〕劉績云：「疑衍『管子曰』三字。」張文虎、何如璋説同。陶鴻慶云：「『管子曰』上當有桓公問辭而今本脱之。」元材案：陶説是也。

〔四〕許維遹云：「『狐白』之『白』指皮色言。此云『應陰陽之變』，亦不當有『白』字，涉上文而衍。《類聚》《御覽》引並無『白』字，是其證。」郭沫若云：「『狐白應陰陽之變』，『白』字不應删。西伯利亞境内有狐大僅如狸，毛色淺褐，冬季轉白，以應雪色而自行保護。學名爲 alopex lagopus（一般稱爲北極狐）。《管書》所説即指此，故曰『應陰陽之變，六月而壹見』。古代中國北部或東北部原始森林與西伯利亞森林連接，故北極狐在中國北部曾有之。其後森林斫伐，失去聯系，故此狐已絶跡。《類聚》《御覽》等妄删『白』字，不可從。」元材案：狐白乃指集腋成裘之裘而言，上已詳爲引證。此外在中國歷史上，實從未聞有北極狐之説者，郭説無據，殆不可從。所謂「應陰陽之變，六月而壹見」者，蓋哺乳動物，都有冬、夏毛之别，秋季生冬毛，毛長絨厚，適於作皮衣——裘。冬毛、夏毛約半年一换。狐白係集狐腋下之白毛而成，依理推測，當選冬毛爲佳。『狐白應陰陽之變，六月而壹見』，似可理解爲取冬毛狐皮之腋下白毛來製『狐白』，而非夏毛狐皮。『六月而壹見』，極言其少。韋昭所謂「美而難得」，顏師古所謂「輕柔難得故貴」，即其義矣。「白」字必不可刪。

〔五〕王念孫云：「『貴買』當爲『貴賈』。《藝文類聚·武部·獸部》下、《御覽·獸部》三十一引此並作『貴賈』，是其證。」元材案：此『貴買』字承上文「公其貴買之」及「公貴買之」句而言，貴買即貴價收買。《輕重丁篇》「故賤賣而貴買」，是其證。王氏說非。

〔六〕孫星衍云：「『代民必去其本』，《藝文類聚》五十九、《御覽》九百九引『本』俱作『農』。」戴望說同。俞樾云：「作『農』者，乃後人不曉古語而臆改之也。本者，根本也，凡有根本之義者皆可以本言之。故古人言本者初無定名。《禮記·大學篇》『此謂知本』，《正義》曰：『本，謂身也。』《禮器篇》『反本修古』，正義曰：『本，謂心也。』《周易·大過·彖傳》『本末弱也』，侯果曰：『本，君也。』是知本無定名。對天下國家而言，則身爲本矣。對四體而言，則心爲本矣。對臣民而言，則君爲本矣。《管子·地數篇》曰『守圉之本，其用鹽獨重。』又云：『夫齊衢處之本，通達所出也，遊子勝商之所道。人求本者，食吾本粟，因吾本幣。』《輕重甲篇》曰：『守圉之國，用鹽獨重。』《輕重乙篇》曰：『吾國者衢處之國也，遠秸之所通，遊客蓄商之所道，財物之所遵。故苟入吾國之粟，因吾國之幣。』前後文小異大同，或言本，或言國者，國亦可謂之本也。《淮南·氾論篇》『立之於本朝之上』，《注》曰『本朝，國朝也。』此古人謂國爲本之證。此文『代民必去其本而居山林之中』，言去其國而居山林之中也。若易本爲農，則失其義矣。」于鬯云：「俞以此『本』字爲當指『國』言，所校甚詳。然『代民必去其本而居山林之中』，解作『代民必去其國而居山林之中』，義固得通。而下文言『衡山之民釋其本修械器之巧』，若亦解作『衡山之民釋其國修械器之巧』，卽不得通。前後兩『本』字，殆不當有異義。彼『本』字不得指國，則此本『字』何必獨指國乎？竊謂《類聚》、《御覽》所引作農之本，固不必改從其文，而不妨解從其義。謂農爲本，又何妨礙？兩處之文得兩通。且上文言『萊卽釋其耕農而治柴』，又言『楚之民卽釋其耕農而田鹿』，文義實一例也。兪說殆過於好異耳。」郭沫若云：「兪說本爲國，是也。此謂代民必須遠離其國境，更往北地森林中以求白狐也。」元材案：兪、郭說非，于說是也。「本」字在本書及古書中，確有作「國」字講者，但本文征服各國之謀，主要在運用輕重之筴，擡高各該國特產之價格，以造成單一經濟，而摧毀其農業生產爲方針。如在萊莒則曰「萊卽釋其耕農而治柴（茈）」，在楚則曰「楚民卽釋其耕農而田鹿」，以彼例此，則此處『本』字與下文衡山節「本」字亦皆指農事而言，實無可疑。若作「國」字講，則不僅與作者之主題思想不相符合，且「去其國而居山林之中」，山林獨非本國所有耶？

〔七〕元材案：離枝，北方國名，解已見《輕重甲篇》。

〔八〕宋翔鳳云：「『因令』宋本作『曰令』。」王念孫云：「『公因』當爲『公其』。上文曰『君其鑄莊山之金以爲幣』，下文曰『公其令人貴買衡山之械器而賣之』，皆其證。」郭沫若云：「王校是也。《册府元龜》七百三十六引正作『公其令』。」

〔九〕元材案：王師北，亦假託之人名。

〔一〇〕許維遹云：「《類聚》、《御覽》引無『而』字，『一』下有『狐』字。」郭沫若云：「『一』下當有奪字，《類聚》與《御覽》有『狐』字者乃以意補。代國既出狐白之皮，舉國而求之，焉有二年而不得『一狐』之理？疑所奪者，當是『裘』字。」元材案：一者謂一狐白之皮也。上文云「代之出狐白之皮」，可證。因狐白之皮須集衆狐之白始能成之，故歷時兩年而不能得其一。韋昭所謂「美而難得」者是也。作「狐」字或「裘」字皆非。

〔一一〕元材案：「葆」與「保」通。《史記·匈奴傳》「侵盜上郡葆塞蠻夷」，《漢書·匈奴傳》「葆」作「保」。顔師古注云：「保塞蠻夷，謂本來屬漢而居邊塞自保守。」葆於代谷之上，卽保守於代谷之上。猶《史記·越世家》之言「越王乃以餘兵五千人保棲於會稽」矣。

〔一二〕張文虎云：「上文已云『離枝聞之則侵其北』，疑此文『侵』字當作『取』。」元材案：上文「則侵其北」，是準備之辭。此文「遂侵其北」，則實行之辭。不當改字。

〔一三〕元材案：「王卽將其士卒」，「王」上脱「代」字。

桓公問於管子曰：「吾欲制衡山〔一〕之術，爲之奈何？」

管子對曰：「公其令人貴買衡山之械器而賣之，燕代必從公而買之。秦趙〔二〕聞之，必與公爭之，衡山之械器必倍其賈。天下爭之，衡山械器必什倍以上。」

公曰：「諾。」

因令人之衡山求買械器，不敢辯其貴賈〔三〕。齊修械器於衡山十月，燕代聞之，果令人之衡山求買械器。燕代修三月〔四〕，秦國聞之〔五〕，果令人之衡山求買械器。衡山之君告其相曰：「天下争吾械器，令其買再什以上〔六〕。」衡山之民釋其本，修械器之巧。

齊卽令隰朋漕〔七〕粟於趙。趙糶十五〔八〕，隰朋取之石五十。天下聞之，載粟而之齊。齊修械器十七月，修糶五月，卽閉關不與衡山通使。燕代秦趙卽引其使而歸。衡山械器盡，魯削衡山之南，齊削衡山之北。內自量〔九〕無械器以應二敵，卽奉國而歸齊〔一〇〕矣。

〔一〕豬飼彦博云：「春秋戰國未有衡山國。」安井衡云：「衡山蓋戰國間附庸之國，據下文其地在齊魯之間。漢所置衡山國則在荆州，相距甚遠。若漢人僞撰此篇，必不移荆州之衡山而北就兗州之齊魯。未可以他書不言衡山，輒疑其國也。」何如璋云：「觀本文前半所敍，則『衡』宜爲『恆』。後半所敍，則『衡』又宜爲『岱』。作僞者僅知一『嶽』字，於東西南北尚不能別，殊屬可笑！且當桓公時亦無趙國。」元材案：各書皆不言春秋戰國間有衡山國。秦統一後，始有衡山郡。《史記·秦始皇本紀》「二十八年，乃西南渡淮水，之衡山、南郡，浮江至湘山祠。……上自南郡由武關歸。」《正義》言「欲向衡山，卽西北過南郡，入武關，至咸陽。」若如此説，則始皇當日並未至衡山矣。然原文明明記載「之衡山」三字於「渡淮水」之後，至「南郡，浮江至湘山祠」之前，可知其確已到達。而其地則必在淮水與南郡之間。且南嶽之衡山，在秦漢時尚未爲人所重視，故不在天下名山之內。《史記·封禪書》言秦前關東名山凡五：即石室（嵩山）、恆山、湘山、會稽、泰山是也。然則始皇所之之衡山，必非南嶽之衡山，而爲安井衡所謂荆州之衡山明矣。考楚項羽封吴芮爲衡山王，都邾。《正義》引《括地志》云：「故邾城在黄州黄崗縣東南二十里，本春秋時邾國。」當是因秦時舊郡爲國。而始皇所之，亦當在此。故曰「西南渡淮水，之衡山」也。此爲衡山國之初見。漢興，衡山復爲郡，屬淮南王黥布。文帝十六年，立淮南厲王子安陽侯勃爲衡山王。是爲衡山國之再見。景帝五年，吴楚七國反。吴楚使者至衡山，衡山王堅守無二心。及吴楚已破，衡山王入朝。上以爲貞信，勞苦之曰：「南方卑濕，徙王於濟北以褒之。」盧江王以邊越，數使使相交，徙爲衡山王，王江北。是爲衡山國之三見。武帝時，淮南王安、衡山王賜謀反。元狩元年，衡山王賜以反自剄，國除爲衡山郡。故《漢書・地理志》云：「六安國故楚，高祖元年别爲衡山國。五年屬淮南。文帝十六年，復爲衡山國。武帝元狩二年，别爲六安國。」於是衡山國之名乃絶。此文以衡山與魯、梁、楚、代、燕、趙、齊等漢初國名並稱，則其寫成年代不能在漢以前，明矣。

〔二〕朱長春云：「春秋安有趙代？戰國人之露肘也。」張佩綸云：「春秋有燕無代，有秦無趙，且與衡山皆不相接。地理舛詭，幾於播糠眯目，南北易位，可不待置辯也。」元材案：燕趙亦漢初國名，説已見上注。又本書原非作地理考證者，前已數數言之。若將所有地名人名官名一律以甲乙丙丁或ABCD代之，即無「播糠眯目，南北易位」之患矣。張氏自爲古人所愚耳。又案：《史記・衡山王傳》云：「王使（太子）孝客江都人救《漢書》作枚赫陳喜作輣車鍭矢《漢書》作鍛矢。」此言「衡山械器」，豈卽救赫陳喜所作「輣車皺矢」之反映耶？

〔三〕郭沫若云：「抄本《册府元龜》七百三十六引作『不敢辨其賈』，『貴』乃衍文。」元材案：不能據抄本改古書。「貴」字不當衍。辯卽《周禮·秋官·士師》「若邦凶荒，則以荒辯之法治之」之辯，注云：「辯當爲貶。遭飢荒則刑罰國事有所貶損。」不敢辯其貴賈，言價雖貴，亦不敢貶損之。猶言「不敢還價」矣。

〔四〕許維遹云：「『修』下脱『使』字。『修使』連文，亦見上文。下文云：『燕、代、秦、趙卽引其使而歸』，承此言之，是其證。」郭沫若云：「上言『齊修械器於衡山十月』，此言『燕代修三月』，卽『燕代修械器於衡山三月』之省文，並非脱『使』字。」元材案：郭説是。

〔五〕元材案：「秦國聞之」，「秦國」當依上文作「秦趙」。

〔六〕王念孫云：「案『買』當依朱本作『賈』。上文云：『衡山之械器必倍其賈』，卽其證。」元材案：王説是也。再者二也，説已詳《巨（筴）乘馬篇》。再什以上，謂二十倍以上也。

〔七〕元材案：漕，水運也。《史記·平準書》「漕轉山東粟以給中都官」《索隱》：「《説文》云：『漕，水轉穀也。』一云『車運曰轉，水運曰漕。』」

〔八〕吴志忠云：「『趙糴十五』，此與下文『修糶五月』，糴、糶二字當互易。」陶鴻慶説同。

〔九〕元材案：「内自量」上當有「衡山之君」四字。

〔一〇〕元材案：「奉國而歸齊」猶言舉國而降服於齊。

管子輕重十八——輕重己

何如璋云：「《輕重己》一篇，專記時令，非輕重也。子政校讐未審，誤攙入者耳。」又曰：「此篇乃上古時政之紀，五家治術中之陰陽家也。管子輯而存之，爲授時政之則者，非輕重之言。宜列《五行》、《四時》之次，附《玄宫》爲一類。」石一參《管子今詮》，則逕以《輕重己》列爲第三篇《四時下》，而附注之云：「原書無下篇，而篇末所列《輕重己》，文與《甲》、《乙》諸篇不倫，且無關輕重之義，其爲《四時篇》之逸簡無疑。篇首言曆生四時，四時生萬物，文義甚明。兹取以爲《四時下》焉。」元材案：《輕重》諸篇屢言守時之重要，又曰：「王者以時行。」況輕重之對象爲萬物，而萬物生於四時，何得謂時令與輕重無關。《管子·侈靡篇》云：「是故王者謹於日至，故知虚滿之所在，以爲政令。」又曰：「夫陰陽進退滿虚亡時，其散合可以視歲。惟聖人不爲歲，能知滿虚，奪餘滿，補不足，以通政事，以贍民常。」又《四時篇》云：「惟聖人知四時。不知四時，乃失國之基。不知五穀之故，國家乃路。」本篇之專記時令，其最主要之目標，亦在欲「知滿虚之所在」與「知五穀之故」，以爲「奪餘滿，補不足」之準繩。此正《國蓄篇》所謂「百乘之國，官賦軌符，乘四時之朝夕，御之以輕重之准，然後百乘可及。千乘之國，封天財之所殖，械器之所出，財物之所生，視歲之滿虚而輕重其禄，然後千乘可足。萬乘之國，守歲之滿虚，乘民之緩急，正其號令，而御其大准，然後萬乘可贍」者也。又以前各篇所論，皆以通輕重爲主，即專注意於現有財物之再分配。本篇則注意於財物之生產，故即以本篇爲全書之結束。其意若曰：通輕重固爲治國之妙術，而若無四時所生之萬物，則雖有妙術，亦將無施展之可能。故《管子·禁藏篇》於敍述春、夏、秋、冬四令之後，又論之曰：「四時事備而民功百倍矣。故春仁夏忠秋急冬閉，順天之時，約地之宜，忠人之稱。故風雨時，五穀實，草木美多，六畜蕃息，國富兵强，民材而令行，内無煩擾之政，外無强敵之患也。」又曰：「不失其時然後富。」此蓋兼有培養税源之意，乃一切輕重之筴之根本也。又案：篇中反映王莽時事，計有三處。夏令服黄，一也。出祭王母，二也。四望，三也。試以此與《巨（筴）乘馬篇》之「有虞之筴乘馬」比而觀之，以王莽時事開頭，又以王莽時事結束。則此書各篇雖其寫成時代不盡相同，而其纂集成書，必在王莽時代，殆無可疑矣。

提要：全文用敍事體，共分十段。第一段總冒，論四時生萬物，聖人因而理之。第二、三兩段論天子之春令。以下四、五，六、七，八、九等三個兩段分别論天子之夏令、秋令及冬令。最後一段總結。章法整齊，爲其他各篇所不及。

清神〔一〕生心，心生規，規生矩，矩生方，方生正，正生曆，曆生四時，四時生萬物。聖人因而理之，道徧矣〔二〕。

〔一〕丁士涵云：「『清』，『精』假字。」何如璋云：「清神者太陽之精，生人之元氣也。」元材案：此論萬物生於四時，而四時又生於清神，説明本文作者乃屬於唯心主義者一派。事實上萬物生於四時，乃天地生物之自然現象，與所謂規矩方正曆毫無因果關係，與人之精神及心更無因果關係。丁、何二氏所釋，仍是以唯心主義釋唯心主義，無益，徒令人愈釋愈糊塗而已。

〔二〕元材案：理即《輕重乙篇》「故穀衆多而不能理，固不能有」及同篇下文「其五穀豐滿而不能理」之理，理者治也。徧，《説文》：「帀也。」《廣韻》：「周也。」此處有備、盡之義。道徧云者，即《國准篇》「五代之王以盡天下數矣」，及《輕重戊篇》「帝王之道備矣，不可加也」之意。此言四時生萬物，不虞不足，聖人但因而調治之，即已備盡帝王之道，無須再有所加也。《荀子·天論篇》云：「天地生之，聖人成之。」《山至數篇》云：「財終則有始，與四時廢起。聖人理之以徐疾，守之以決塞，奪之以輕重，行之以仁義。故與天壤同數。此王者之大轡也。」義與此同。

以冬至日始，數四十六日，冬盡而春始〔一〕。天子東出其國四十六里而壇〔二〕，服青而絻青〔三〕，搢玉總〔四〕，帶玉監〔五〕，朝諸侯卿大夫列士，循於百姓，號曰祭日，犧牲以魚〔六〕。發〔七〕出令曰：「生而勿殺，賞而勿罰。罪獄勿斷，以待期年〔八〕。」教民樵室鑽鐩〔九〕，墐竈泄井〔一〇〕，所以壽民也〔一一〕。耟耒耨懷〔一二〕鉊鉛又橿〔一三〕權渠繉緤〔一四〕，所以御春夏之事也必具〔一五〕。教民爲酒食，所以爲孝敬也〔一六〕。民生而無父母謂之孤子。無妻無子，謂之老鰥。無夫無子，謂之老寡。此三人者〔一七〕皆就官而衆，可事者不可事者食如言而勿遺〔一八〕。多者爲功，寡者爲罪。是以路無行乞者也〔一九〕。路有行乞者，則相之罪也〔二〇〕。天子之春令也〔二一〕。

〔一〕石一參云：「自冬至日夜半子時起順數，歷四十有五日而冬盡，又一日而立春，故合數爲四十六日。」

〔二〕何如璋云：「四十六里太遠，『四』字乃後人所加。」張佩綸云：「《月令·鄭注》引《王居明堂禮》曰：『出十五里迎歲。』蓋殷禮也。周近郊五十里。此『四十六里』即周近郊五十里。下『九十二里』『百三十八里』，皆淺人意改。」元材案：本書各篇所言古制，與儒家不相符合之處甚多。家數不同，所言亦自不能一致，不必據彼改此。下同。

〔三〕元材案：絻與冕同。《史記·禮書》云：「郊之麻絻。」《正義》云：「絻音免，亦作冕。」又《荀子·正名篇》云：「乘軒戴絻。」楊倞注云：「絻與冕同。」是也。

〔四〕戴望云：「朱本『總』作『揔』。」王念孫云：「『總』與『揔』皆『忽』之譌。『忽』即『笏』字也。《皋陶謨》『在治忽』，鄭作『曶』，注云：『曶者，笏也。臣見君所秉，書思對命者也。君亦有焉。』(見《史記·夏本紀集解》。)《左傳·正義》引《管子》云『天子執玉笏以朝日』，即此篇之文。」元材案：王説是也。《鹽鐵論·繇役篇》文學云：「搢笏而朝，天下之民莫不願爲之臣。」亦其一證。何如璋以「總」字本作「緫」，引《廣雅》釋「緫」爲「青」，謂「所搢之玉色青者」失之。

〔五〕豬飼彦博云：「監、鑑同。」元材案：帶玉監，謂以玉鑑爲帶上之飾也。

〔六〕張佩綸云：「魚非牲牢，施之下祀，豈朝日之禮所宜。『魚』乃誤字，疑當作『太牢』。《周禮·大宗伯》「以實柴祀日月」，注「實柴，實牛柴上也。」《漢書·郊祀志》：「祭日以牛，祭月以羊彘。」皆其證。」元材案：《管子·禁藏篇》云：「當春三月，舉春祭，塞見禱，以魚爲牲。」又《輕重甲篇》云：「君請立五歷之祭祭堯之五吏，春獻蘭，秋斂落，原魚以爲脯，鯢以爲郁。」《史記·封禪書》云：「古者天子常以春解祠，祠……武夷君用乾魚。」則以魚爲牲，用之甚廣。張氏必欲改之，使與其他古籍相合，未免太多事矣。

〔七〕安井衡云：「古本『發』下有『號』字。」王念孫云：「『發』下當有『號』字，見下文。」戴望、陶鴻慶說同。元材案：王說是也。發號出令，解已見《輕重甲篇》。

〔八〕朱長春云：「期年，冬也。漢行刑亦盡冬月止。」

〔九〕何如璋云：「樵謂以火温之。《公羊》桓七年『焚咸丘』，傳：『焚之者何？樵之也。樵之者何？以火攻也。』『鐩』宜作『燧』。即春令火取榆柳之義。」

〔一〇〕王念孫云：「『墐』當作『熯』。『熯』，古『然』字也。《說文》：『然，燒也。』」張佩綸云：「《詩》『塞向墐户』，《傳》：『墐，塗也。』熯墐義互相足。」元材案：泄即渫，《說文》：「渫，除去也。一曰治井也。」泄井謂除去井中污泥，猶今言淘井矣。

〔一一〕元材案：《管子·禁藏篇》云：「當春三月，萩室熯造，鑽燧易火，抒井易水，所以去兹毒也。」萩室即樵室，熯造即墐竈，抒井即渫井。去兹毒即除去病害，亦即壽民之意也。

〔一二〕安井衡云：「古本『秬』作『粔』。」丁士涵云：「『秬』、『粔』字之誤。『懷』、『櫎』字之誤。」

〔一三〕劉績云：「『鉊』，之姚切，鎌也。『鈶』，辭理切。」何如璋云：「鉊，大鎌也。鈶，耒耑也，本作枱」。王念孫云：「『又』當作『乂』，『乂』與『刈』通。《齊語》云『槍刈耨鎛』是也。《説文》：『櫌，鉏柄名。』《鹽鐵論·論勇篇》云：『鉏耰棘櫌，以破衝隆。』」

〔一四〕王念孫云：「『權渠』下文作『穫渠』，未詳。『緤』即『繩』字之誤。『緤』亦繩也。」丁士涵云：「『權』當依下文作『穫』。《説文》作『鑊』，大鉏也。『渠』與『欋』同。《釋名》：『齊魯謂四齒杷爲欋。』」何如璋云：「『權』乃『欋』之譌，《釋名》：『齊魯謂四齒杷曰欋也。』渠，《方言》五：『杷，宋魏之間謂之渠挐，或謂之渠疏。』是渠者杷之別名也。《説文》：『杷，收麥器。一曰平田器。』固與各械一類。」李哲明云：「『權』當爲『欋』。矍本從瞿得聲。昭二十五年《左傳》『有鸜鵒來巢』。《釋文》『鸜』嵇康音權』。《公羊》作『鸛鵒』，何休注『鸛鵒猶權欲』。權、瞿一聲之轉，故鸜可讀權，從瞿字或從雚也。此文蓋由『欔』誤爲『欋』，因又誤爲『權』耳。『渠』者鋤之聲假字，古通用。《史記·孔子世家》『雍渠』，《韓子》作『雍鉏』，是鉏得爲渠矣。」元材案：「緤當作繩，緤亦繩也」，王説是也。權渠當依下文作穫渠，穫即護字之誤。渠即《國語·吳語》「奉文犀之渠」之渠，韋昭注云：「渠謂楯也。」此處當作護雨用之蓑衣講。下文云「護渠當脅軻」，《禁藏篇》作「被蓑以當鎧鑐」，即其證矣。諸氏説皆非。

〔一五〕元材案：「必具」二字屬上爲句。謂此等農器皆農民春夏所不可少，故必具備之，庶耕芸不誤也。

〔一六〕元材案：「教民爲酒食」二句，《禁藏篇》作「以蘖爲酒相召，所以屬親戚也」。親戚即父母，解已見《揆度篇》，故此曰「所以爲孝敬也」。

〔一七〕王引之云：「『此三人者』，『人』字衍。民之窮者有此三類，非謂僅有三人也。《孟子·梁惠王篇》：『老而無妻曰鰥，老而無夫曰寡，老而無子曰獨，幼而無父曰孤。此四者，天下之窮民而無告者。』文義正與此同。」張文虎云：「『此三人者』，猶言此三等人也。」張佩綸云：「『人』當作『民』，承上『民』字，唐諱未改者。以孤鰥寡爲三民，猶士農工商稱爲四民。」元材案：張文虎説是也。

〔一八〕俞樾云：「『皆就官而衆』，『衆』當作『稟』。《漢書·文紀》『吏稟當受鬻者』，師古注云：『稟，給也』。就官而稟，謂就官而給也。」丁士涵云：「『衆』疑『衣』字誤。『衣』下當有『食』字，疑脱在『不可事者』下。《入國篇》云：『官而衣食之。』隨其所言，勿遺棄也。俞氏説誤。」何如璋云：「此當作『就官而衆可事者』爲一句，『不可事者食』爲一句，『如言而勿遺』爲一句。『就官而衆可事者』，『衆』當作『庸』，謂力能任事則用之，使有以自給。『不可事者食』，謂老病不能任事者則予之食以養之。居是官者必如此言，不得有遺棄也。」吴汝綸云：「當讀『皆就官而衆可事者不可事者食』爲句。『而』『如』同字。衆可事不可事者皆食於官，此三人亦如之也。」郭沫若云：「『衆』當是『家』字之譌，故下云『是以路無行乞者也』。」元材案：以上各説皆非也。此當作「皆就官而食」。《漢書·食貨志》云：「高祖乃令民得賣子就食蜀漢。」又曰：「天子憐之，令飢民得流就食江淮間。」

就官而食者，謂就食於官也。下文「食如言而勿遺」，即承此而言。事即《管子・入國篇》「三年然後事之」之事，尹注彼處云：「事謂供國之職役也。」「可事者不可事者食如言而勿遺」謂此三類之人是否尚有服務能力，應聽其自言，即以此爲其稟食多寡之標準，雖毫無服務能力者亦不當有所遺棄而不予以收容。《荀子・王制篇》所謂「五疾，上收而養之，材而事之，官施而衣食之，兼覆無遺」，《管子・幼官篇》所謂「養老幼而勿遺」，原誤遺爲通，依吴志忠校改。義與此同。

〔一九〕何如璋云：「多爲功，寡爲罪。謂以收養三者之多寡定官吏之功罪。如此則窮有所養，道路無行乞之人矣。」

〔二〇〕何如璋云：「路有行乞，由各官養窮有遺。窮失所養，由執政任官不審，故曰『相之罪』。」

〔二一〕元材案：「天子之春令」，依下文當作「天子之春禁」。又案《管子・禁藏篇》云：「當春三月，賜鰥寡，振孤獨，貸無種，與無賦，所以勸弱民。」與此所言，内容略同。

以冬日至始，數九十二日，謂之春至〔一〕。天子東出其國九十二里而壇，朝諸侯卿大夫列士，循於百姓，號曰祭星。十日之内，室無處女，路無行人〔二〕。苟不樹藝〔三〕者，謂之賊人。下作之地，上作之天，謂之不服之民〔四〕。處里爲下陳，處師爲下通，謂之役夫〔五〕。三不樹而主使之〔六〕。天子之春令也。

〔一〕石一參云：「九十二日，其歷月凡三。以每月三十日計之，尚餘二日。以冬至日交氣之時起，數至春分日交氣之時止，前後合計，大約多二日。從整數計也。春至即春分。」

〔二〕何如璋云：「春分前後十日，正及農耕。《詩·豳風》『四之日舉趾』也。夫耕婦饁，故室無處女，路無行人。」元材案：「十日」即《山國軌篇》「春十日不害耕事」之十日。處女又見《管子·問篇》。《秦策·注》云：「女，在室者。」「室無處女，路無行人」，謂男女皆從事田野勞動，即《漢書·食貨志》「春令民畢出於野」之意。

〔三〕元材案：樹即《孟子·梁惠王篇》「樹牆下以桑」之樹。藝即《詩·鴇羽》「不能藝稷黍」之藝。不樹藝，謂不事農桑。

〔四〕俞樾云：「兩『作』字皆讀如詛，古字通用。《詩·蕩篇》『侯作侯祝』，《釋文》：『作本作詛。』是其證也。此言有不樹藝者必下詛之於地，上詛之於天，明其爲不服之民。蓋以神道設教之意。若依本字讀之，則不可通矣。」張佩綸云：「『作』當爲『任』，字之誤也。《左氏文六年傳·杜注》、《文選·西征賦·注》引《倉頡》，均云『委，任也』。下則委之地利，上則委之天時。《盤庚》：『惰農自安，不昏作勞，不服田畝，越其罔有黍稷。』故謂之『不服之民』。」元材案：下文言「三不樹」，明係總承「賊人」、「不服之民」及「役夫」而言。則「下作之地，上作之天」亦當屬於「不服之民」。俞氏以神道設教釋之，是以之屬於政府矣。「下作之地，上作之天」者，謂雖從事樹藝，而鹵莽滅裂，迹近敷衍，仍與不樹藝者相等。（今人言作事不切實際者，謂之上天下地。）故謂之「不服之民」也。

〔五〕何如璋云：「陳，列也。通，行也。言處里中則爲下列，在師中則爲下行。」張佩綸云：「下陳，《晏子春秋》：『願得充數乎下陳。』《班倢伃賦》：『充下陳於後庭。』《注》：『下陳，後列也。』『通』當作『甬』。《方言》：『臧甬侮獲，賤稱也。自關而東陳、魏、宋、楚之間保庸謂之甬。』此即《周禮·九職》所謂『臣妾』。《左文元年傳·杜注》：『役夫，賤者稱。』」郭沫若云：「『陳』與『田』通，『通』當爲『勇』。『處里爲下田』者謂耕田不力。『處師爲下勇』者謂戰陣無勇。」元材案：張說是也。《史記·李斯傳》「所以飾後宮，充下陳」，《索隱》云：「下陳，猶後列也。《晏子》曰『有二女願得入身於下陳』是也。」里即《巨（筴）乘馬篇》「謂遠近之縣里邑」之里。師即《輕重丁篇》「州通之師」之師。謂在師里中從事賤役之人，亦不從事樹藝也。

〔六〕朱長春云：「『主使』，謂如後世没爲官奴與城旦舂之比。」何如璋云：「『三不樹』即指上不樹藝、不服及役夫。言三者皆惰民，不肯盡力樹藝，則主田之官必以法驅使之，令之歸農也。」

以春日至始，數四十六日，春盡而夏始〔一〕。天子服黃而靜處〔二〕，朝諸侯卿大夫列士，循於百姓，發號出令曰：「毋聚大衆，毋行大火，毋斷大木，誅大臣〔三〕，毋斬大山，毋戮大衍〔四〕。滅三大〔五〕而國有害也。」天子之夏禁也。

〔一〕石一參云：「由春分節起，歷一月有半，四十五日而立夏。言四十六日者，前後二日交氣未交氣必合計之，言整數。」

〔二〕王引之云：「下文曰『秋盡而冬始，天子服黑絻黑而靜處』，則此當云『天子服赤絻赤而靜處』，寫者脱誤耳。」張佩綸云：「黑黄宜於靜處，赤非靜處之服也。此篇脱去『服赤絻赤』。『服黄而靜處』當移夏至下，錯置於此。」石一參云：「夏服宜赤，火德王。此言『服黄』，火性烈，不宜助長，故服其所生之色。亦不出國門而壇，無迎夏之禮，尚靜不尚動，所以節時氣之過也。」郭沫若云：「諸説紛紜，仍當以王説爲是。『服黄』乃『服赤絻赤』之脱誤耳。或以此文四時所服無赤色，作爲本篇出於王莽時之證，謂莽曾『寶黄廝赤』（見《漢書·王莽傳》地皇元年）。僅此一字孤證，不足爲據也。」元材案：以上各説皆非也。漢代尚赤，新莽尚黄。此處雖僅一字之不同，然實爲兩個時代特徵之反映。漢興之初，因高祖夜殺大蛇，自以爲蛇者白帝子，而殺之者赤帝子，故服色尚赤。其後武帝太初改制，雖曾一度尚黄，但並不同時排赤。且自劉向父子出，倡爲漢得火德之説，於是服色尚赤乃成定論。至於新莽，乃大唱其「寶黄廝赤」之説。《漢書·王莽傳》云：「梓童人哀章見莽居攝，即作銅匱，爲兩檢，署其一曰《天帝行璽金匱圖》，其一署曰《赤帝行璽某傳予黄帝金策書》……即日昏時衣黄衣，持匱至高廟，以付僕射。戊辰，莽至高廟拜受金匱神嬗。下書曰：『赤帝漢氏高皇帝之靈，承天命傳國金策之書。予甚祗畏，敢不欽受。以戊辰直定，御王冠，即真天子位。定有天下之號曰新。其改正朔，易服色。以十二月朔癸酉爲建國元年正月之朔，以鷄鳴爲時。服色配德上黄，犧牲應正用白，使節之旄旛皆純黄，其署曰新使五威節，以承皇天上帝威命也』。」莽又曰：「予前在大麓，至於攝假，深惟漢氏三七之阨，赤德氣盡。思索廣求所以輔劉延期之術，靡所不用。

……然自孔子作《春秋》，以爲後王法，至於哀之十四而一代畢。協之於今，亦哀之十四也。張晏曰：漢哀帝即位六年，平帝五年，居攝三年，共十四年。赤世計盡，終不可强濟。皇天明威，黄德當興。隆顯大命，屬予以天下。」莽又曰：「改定安太后號曰『黄皇室主』，絶之於漢也。」《莽傳》又載：「天鳳二年，二月，訛言黄龍墮死黄山宫中，百姓奔走往觀者有萬數，莽惡之。」顔師古注云：「莽自謂黄德，故有此妖。」又地皇元年莽下書曰「寶黄廝赤，其令郎從官皆衣絳。」服虔曰：「以黄爲寶，自用其行氣也。廝赤，廝役賤者皆衣赤，賤漢行也。」試以此與本篇互相比較。本篇春始天子服青而絻青，夏始天子服黄而静處，秋至天子服白而絻白，冬始天子服黑絻黑而静處，冬至天子服黑而絻黑，有青、黄、白、黑四色而獨無赤色。《吕氏春秋》、《月令》、《淮南・時則篇》，三夏皆尚赤，本篇則代之以黄。此與《揆度篇》言「其在色者青黄白黑赤也」，赤字列於最末一位，蓋皆王莽「寶黄廝赤」思想之反映，非偶然而已也。

〔三〕孫星衍云：「『誅』上當脱『毋』字。」俞樾云：「案『誅大臣』三字衍文也。此蓋以『斷大木』、『斬大山』、『戮大衍』爲『滅三大』。其上文『聚大衆』、『行大火』，非滅之也，故不數也。若加『誅大臣』，則爲滅四大矣。又『斬大山』之『斬』，當讀爲『塹』，與《形勢解》『斬高』同。」何如璋説同。元材案：《管子・七臣七主篇》亦有「誅大臣」三字。惟彼處以一「無」字總貫下文，此則每句均有「毋」字，只「誅大臣」上無之，故知爲脱也。又彼處以「無殺伐，無割大陵、倮大衍、伐大木、斬大山、行大火、誅大臣」列爲春禁，與《禁藏篇》之以「毋殺畜生，毋拊卵，毋伐木，毋夭英，毋拊竿」列爲春三月之事者，皆與本篇列爲夏禁不同。而《月令》則與此合。

〔四〕元材案：戮卽《呂氏春秋·上農篇》「澤人不敢灰僇」之僇，高誘注云：「燒灰不以時，多僇。」戮、僇古通。《七臣七主篇》作「倮」，尹注云：「倮謂焚燒，令蕩然俱盡。」

〔五〕朱長春云：「大木、大山、大衍，夏日蕃秀，禁傷其長養。」石一參云：「三大，謂大山、大衍、大林木，故發令禁止斬伐，尤夏令之要政也。」

以春日至始，數九十二日，謂之夏至，而麥熟〔一〕。天子祀於大宗〔二〕，其盛〔三〕以麥。麥者，穀之始也〔四〕。宗者，族之始也。同族者人，殊族者處〔五〕。皆齊大材，出祭王母〔六〕。天子之所以主始而忌諱也〔七〕。

〔一〕何如璋云：「『夏至』下宜加『夏至』二字以申言之，文義始完。與下文一例。」張佩綸云：「日至麥熟。《孟子》：『今夫麰麥，至於日至之時皆熟矣。』」元材案：《月令》：「孟夏之月，農乃登麥。」與此正同。

〔二〕孫星衍云：「《太平御覽》二十三引作『祈天宗』。據下文『祀於太祖』，此當作『太宗』。」元材案：此說是也。太宗者太廟之別室。別族爲祖，繼別爲宗。

〔三〕元材案：黍稷在器中曰盛，所以供祭祀者也。《孟子·滕文公篇》「無以供粢盛」是也。

〔四〕尹桐陽云：「五穀以麥爲早生。《夏小正》『祈麥實』，《傳》：『麥實者，五穀之先見者也。」

〔五〕王念孫云：「『人』當爲『入』。『處』，止也。言同族者則入祭，異族者則止也。」

〔六〕何如璋云：「《易·說卦》：『坤，地也，故稱乎母。』又《晉卦》：『受茲介福於其王母。』蔡邕《獨斷》：『王者父事天，母事地。』此文有『出』字，疑指夏至祀地方澤之祭。齊大材，謂以瀼供祭祀之五齊三酒也。《天官·酒正》：『賞酒之政令，以式瀼授酒材。』《呂覽·仲冬紀》：『乃命大酋，秫稻必齊，麴蘖必時，湛饎必潔，水泉必香，陶器必良，火齊必得。兼用六物，大酋監之，無有差忒。』據此，則『大』乃『六』之譌。六材卽秫稻六者之材也。齊謂以瀼式調劑也。《呂覽》在仲冬，此文在仲夏，或古今異宜歟！」張佩綸云：「『皆齊』爲句。『大材』當作『大牲』。《易·革》：『用大牲吉。』《爾雅·釋親》：『父之妣曰王母。』《曲禮》：『王母曰皇祖妣。』」元材案：何、張二氏說皆非也。王母既爲祖母，豈有對祖母不在家舉行祭祀而出祭於外之理？此當作「皆齊大材」爲句。齊當作齎，持也。材卽木材，大材則木材之大者也。此文似亦爲漢末民間祠祭西王母一事之反映。《漢書·五行志》：「漢哀帝建平四年正月，民驚走，持藁或棷一枚，傳相付與，曰『行詔籌』。道中相過逢，多至千數。或被髮徒踐，或夜折關，或踰牆入，或乘車騎奔馳，以置驛傳行。經歷郡國二十六，至京師。其夏，京師郡國民聚會里巷仟伯，設祭，張博具，歌舞祠西王母。又傳書曰：『母告百姓，佩此書者不死。不信我言，視門樞下當有白髮。』至秋止。」棷，《說文》：「木薪曰棷。」仟伯，王先謙《漢書補注》引錢大昭云：「卽阡陌也。」此文所言「皆齎大材」，卽《五行志》「民或持棷一枚」之義也。所言「出祭王母」，即《五行志》「京師郡國民聚會里巷仟伯設祭……歌舞祠西王母」之義也。此文列「出祭王母」於夏至，《五行志》京師郡國民祠祭西王母，亦在夏季。如此相合，決非偶然矣。又《五行志》於敍述此事之後，隨即引用杜鄴之言，認爲是哀帝外家丁傅之應。但最後又云：「一曰丁傅所亂者小，此異乃王太后王莽之應云。」觀《漢書·元后傳》王莽下詔云：「予伏念皇天命予爲子，更命太皇太后爲新室文母太皇太后，協於新故交代之際，信於漢氏哀帝之代，世傳行詔籌爲西王母共具之祥。當爲歷代母，昭然著明。」然則祠祭西王母爲元后之應，即王莽亦自承之矣。

〔七〕張佩綸云：「主始，《禮·祭義》：『築爲宮室，設爲宮祧，以別親疏遠邇，教民反古復始，不忘其所生也。』忌諱，《周禮·小史》：『君有事，則詔王之忌諱。』鄭司農云：『先王死日爲忌，名爲諱。』《左莊六年傳》：『周人以諱事神，名終將諱之。』《雜記·下》：『卒哭而諱，王父母兄弟世父叔父姑姊妹子與父同諱。』鄭注：『是謂士也。天子諸侯諱羣祖。』」元材案：主始忌諱，即《論語》「愼終追遠，民德歸厚」之意。

以夏日至始，數四十六日，夏盡而秋始〔一〕，而黍熟〔二〕。天子祀於太祖，其盛以黍。黍者，穀之美者也。祖者，國之重者也〔三〕。大功者太祖，小功者小祖，無功者無祖〔四〕。無功者皆稱其位而立沃，有功者觀於外〔五〕。祖者所以功祭也，非所以戚祭也〔六〕。天子之所以異貴賤而賞有功也。

〔一〕何如璋云：「『秋始』謂立秋也。『秋始』下宜加『秋始』二字，與下文一例。」

〔二〕元材案：《月令》「仲夏之月，農乃登黍。天子乃以雛嘗黍。羞以含桃，先荐寢廟。」此列「黍熟」於「夏盡秋始」，與《月令》不同。

〔三〕石一參云：「國祀其初封之祖爲太祖。故最重於國。」

〔四〕朱長春云：「大功者大祖，國也，五廟。小功者小祖，家也，三廟二廟。無功者無祖，庶人祭其先，有田祭，無田薦田，以賞有功也。」何如璋云：「『大功者太祖』三句，言王者祖之稱號所由分。朱氏椎以五廟三廟二廟釋之，非。」張佩綸云：「《檀弓》：『君復於小寢大寢，小祖大祖。』《正義》：『小祖，高祖以下廟也。王侯同。大祖，天子始祖，諸侯大祖廟也。』」

〔五〕豬飼彦博云：「『無功』當作『有功』，『有功』當作『無功』。」吴志忠云：「『沃』乃『飫』字誤。」安井衡云：「『沃』讀爲『飫』。飫，燕食也。」張佩綸云：「『有』『無』二字當互易。沃、飫通。《周語》『王召士季曰：禘郊之事，則有定烝。王公立飫，則有房烝。親戚宴饗，則有脩烝。今女非他也。而叔父使士季實來脩舊德以獎王室。唯是先王之宴禮，欲以貽女。余一人敢設飫禘焉。忠爲親禮而千舊職以亂前好。且唯戎狄則有體薦。夫戎狄冒没輕儳，貪而不讓。其血氣不治，若禽獸焉。其適來班貢，不俟馨香嘉味，故坐諸門外。而使舌人體委與之。』又曰：『夫王公諸侯之有飫也，將以講事成章，建大德，昭大物也。故立成禮烝而已。』此立飫，卽王公諸侯之有飫。觀於外，卽戎狄之坐於門外。」尹桐陽云：「『沃』同『䬸』，燕食也。不脱屨升堂而饗謂之䬸。禮之立成者也。字一作

『飫』。《周語》：『王公立飫，則有房烝。』」

〔六〕吴志忠云：「兩『所』字皆涉下文『所以』字而衍。」何如璋云：「宗乃戚祭，此祖宗之別。」

以夏日至始，數九十二日，謂之秋至〔一〕，秋至而禾熟〔二〕。天子祀於大惢〔三〕，西出其國百三十八里而壇〔四〕，服白而絻白，搢玉摠，帶錫監〔五〕，吹塤箎〔六〕之風，鑿動〔七〕金石之音，朝諸侯卿大夫列士，循於百姓，號曰祭月，犧牲以彘〔八〕。發號出令〔九〕：罰而勿賞，奪而勿予。罪獄誅而勿生。終歲之罪，毋有所赦〔一〇〕。作衍牛馬之實在野者王〔一一〕。天子之秋計也。

〔一〕何如璋云：「秋至卽秋分。」

〔二〕元材案：禾卽穀也。《月令》：「孟秋之月，農乃登穀。天子嘗新，先薦寢廟。」

〔三〕安井衡云：「大惢蓋星名，疑卽心星。心三星，故其字作惢。《詩》曰：『七月流火。』秋分祀心，餞其納也。《說文》：『惢，心疑也。讀若瑣。』非此義。」何如璋云：「惢，《說文》：『心疑也。』與祭名無涉。惢乃心之譌。心星，大火也。大火卽大辰也。《四時篇》日月星辰，分屬四時。此文春祭日星，秋祭心月，略同。」張佩綸云：「依上文麥熟祀於大宗，黍熟祀於太祖，則大惢亦太廟之名。其義未聞。」元材案：上文已有祭星，此不得再言祭星。此大惢二字，究爲何義，已不能詳。各家紛紛推測，或謂惢當作畾（王紹蘭），或謂惢卽⿰犭惢之省文（江瀚），或謂惢乃瑣之假借（章炳麟），或謂「大惢」卽「大郊」，猶後世社稷壇之類（郭沫若），皆不可信，仍以闕疑爲是。

〔四〕俞樾云：「按上文『以冬至日始，數四十六日，冬盡而春始，天子東出其國四十六里而壇』，『以冬至日始，數九十二日，謂之夏至，天子東出其國九十二里而壇』，下文『以秋至日始，數九十二日，天子北出九十二里而壇』，里數皆與其日數相符。此云『以夏至日始，數九十二日，謂之秋至』，則亦宜出國九十二里，乃出國百三十八里者，蓋自夏日至上溯春盡而夏始之四十六日而并計之也。然所云『四十六日』，乃舉成數而言，實止四十五日有奇。故歲實三百六十五日有奇。而四時出國，則當爲三百六十八里也。」張佩綸云：「百三十八里謬甚，當作四十六里。」元材案：俞說「自夏日至上溯春盡夏始之四十六日」，「春盡夏始」似是「夏盡秋始」之譌。張說「當作四十六里」，「四十六里」似是「九十二里」之譌。然仍不可通。

〔五〕元材案：《周禮·考工記·輈人·注》：「金錫半謂之鑒燧之齊。」帶錫鑒，以錫鑒爲帶也。

〔六〕元材案：塤箎卽壎箎。《詩·小雅》「伯氏吹壎，仲氏吹箎」，朱注：「壎音塤，箎音池，樂器。土曰壎，大如鵝子，銳上平底，似稱錘，六孔。竹曰箎，長尺四寸，圍三寸，七孔。一孔上出，徑三分。凡八孔，橫吹之。」

〔七〕何如璋云：「『動』與『吹』對，鑿字衍。」

〔八〕張佩綸云：「『犧牲以彘』，依《郊祀志》當補『羊』字。」元材案：此文所言各種制度，與其他古籍多不相同，不宜據彼改此。

〔九〕戴望云：「此句下脱『曰』字，當依上下文例補。」張佩綸、陶鴻慶説同。

〔一〇〕元材案：「罰而勿賞」云云，與《管子·七臣七主篇》「秋毋赦過釋罪緩刑，秋政不禁，則奸邪不勝」及《禁藏篇》「秋行五刑，誅大罪，所以禁淫邪，止盜賊」，語意略同。

〔一一〕朱長春云：「『王』爲句。《記》曰：『馬牛羊有在野，收之弗禁。』此『王』，今律所謂『八官』也。」何如璋云：「『王』乃『主』之譌。衍，大澤也。言作阜牢以收在衍之牛馬而簡稽其實數也。若仍有散而在野者，則得者即爲之主。《月令》『仲冬牛馬畜獸有放佚者，取之不詰』是也。」張佩綸云：「『者』字爲句。『王』字羨文。《魯頌·駉篇·傳》曰：『作，始也。』《文選·東京賦·薛注》：『衍，申布也。』『作衍』謂始申布其令。猶《月令》『乃命宰祝循行』也。」金廷桂云：「《詩·魯頌》『思馬斯作』，《注》：『作，始也。』《漢書·司馬相如傳》『離靡廣衍』，《注》『衍，布也。』謂始將牛馬之實於野者而散布之。《月令》所謂『游牝於牧』也。『王』字衍。」吴闓生云：「凡書『衍』字者，皆衍誤之處。以前放此。」郭沫若云：「當讀『作衍牛馬之實』句，『在野者王』句。『王』讀去聲，今人以『旺』字爲之。」元材案：此文必有譌誤，不可强解，闕疑可也。

以秋日至始，數四十六日，秋盡而冬始〔一〕。天子服黑絻黑而静處，朝諸侯卿大夫列士，循於百姓，發號出令曰：「毋行大火，毋斬大山，毋塞大水，毋犯天之隆〔三〕。」天子之冬禁也。

〔一〕何如璋云：「冬始謂立冬也。」

〔三〕何如璋云：「『隆』宜作『降』。《孫子·行軍》『戰降無登』，亦一作『隆』，可證。陰陽之氣不通，當守靜以助天地之閉，不可有所犯也。《禮·月令》：『孟冬天氣上騰，地氣下降，天地不通，閉塞而成冬。』又：『仲冬君子齋戒，處必揜，身欲寧。』即其義也。《繁露·煖燠孰多》：『天於是出漂下霜而天降，物固已皆成矣。』本此。」張佩綸云：「《易·虞注》『隆，上也。』《月令》：『是月也，天氣上騰，地氣下降，天地不通，閉塞而成冬。』故『毋犯天之隆』。」元材案：隆，尊也。《荀子·臣道篇》云：「君者國之隆也。」楊倞注云：「隆猶尊也。」古人稱冬爲「嚴冬」，又曰「隆冬」，嚴、隆皆尊嚴不可侵犯之意。

以秋日至始，數九十二日〔一〕，天子北出九十二里而壇〔二〕，服黑而絻黑，朝諸侯卿大夫列士，號曰發繇〔三〕。趣山人斷伐，具械器。趣菹人薪雚葦，足蓄積〔四〕。三月之後〔五〕，皆以其所有易其所無。謂之大通三月之蓄。

〔一〕王念孫云：「『以秋日至始，數九十二日』，此下當有『謂之冬至』四字。上文云『以冬日至始，數九十二日，謂之春至』，『以春日至始，數九十二日，謂之夏至』，『以夏日至始，數九十二日，謂之秋至』，是其證。」

〔二〕何如璋云：「『北出』下當補『其國』二字，與上文一例。《呂氏春秋》『立春之日迎春東郊』，《注》：『八里之郊。』『迎夏南郊』，《注》云：『七里。』『迎秋西郊』，《注》云：『九里。』『迎冬北郊』，《注》云：『六里。』《淮南·時則》亦同。皆依各方四時行之數。此文四方皆太遠，疑後人所加也。」元材案：本書所言各種數字，與其它古籍多不相同，予已數數言之。必欲一一據彼改此，徒見其爲一孔之見而已！

〔三〕張佩綸云：「『發繇』當爲『祭繇』之誤，『繇』當作『繇』，『繇』『玄』通。《周禮·鄭注》：『兆雨師於北郊。』《風俗通義》、《春秋·左氏傳》説：共工之子爲玄冥雨師，鄭大夫子產禳於玄冥雨師也。足爲北出祭玄之證。」又云：「《大宗伯》『四望』，鄭司農云：『四望，日月星海。』此『發繇』或是『祭海』之譌。」郭沫若云：「『號曰』上當奪『循於百姓』四字，下當奪『祭辰』二字。因祭字上端與發字上端略近，抄書者遂致誤奪。日月星辰爲類，見《四時篇》。唯《四時篇》以辰屬於秋，月屬於冬，此則互易爲異。又日、星亦不同，《四時篇》以星屬於春，日屬於夏，此則同屬於春。蓋家數不同，然不當有日月星而無辰，亦不當如張佩綸説以玄冥配日月星也。《漢書·郊祀志》平帝元始五年王莽奏言『四望蓋謂日月星海也。』以海易辰，而出以蓋然之詞，所謂自我作故耳。」元材案：本篇與《四時篇》內容完全不同，郭氏已自言之，似不可混爲一談。仍當以張氏後説爲是。本文上言「祭日」、

「祭星」、「祭月」，則此爲「祭海」，實屬大有可能。《漢書・郊祀志》載「平帝元始五年，大司馬王莽奏言，宜如建始時丞相衡等議，復長安南北郊如故。莽又頗改其祭禮，曰：周官天地之祀，樂有別有合。其合樂曰以六律六鐘五聲八音六舞大合樂祀天神，祭地祇，祀四望，祭山川，享先妣先祖。凡六樂奏六歌而天地神祇之物皆至。四望，蓋謂日、月、星、海也。三光高而不可得親，海廣大無限界，故其樂同。祀天則天文從，祭地則地理從。三光，天文也。山川，地理也。天地合祭，先祖配天，先妣配地，其義一也。」據此，則以日、月、星、海爲四望，至王莽「頗改郊祭之禮」時始有之。本文上言「夏始服黄」，又言「皆齊大材出祭王母」，既皆王莽時事之反映，則此以日、月、星、海爲四望，亦爲王莽時事之反映，并非勉强之談矣。

〔四〕元材案：趣卽《國蓄篇》「强本趣耕」之趣，促也。謂督促之也。山人，山居之人。菹人，菹澤之人。《荀子・王制篇》云「澤人足乎木，山人足乎魚」是也。藿卽《漢書・貨殖傳》「藿蒲」之藿，顏師古注云：「藿，芄也，卽今之荻也。音桓。」藿葦卽萑葦。《詩・豳風》「八月萑葦」，《疏》：「初生者爲菼，長大爲薍，成則爲萑。」

〔五〕張佩綸云：「『月』當作『日』，涉下『月』字而誤。」陶鴻慶云：「『三月之後』，當作『三日之後』，謂發號後之三日也。蓋冬至後，農有餘粟，女有餘布，故得通功易事。若三月之後，則爲春至，農事且作，非其時矣。大通三月之蓄者，自冬至上溯秋至三月之所積，至此而大通。非謂俟諸三月之後也。今本卽涉下文『三月之蓄』而誤。」元材案：上文明言「以秋日至始數九十二日，趣山人斷伐具械器，趣菹人薪雚葦，足蓄積」，則械器之具與雚葦之積，決不能三日而成。此蓋言時當冬季之始，即應督促山人斷伐樹木，製爲械器，督促菹人採取雚葦，積之於家。至三月以後，春耕開始之時，乃分別至市場進行交易，所謂有無相通，故曰「謂之大通三月之蓄」也。二氏説皆失之。

凡在趣耕而不耕者〔一〕，民以不令〔二〕。不耕之害也。宜芸而不芸，百草皆存，民以僅存〔三〕。不芸之害也。宜穫而不穫，風雨將作，五穀以削，士民零落〔四〕。不穫之害也。宜藏而不藏，霧氣陽陽〔五〕，宜死者生，宜蟄者鳴〔六〕。不藏之害也。張耜當弩，銚耨當劍戟，穫渠當脅軻〔七〕，蓑笠當掖櫓〔八〕。故耕械具則戰械備矣〔九〕。

〔一〕豬飼彦博云：「『凡在趣』下疑脱『事』字。『耕而不耕』上脱『宜』字。」元材案：「趣耕而不耕」，謂政府督促人民使其耕而仍不耕也。無脱字。

〔二〕安井衡云：「令，善也。」

〔三〕朱長春云：「百草皆存，民以僅存，食少而飢。」許維遹云：「『存』當爲『荐』，字之壞也，又涉下文而誤。『荐』與『薦』同。《漢書·景帝紀·如淳注》：『草稠曰薦。』《説苑·政理篇》：『田畝荒穢而不休，雜增崇高。』義亦與此合。」郭沫若云：「許説非是。原文上下句皆有韻。『宜芸而不芸，百草皆存，民以僅存』，正以芸、存、存爲韻，上『存』字不當改爲荐。又此上言耕之文有奪字，當作『宜耕而不耕，百草皆生，民以不令』，以耕、生、令爲韻，奪去『宜』與『百草皆生』五字，當依文例與韻補入。下文以穫、作、落爲韻，藏、陽爲韻，生、鳴爲韻。」元材案：存字不誤。「百草皆存」，謂田園荒蕪。「民以僅存」，謂人民僅免於死亡。郭説是也。但上言耕之文亦無奪字，上已言之。且「民以不令」乃不耕所致而非「百草皆生」之所致。不加此句，耕、令仍可爲韻，加之則未免畫蛇添足矣！

〔四〕元材案：削謂削減。零落，殞也。言風雨大起，五穀因而削減。士，戰士。民，普通人民。謂戰士與人民皆將飢餓以死也。

〔五〕何如璋云：「冬宜閉藏。閉藏不固，則陽氣發泄而爲霧。《呂氏春秋》：『仲冬行夏令，則其國乃旱，氣霧冥冥，雷乃發聲。』《繁露》：『五行順遂，咎及於水，霧氣冥冥，必有大水，水爲民害。』本此。」張佩綸云：「《詩·載見》『龍旂陽陽』，《傳》：『言有文章也。』《考工記》：『青與赤謂之文。赤與白謂之章。』此蓋祲氛之氣。《月令》：『仲冬行夏令，霧氣冥冥。』」元材案：「冥冥」與「陽陽」不同。《詩·小雅》「惟塵冥冥」，朱注「冥冥，昏晦也」。此處「陽陽」二字，從下文「宜死者生，宜蟄者鳴」二語觀之，似是指温陽而言，謂冬天氣候温暖如陽春時也。

〔六〕元材案：「宜死者生，宜蟄者鳴」二語，又見《管子·七臣七主篇》。蟄，即蟄伏。謂動物本宜冬眠，不食不動，今則反而鳴唱如在夏秋時也。

〔七〕戴望云：「宋本『穫』作『擭』，元本『鞫』作『軥』。」丁士涵云：「『脅軥』之爲物，形狀未聞。惠棟以『脅』爲『甲』。『軥』疑當爲『鞫』。《玉篇》：『鞫，兵器也。』」元材案：穫渠即護渠，解已見上文。脅軥即鎧甲之以皮革製成者，用以保衛胸脅，故謂之「脅軥」。《管子·中匡篇》云「刑罰以脅盾一戟」，《齊語》作「鞼盾一戟」，韋昭注云：「鞼盾，綴革有文如繢。」脅䩭疑即脅盾或鞼盾之又一名稱矣。

〔八〕豬飼彥博云：「『抾』疑當作『扞』。」丁士涵云：「『抾』當爲『楯』字之誤。楯者盾之借字。《禁藏篇》云：『苴笠以當盾櫓。』是其證。」王紹蘭云：「疑『抾』即『楯』之壞字。家兄穀塍曰：『抾櫓當作扞櫓。《爾雅·釋言》：「扞，干也。」即其證矣。』」張佩綸説同。元材案：抾櫓《禁藏篇》作「盾櫓」。《禮記·儒行篇》云：「禮義爲干櫓」，則作「干櫓」。《説文》：「櫓，大盾也。」疑抾櫓即盾櫓或干櫓之又一名稱，與「脅䩭」之爲「脅盾」或「鞼盾」之又一名稱者相同。似不必改字。

〔九〕戴望云：「『張耜』以下數句乃他篇之佚文誤綴於此。」元材案：《管子·禁藏篇》云：「夫爲國之本，繕農具當器械，耕農當攻戰。推引銚耨以當劍戟，被蓑以當鎧鑐，菹笠以當盾櫓。故耕器具則戰器備，農事習則功戰巧矣。」與此所論，大同小異。蓋皆朱長春所謂「古人寓兵於農之法」者也。戴説失之。

管子輕重十九——輕重庚（亡）